SETH

ÉVÉNEMENTS COLLECTIFS

UN CHOIX INDIVIDUEL

Jane Roberts

SETH
ÉVÉNEMENTS COLLECTIFS

UN CHOIX INDIVIDUEL

Traduit de l'américain
par
Pierre Lacasse

Editions de Mortagne

Données de catalogage avant publication (Canada)

Roberts, Jane, 1929-

Evénements collectifs : un choix individuel

Traduction de: The individual and the nature of mass events.

Comprend des réf. bibliog. et un index.

En tête du titre: Seth.

ISBN 2-89074-443-4

1. Ecrits spirites. 2. Comportement collectif. 3. Catastrophes – Aspects psychologiques. I. Seth (Esprit). II. Titre.

BF1301.R5914 1993 133.9'3 C93-096358-X

This edition published by arrangement with the original publisher.
Prentice-Hall Press, a division of Simon & Schuster, Inc.

Édition
Les Éditions de Mortagne
250, boul. Industriel, bureau 100
Boucherville (Québec)
J4B 2X4

Diffusion
Tél.: (514) 641-2387
Téléc.: (514) 655-6092

Dépôt légal
Bibliothèque nationale du Canada
Bibliothèque nationale du Québec
1er trimestre 1993

ISBN: 2-89074-443-4

1 2 3 4 5 - 93 - 97 96 95 94 93

Imprimé au Canada

TABLE DES MATIÈRES

«Nous n'avons jamais dit à personne
de faire quoi que ce soit,
si ce n'est que de considérer
les capacités de la conscience.»

Seth
Avril, 1978

NOTE DE ROBERT F. BUTTS

Dans le présent ouvrage, Seth démontre une grande franchise lorsqu'il aborde nos croyances et nos pratiques médicales et les conséquences malheureuses qui peuvent en résulter. Il ne nie pas pour autant leur utilité et modère ses dires par des passages comme celui-ci, tiré de la session 870, chapitre 10:

«En général, si vous êtes très préoccupé par votre état physique, par exemple, il est préférable que vous alliez voir un médecin, afin d'éviter que vos propres croyances à ce sujet ne vous traumatisent outre mesure. Je vous suggère tout de même de faire des expériences et d'essayer de surmonter par vous-même certains malaises anodins, mais irritants. Tâchez de découvrir pourquoi vous avez ces symptômes. Lorsque vous êtes dérangé par une migraine ou un simple trouble digestif, ou que vous éprouvez une difficulté chronique, mais pas très sérieuse, comme un problème de sinus ou encore lorsque vous avez la fièvre des foins, rappelez-vous que votre corps possède en fait tous les pouvoirs de se guérir lui-même.»

UN MANIFESTE PSYCHIQUE
par Jane Roberts

«Ma vie porte sa définition.
Il en est de même pour vous.
Laissons les prêtres
à leur enfer et à leur ciel,
et les savants
se confier
à leur univers agonisant,
un univers et ses étoiles
créés accidentellement.
Osons, chacun d'entre nous,
ouvrir la porte de nos rêves,
et explorons
les territoires non reconnus
de nos origines.»

*(Voilà la première strophe d'un long poème que Jane écrivit à la fin de juillet 1979, lorsque Seth terminait la dictée d'*Événements collectifs. *Ce poème se veut, entre autres, une déclaration passionnée d'indépendance psychique. Il a été composé en écho aux idées émises par Seth dans le présent ouvrage.)*

PRÉFACE de Robert Butts

Selon sa propre définition, Seth n'est plus un être physique; cependant il affirme avoir vécu un certain nombre de vies antérieures. C'est ainsi que l'idée de réincarnation fut introduite.

Événements collectifs est le cinquième livre de Seth; comme pour les précédents, il nécessita la collaboration active de Jane et de moi-même. Je reçois verbalement le contenu, je le transcris et j'y ajoute par la suite mes propres notes. Jane ne se souvient habituellement pas de l'information qu'elle transmet en tant que Seth, lorsqu'elle est en état de transe. Elle a commencé à s'exprimer de cette manière en décembre 1963 et depuis elle n'a pas cessé.

À l'occasion, lorsque Seth se manifeste par son entremise, sa voix prend de l'ampleur et un timbre particulier que je cherche toujours à décrire. Lorsqu'elle est en état de transe profonde, ses yeux pers deviennent plus foncés, beaucoup plus lumineux et pénétrants.

Seth nomme Jane «Ruburt» et moi «Joseph». D'après lui, ces noms signifient simplement que dans notre vie actuelle, nous nous identifions plus avec les aspects mâles de nos entités respectives, qui ne sont ni masculines ni féminines, mais qui contiennent elles-mêmes un certain nombre d'autres personnalités (des deux sexes) avec lesquelles nous sommes apparentés, selon un mode «réincarnationnel» ou autrement.

Nous tenons généralement deux sessions par semaine avec Seth. Chaque session dure deux heures environ, mais nous pensons que Seth pourrait parler sans interruption jusqu'à la fin de notre vie, sans avoir couvert toute la matière qu'il a à nous transmettre. (Cependant, Jane et moi ne pourrions tenir longtemps!) La créativité et l'énergie générées par ces séances étonnent toujours, peu importe notre opinion quant à la «réalité» ou la «non-réalité» de Seth, et indépendamment de ce qu'il nous dit sur lui-même.

La production des livres de Seth – et d'une grande quantité de matériel non publié de Seth – est loin d'accaparer toutes les capacités de Jane, puisqu'elle a également écrit dix livres «de son propre chef». Ceux-ci touchent la poésie, le roman et des sujets d'ordre psychique, tels qu'elle les pressent dans son expérience consciente. D'autres livres sont en préparation. Il est rassurant de noter que tout notre travail repose maintenant sur cette vision élargie exprimée par Seth et par Jane elle-même.

Nous avons réellement l'intention de passer le reste de notre vie à étudier les ramifications de cette «vision unique et toujours croissante de la conscience». Nous nous posons encore un tas de questions sur la réalité de Seth, ses concepts, et sur le rôle de Jane (et du mien) dans tout cela, et des questions relatives à la conscience elle-même qui va s'explorant, en prenant toutes sortes de formes, physiques ou non.

Pour le moment, Jane et moi comprenons mieux que notre conscience n'a de limites que celles que nous avons bien voulu lui imposer par nos perceptions et notre compréhension individuelle. Nous croyons que la conscience crée tout; que tout ce que nous connaissons est un reflet particulier de la conscience créatrice et que, par conséquent, ces sublimes réalisations mentales et psychiques sont de toute évidence sans fin. L'idée d'infinité ressort ici; un concept dont la signification nous laisse perplexe. Seth, dans son enseignement, reconnaît chez chacun une capacité créatrice illimitée. Cependant, nous comprenons bien l'inaptitude de notre pensée consciente de saisir véritablement toutes les répercussions d'une telle notion.

Par ailleurs, Jane et moi sommes très reconnaissants envers Seth de nous initier à ce sujet de la conscience et de permettre ainsi un élargissement de notre réalité individuelle; phénomène que nous n'aurions pu concevoir avant 1963. La **valeur**[1] que

---

1. L'insistance mise par Seth sur certains mots apparaît ici en caractères gras. (*Note du traducteur*)

nous accordons à la vie s'est grandement accrue, et si la matière de Seth n'avait eu pour effet que de favoriser notre croissance à cet égard, elle aurait déjà accompli beaucoup. Nous espérons que d'autres également tireront un bénéfice de ces enseignements. (Ce que j'ai appris m'épargnera sans doute l'amertume et la désillusion que certaines personnes connaissent en vieillissant. Jane en aura aussi grandement profité.) Par ces livres, nous désirons laisser libre cours à l'expression de Seth tout en y ajoutant nos propres réflexions, confiant que les sentiments et les éclairages qui en jailliront provoqueront des réponses bénéfiques en chaque lecteur. C'est tout ce que nous pouvons faire. En ce qui me concerne, je pense que mes propres mots sont des véhicules fort inadéquats pour transmettre le sens profond et caché de la vie elle-même, que je pressens, sans pouvoir réellement rendre.

Je crois que Seth lui-même pourrait avoir des observations passablement amusantes à nous faire, à Jane et à moi; je le lui demanderai sans doute un jour. Des mots pleins d'humour et une mise en garde contre toute cette affaire, afin de ne pas la prendre trop au sérieux; bloquant ainsi dans notre vie quotidienne les joies simples et spontanées de l'expression créatrice, pendant que nous étudions cette matière qui émerge sans fin. Toutefois, garder un tel équilibre n'est pas chose facile. Nous rapportons ci-dessous les propos de Seth à l'intention de Jane qui s'en faisait à nouveau et qui se sentait responsable des réactions du public à l'égard de son enseignement. Ces sentiments lui sont venus avec l'accroissement de son courrier, à la suite de la publication des livres de Seth. Il est alors intéressant de noter la façon dont la «partie Seth» de la structure de la personnalité de Jane, (quelle que soit la réalité de Seth), renforce sa nature «humaine» devant tous les défis qui surgissent dans son existence mentale et physique quotidienne. Nous cherchons d'ailleurs à en apprendre toujours plus sur la façon dont Seth arrive à se manifester ainsi. Dans ces extraits, Seth aborde aussi d'autres points auxquels nous pensons souvent.

Tiré d'une session personnelle, tenue le 29 août 1979:

«Il existe une capacité de croissance et d'enrichissement vital propre à chaque individu qui doit être mise à contribution. C'est le pouvoir qui rend possible la croissance physique, ce pouvoir qui est derrière le fœtus lui-même. Celui-ci connaît les caractéristiques de l'époque dans laquelle il naîtra. Vous deux (*Jane et Rob, ou Ruburt et Joseph*) êtes nés avec certaines capacités et vous saviez d'avance que vous auriez à élargir le cadre conceptuel conventionnel de votre ère, afin de créer l'espace vital nécessaire à l'utilisation même de votre potentiel. En un sens, ces aptitudes vous ont ménagé une seconde vie, car, dans l'ancien cadre, il n'y avait pas d'issue satisfaisante à votre créativité.

»Vous avez l'un et l'autre utilisé la matière que je vous ai donnée, ainsi que celle que vous avez vous-même dégagé de ces propos, ce qui est très bien. Par ailleurs, certaines parties ont été assimilées si harmonieusement que vous n'avez même pas pris conscience de votre accomplissement. En certains domaines, vous vous accrochez encore à d'anciennes croyances, mais il n'y a pas de fin à ce que vous pouvez faire, et cela avec une meilleure compréhension. Je veux dire, vous pouvez réaliser encore autant, sinon plus, que tout ce que vous avez fait jusqu'à présent.

»Sous d'importants aspects, vous pouvez affirmer être nés en 1963 (*date du début des sessions*). Vous avez tous les deux – car vous êtes bien tous les deux engagés dans cette affaire – non seulement créé un nouveau cadre à partir duquel vous et les autres peuvent entrevoir plus clairement la nature de la réalité, mais vous avez dû commencer à zéro, pour ainsi dire, avec un nouvel enseignement, et apprendre à vous y fier pour ensuite l'appliquer à votre propre vie; même si alors "les faits n'étaient pas encore tous en place". Vous n'avez à aucun moment possédé toute l'information nécessaire à votre compréhension, contrairement à vos lecteurs, par exemple, qui peuvent en tirer profit en tout temps. Enjoins donc à Ruburt de ne pas se juger si sévèrement, et en tout cela, rappelle-lui son sens du jeu...»

De la séance régulière 877, le 3 septembre 1979:

«Toute créativité est fondamentalement joyeuse. C'est un jeu au sens le plus pur du mot; elle est toujours vivante de mouvement. Les sessions et notre travail peuvent aider à faire surgir en esprit une nouvelle espèce d'hommes et de femmes. Les idées changent les chromosomes, mais, avant tout, les sessions, les livres de Ruburt et autres expériences doivent être de joyeuses expressions de créativité; des expressions spontanées qui arrivent en leur temps... Tu peins parce que tu aimes peindre et tu oublies ce qu'un artiste doit être. Vois à ce que Ruburt oublie ce qu'un écrivain ou un médium représente. La spontanéité de Ruburt permet à toutes ses capacités créatrices d'émerger. C'est une entreprise folle que d'essayer d'appliquer une discipline, ou un second ordre, à une créativité spontanée qui vous fournit le schème le plus ajusté qui soit.»

Ces deux extraits de Seth sont d'une grande profondeur, particulièrement en ce qui a trait au pouvoir de l'enrichissement vital, à la joie et à la spontanéité que comporte la créativité. En dactylographiant ces propos, il m'est revenu quelques idées personnelles sur lesquelles je m'attardais l'autre jour:

«On ne trouve vraiment pas l'équivalent de ces sessions dans le monde actuel... et voilà que, hier soir, Seth aborda un nouveau bloc de matière devant faire partie d'un autre livre. Je devrais toujours me rappeler que chaque fois que Jane et moi tenons une session, c'est un événement unique au monde.

»Ceci est loin d'être une affirmation prétentieuse comme cela peut paraître, car tout ce qu'une personne entreprend est également unique au monde. Cependant, je veux souligner que les sessions et leur teneur sont vraiment originales et significatives; elles offrent de nouvelles inspirations créatrices et un espoir à l'espèce humaine, que l'on ne retrouve pas partout. À cet égard, l'aventure de Seth constitue pour Jane un accomplissement remarquable. Une étude approfondie de l'enseignement de Seth apporte, j'en suis certain, de grands résultats dans la compréhension de soi...»

Robert F. Butts

INTRODUCTION de Jane Roberts

Une transe, ou état dissocié, est un phénomène très intime. Elle détourne la conscience de la réalité ordinaire pour la concentrer sur une réalité intérieure. Quelque personnelle que puisse être une transe, elle ne peut se dissocier de l'environnement. Comme vous, je suis touchée par les événements; ainsi, même lorsque dans cet état je dicte des livres en tant que Seth, je ne puis me disjoindre totalement de notre réalité commune. La chaise sur laquelle je suis assise, lorsque Seth discourt par mon entremise, est bel et bien un produit manufacturier moderne. Le verre de vin sur la table à café devant moi, les cigarettes et la table elle-même, résultats de productions en série, sont tous des rappels que mes voyages les plus aventureux en d'autres réalités sont enracinés, pour le moment du moins, dans ce monde d'événements physiques que nous partageons tous ensemble.

Robert F. Butts, mon mari, s'installe sur le divan face à moi, prend note de ce que j'exprime en tant que Seth, puis il transcrit ces communications «d'un autre monde», avec un stylo moderne sur du fin papier blanc. Lorsque je tenais mes classes en «ESP» (perception extrasensorielle), les interventions de Seth étaient toujours enregistrées sur magnétophone et, cette semaine même, Seth se fit entendre pendant que l'on m'enregistrait pour un programme radiophonique devant être diffusé ultérieurement. C'est donc dire que la technologie, avec toutes ses ramifications, n'est jamais bien éloignée.

Par exemple, pendant que Seth progressait dans la dictée du présent ouvrage, un accident nucléaire est survenu à Three Mile Island. Si cet incident avait tourné au tragique, notre comté de Chemung aurait été mis à contribution pour accueillir les réfugiés. De nombreux événements nationaux spectaculaires se sont produits, bien sûr, depuis nos premières sessions, qui datent de 1963, mais Seth s'est rarement arrêté à de tels phénomènes; et lorsqu'il le fit, ce fut pour répondre brièvement à nos questions. Dans ce livre, cependant, il discute en profondeur de la façon dont nos réalités individuelles se fondent en une expérience collective. C'est pour cette raison qu'il examine l'arène publique et consacre une bonne part de cet écrit à l'incident de Three Mile Island, tout comme au suicide collectif de Jonestown. Les deux événements ont eu lieu durant la période où Seth dicta cet ouvrage. Tout en étant contemporains, ces événements n'en demeurent pas moins des cas classiques, vu leurs répercussions.

Les notes de Rob fournissent le cadre de l'ouvrage, comme elles le font pour les livres antérieurs de Seth. Ces notes donnent une idée du contexte dans lequel Seth «apparaît» si galamment deux fois par semaine, lorsque, me faisant enlever mes lunettes, il signale mon entrée en transe. Et, bien entendu, durant ce temps-là mes humeurs personnelles, mes doutes, mes joies et mes peines ont tissé leur toile dans mon esprit. Il se peut que j'aie plus ou moins bien travaillé à mes propres écrits; le jour peut avoir été calme ou perturbé par des visites inattendues, ou tout simplement marqué par les hauts et les bas de la vie courante...

Pendant la dictée d'*Événements collectifs*, par exemple, un autre de nos chats (Billy) mourut. Seth commentait alors l'accident de Three Mile Island, mais, voyant notre grande tristesse, il interrompit un moment la dictée du livre et nous transmit d'extraordinaires renseignements sur la conscience animale «avant» et «après» la mort. Les «tragédies», en fin de compte, se présentent sous toutes sortes de formes et de dimensions; même les événements les plus banals offrent à Seth l'occasion de faire des réflexions sur la vie.

Donc, même si ma conscience était tournée vers l'intérieur, c'est comme si un projecteur éclairait notre monde à la lumière de ce point de vue; comme si un personnage de l'un de nos rêves sortait soudain de celui-ci et osait juger notre activité éveillée. Ce n'est peut-être pas une bonne analogie. Seth est loin d'être un personnage de rêve et, en fait, j'ai à peine rêvé à lui. Il est une personnalité dont le niveau de réalité n'est pas le même que le nôtre et qui écrit des livres par mon entremise. Mais, il le fait de son point de vue, et non du mien.

Dans le présent ouvrage, Seth fait des commentaires sur nos religions, nos connaissances, nos cultes, tout autant que sur nos croyances médicales, et tout cela avec une sagesse rigoureuse, comme s'il représentait une certaine partie de la psyché humaine qui sait, qui a toujours su; comme s'il parlait non seulement par l'entremise de ma voix, mais aussi à travers un très grand nombre de personnes. Il vient nous rappeler des vérités que nous nous sommes permis d'oublier.

Quelles vérités? Que nos rêves jaillissent en plein midi; que nos sentiments et nos croyances deviennent la réalité que nous expérimentons; que, dans le fond, nous sommes les événements auxquels nous participons et que le meurtre fait au nom d'un idéal reste toujours un meurtre. Mais plus encore, Seth vient nous rappeler quelque chose que nous savions étant enfants: que nous sommes foncièrement bons.

«Vous créez votre propre réalité». Cette affirmation est l'une des pierres angulaires des propos de Seth, lancée presque au début de nos sessions, et sur laquelle il a appuyé dans tous ses écrits. Cependant, dans le présent ouvrage, Seth va encore plus loin, soutenant que nos impulsions personnelles sont des poussées nécessaires au développement de nos propres capacités, dans le meilleur intérêt de l'espèce, tout comme celui d'ailleurs du monde naturel. Il parle ici de nos impulsions normales, impulsions que l'on nous a toujours présentées comme dangereuses, désordonnées et contradictoires. Seth maintient que nous ne pouvons pas avoir confiance en nous-mêmes, tout en nous méfiant de nos propres impulsions. Une grande partie du présent ouvrage est consacrée à la raison d'être de nos impulsions et au «pourquoi» de leur si mauvaise réputation aux yeux de la science et de la religion. Ce que Seth veut réellement dire ici, c'est que nos impulsions sont voulues pour nous **aider** à créer notre réalité personnelle afin qu'elle améliore à la fois nos vies privées et toute notre civilisation.

Mais si nous sommes bien intentionnés, comment se fait-il que nous nous trouvions engagés dans des actions des plus répréhensibles? Seth aborde franchement cette question et il traite à la fois des motivations du fanatique et de l'idéaliste. Les gens **sont idéalistes**. De nombreux lecteurs de tout âge nous écrivent pour nous demander comment ils peuvent développer leur propre potentiel et aider ainsi la venue d'un «monde meilleur». Ce sujet les préoccupe profondément et ils ont en horreur les situations défavorables qu'ils voient dans la société, que ces situations les touchent de près ou de loin. Dans le présent volume, Seth montre clairement comment chacun de nous peut contribuer à la réalité collective et il indique d'une manière concise les dénouements possibles, de sorte que nous ne tombions pas dans le désillusionnement ni ne devenions la proie du fanatisme.

Puisque les événements mondiaux nous concernent tous, il est de la plus grande importance que nous comprenions comment nous prenons part à ces actions globales. Nous devons voir aussi comment nos croyances négatives, à propos de nous-même et de l'espèce, peuvent mener à des situations déplorables, et bien différentes des objectifs que nous nous étions fixés. C'est pour cette raison que Seth explique comment les théories de Freud et de Darwin restreignent notre imagination et nos capacités.

Rob et moi avons, bien entendu, grandi tous deux dans le monde des concepts freudiens et darwiniens. Et nous n'avions aucune défense magique contre les résultats malheureux d'une vision aussi étroite. Ces théories, accompagnées de la croyance religieuse en un moi déficient, ont laissé leurs marques dans nos vies. Rob et moi avons reçu, grâce aux sessions de Seth, une nouvelle et beaucoup plus vaste structure philosophique que nous partageons avec nos lecteurs. Et cette vision continue d'émerger. C'est loin d'être terminé. Les réponses ne sont pas toutes là. Nous apprenons encore à poser les bonnes questions.

Lorsque Seth a entrepris la dictée de ce manuscrit, je travaillais personnellement sur le concept des «élans héroïques» (par rapport à nos impulsions habituelles) qui agiraient comme des poussées intérieures nous incitant à une action constructive. Cependant, dans le présent ouvrage, Seth affirme que nous devons apprendre à avoir confiance en nos impulsions quotidiennes **normales**. Je n'en suis pas revenue! Nos impulsions **ordinaires**? Celles-là mêmes que je m'apprêtais à ignorer au profit d'«élans héroïques»? J'ai finalement compris: nos impulsions ordinaires **sont** héroïques, malgré notre incompréhension à leur égard. En un sens, ce livre est une introduction à nos impulsions, celles que nous suivons et celles que nous refusons.

J'ai eu mes propres luttes avec mes impulsions, ne suivant que celles que je croyais aptes à me guider où je voulais aller, et coupant systématiquement celles que je craignais être des sources de distractions dans mon travail. Comme beaucoup, je pensais que suivre mes impulsions était la façon la moins sûre d'atteindre un objectif, sauf pour l'écriture, n'acceptant que les impulsions de nature «créatrice». Je ne me rendais pas compte que toutes les impulsions étaient créatrices. Comme résultat, j'ai souffert pendant quelques années d'une forme d'arthrite des plus contraignantes. Ces difficultés me venaient, entre autres, du rejet d'impulsions relatives à ma mobilité physique.

Au début, lorsque Seth me disait de me fier à mon moi spontané, je disais «très bien», et j'imaginais quelque hypothétique moi intérieur vivant en dehors de mes intentions conscientes. Mais à force d'entendre Seth répéter: «Fiez-vous à vos impulsions», j'ai finalement enregistré le message et ma condition physique s'est améliorée considérablement. Ce moi intérieur soi-disant éloigné n'était pas si distant après tout; «il» communiquait par mes impulsions. En un sens, les impulsions **sont le langage** de la psyché.

Mais qu'en est-il des impulsions qui se contredisent, des élans agressifs ou même meurtriers? Comment peut-on s'y fier? Seth répond à ces questions et à beaucoup d'autres; et lorsque nous comprenons ses explications, nous nous demandons comment nous avons pu si mal interpréter notre propre nature, au point de nous méfier des messages mêmes qui devaient guider notre croissance spirituelle et celle de toute l'espèce.

Et quel est mon rôle dans tout cela? Je le vois comme celui du poète antique: explorer les confins de la psyché individuelle, faisant pression sur les frontières psychologiques habituelles jusqu'à ce qu'elles cèdent, ouvrant ainsi un nouveau territoire mystique, celui de la psyché du peuple et de l'espèce elle-même; observer la spectaculaire réalité intérieure et la raconter au peuple en mots, rythmes et chansons.

Les poètes les plus anciens furent probablement moitié chamans, moitié prophètes, parlant au nom des forces de la nature, pour les «esprits» des vivants et des morts, exprimant leur vision de l'alliance de l'homme et de l'univers. Ils ont dit leurs messages, chanté leurs airs et clamé leurs prophéties. Et c'est peut-être la raison pour laquelle Seth **parle**, communiquant d'abord verbalement, plutôt que, disons, par l'écriture automatique. Les livres de Seth sont d'abord des productions orales. Les sessions de Seth elles-mêmes sont peut-être un retour à quelque ancienne époque où l'Homme recevait grâce à un intermédiaire la plus grande partie de l'information dont il avait besoin: un «Mage» faisant pour les autres une tournée dans la «conscience collective» – voyage qui, d'une certaine façon change et élargi sa personnalité – et communiquant du mieux qu'il peut les visions qu'il rapporte.

S'il en est ainsi cependant, de telles personnalités «entre deux mondes» peuvent être remarquablement stables; et si elles possèdent les caractéristiques de l'être tel que nous le connaissons, ces personnalités peuvent certainement nous surpasser par leur singulière complexité. Si Seth n'est qu'un archétype psychologique alimenté par ma matière inconsciente d'état de transe, alors il nous confond certainement avec notre conception traditionnelle de la personnalité et, implicitement, il montre que nous avons un long chemin à parcourir, si nous voulons utiliser tout notre potentiel.

Je crois donc qu'il y a plus derrière tout cela. Je pense que Seth **est un modèle** de ce que nous pouvons être; qu'il parle au nom de cette portion de nous-même qui n'a jamais endossé, ne serait-ce qu'un instant, toutes ces croyances insensées en un «moi déchu».

En ce qui a trait à notre interrelation, Seth et moi, je pense que, grâce à une association prolongée, nous avons formé une alliance psychologique unique; je fais partie pour ainsi dire de Seth et, pendant les sessions tout au moins, Seth doit relever de Jane, de par un lien psychologique engageant les deux parties. Seth doit utiliser ma voix pour parler, et ma vie doit lui servir de point de référence. Il résulte de ces entretiens un enrichissement de mon esprit. Je vis mon quotidien dans la connaissance de cette association, bien entendu, et ma routine normale inclut «ma transformation en tant que Seth» deux fois la semaine, depuis des années.

Ainsi, cette introduction représente ma seule contribution consciente à ce livre. Mais il est certain, comme Seth le répète souvent, que même les portions inconscientes de la personnalité sont, de fait, **conscientes**. Ce n'est qu'une question de perception. Je ne veux pas dire par là que Seth n'est qu'un de mes champs de vision, car du même coup il serait tout aussi légitime de me considérer comme un foyer de sa conscience; mais j'entends par là que Seth représente cette portion plus vaste de la psyché d'où émerge notre propre type de conscience. Cette entreprise se veut donc une **exploration** de la conscience humaine, de sa portée et de son étendue. Dans quelle mesure change-t-elle à l'approche d'autres niveaux d'actualisation?

Quelle que soit la façon dont nous essayons de définir la réalité de Seth, je suis maintenant convaincue d'une chose: il amène à notre conscience la connaissance inconsciente la plus profonde sur nous-même, le monde, l'univers et la source «Elle-même» de l'Être. Non pas que Seth revendique une forme de toute-puissance, car il ne le fait pas. Il est clair, cependant, que ses enseignements nous apportent cette connaissance inconsciente et favorisent une telle ouverture intuitive; des révélations qui, selon Seth, ne sont pas plus remarquables que celles de la nature elle-même, mais dont nous avons oublié comment il fallait lire les messages; des révélations pas plus mystérieuses que celles de nos propres états inspirés, mais dont nous avons également oublié comment il fallait faire pour les déchiffrer. Au lieu de cela, bien des gens sont effrayés par l'inspiration elle-même.

Je pense que de tels phénomènes étaient importants en termes d'évolution; ils ont ainsi aidé l'homme à façonner sa conscience. Le message cependant a pu être souvent déformé et, sans doute, tout aussi fréquemment déprécié; de toute façon, il devait être interprété encore et encore afin de coller à l'expérience de l'espèce dans le contexte d'une époque donnée.

À propos de difficultés psychologiques, il me vient justement à l'esprit un excellent exemple de ce que j'ai abordé. Tout en écrivant ces quelques paragraphes d'introduction, les mots eux-mêmes semblaient me porter avec un certain rythme. C'est comme si je pouvais tirer l'énergie et la connaissance d'une source qui transcendait mes capacités habituelles. Puis, comme l'après-midi tirait à sa fin, je m'arrêtai pour faire une courte sieste. Dans ma chambre, d'autres idées me vinrent que je griffonnai sur un morceau de papier. Le rythme de mes pensées s'accéléra, puis je me cognai à une sorte de mur psychologique; je ne pus poursuivre ma cogitation. À cet instant, je reconnus la présence de Seth «aux confins de mon esprit». L'instant d'après, je m'endormais. À mon réveil, une demi-heure plus tard, j'ai préparé le repas du soir. Rob et moi avons mangé et regardé les nouvelles télévisées. Puis je suis retournée à mon travail.

J'étais à peine assise qu'un flot de matière me submergea; un flot si abondant que je pouvais difficilement tout écrire à mesure; ces nouvelles notions reprenaient là où je les avais interrompues. Je recevais, entre autres, plusieurs titres de chapitres d'un livre ultérieur de Seth, au moment même où je composais l'introduction du présent ouvrage! Derrière chaque sujet ou en-tête, je pressentais toute la matière disponible chez Seth, mais qui ne m'était pas accessible de manière conventionnelle. Cependant, il y eut un moment, tout juste avant la poussée inspiratrice, où je perçus un étrange seuil psychologique, un état d'accélération qui, dans ce cas tout au moins, me faisait entrevoir le point d'émergence des pensées de Seth dans les miennes. Puis il y eut une courte pause, un plateau psychologique presque neutre, d'où se mit à émerger le plan de travail de Seth.

Lors de notre session suivante, Seth confirma que les sujets correspondaient à l'ébauche partielle d'un projet de livre, et que le titre que j'avais «capté» avant la fin de la dictée d'*Événements collectifs* était exact. Donc, même si rien n'est fait au moment où j'écris ces lignes - deux jours plus tard - Seth commencera certainement très bientôt la dictée de *Rêves, «évolution» et enrichissement vital.* J'enlèverai machinalement mes lunettes et Seth déclarera: «Voici maintenant la dictée»; et Rob commencera une nouvelle page sur son cahier de notes.

Les sessions de Seth, ainsi que ses livres, sont étroitement liés à ma relation avec Rob. À mes yeux, il est bien plus qu'un transcripteur. L'esprit remarquable de Rob, ses questions et sa curiosité naturelle m'ont toujours incitée à faire de mon mieux et m'ont servi, d'une certaine façon, de filtre psychologique invisible mais efficace, m'aidant à voir plus clairement en moi et à comprendre davantage les sessions. N'eût été de ses encouragements et de sa participation active, je doute que les sessions aient pris la tournure actuelle.

Les livres de Seth rejoignent le grand public, alors que les sessions proviennent en partie notre vie privée. Cependant, cette vie coexiste avec les événements de l'arène collective, événements auxquels nous nous frottons quelquefois gentiment et qui, en d'autres occasions, troublent, de manière radicale, nos journées. Dans le présent ouvrage, Seth décrit le fil de l'existence qui nous unit tous, et au cours de laquelle les expériences de notre vie intime se mêlent aux événements du monde extérieur. Ce monde qui est à la fois le vôtre et le nôtre.

En espérant que ce livre nous aidera tous à construire un monde meilleur.

Jane Roberts
Elmira, New York
Le 22 septembre 1979.

PREMIÈRE PARTIE

Les événements de la Nature,
Les épidémies et les désastres naturels

Chapitre 1

LE CORPS ET SES DÉFENSES NATURELLES

Session 801 – Le lundi 18 avril 1977, à 21 h 31

(On peut dire que Événements collectifs *tire son origine du troisième livre de Seth:* La Réalité inconnue *(tome I), dont Seth terminait la dictée en juin 1974. Lors de la session 697 consacrée à cet ouvrage, il fit l'énoncé suivant: «J'en aurai plus à dire sur les maladies, les épidémies et les désordres collectifs dans ce livre.» Mais Seth se référait de fait à un livre ultérieur*[1]*.)*

Bonsoir.

(«Bonsoir, Seth.»)

Vous ne pouvez comprendre la nature des événements collectifs à moins de considérer le cadre encore plus vaste dans lequel ils s'inscrivent.

L'expérience individuelle dépend de l'état psychologique et biologique de la personne, mais elle ne peut fondamentalement pas être séparée de ses sentiments, de ses croyances religieuses et philosophiques, ni de son environnement culturel et de l'organisation politique...

(Notre jeune chat tigré, Billy, s'avança vers Jane pendant qu'elle parlait; il se ramassa, prêt à sauter sur ses genoux. Je l'attrapai et me dirigeai vers la porte de la cave. Jane demeura en transe.)

Les douces créatures sont difficiles à trouver.

(«Oui», dis-je. Dans une récente session, Seth avait affirmé que Billy était «une créature douce». Et c'est effectivement le cas.)

---

1. Les commentaires entre parenthèses entourant le texte même des sessions sont de Robert Butts. (*Note du traducteur*)

Tout ce qui se produit forme comme un «treillis» de comportements. Roses et épines peuvent y croître. Je veux dire que l'individu va croître dans le monde, se forger une expérience et, telle une vigne, s'extérioriser de façon excentrique. Il façonnera, à partir du tissu de la réalité physique, un ensemble d'événements plaisants ou esthétiques, désagréables ou épineux.

Dans cette analogie, la vigne de l'expérience est tout naturellement formée d'éléments «psychiques» aussi nécessaires à l'expérience psychologique que le soleil, l'air et l'eau le sont aux plantes.

(*Avec force et humour*) Je ne veux cependant pas **compliquer** les choses avec cette analogie, mais comme l'expérience individuelle doit être vue sous tous ses aspects, ainsi les événements collectifs ne seront compris que s'ils sont placés dans leur plus vaste contexte.

De la même façon, on ne peut expliquer les épidémies du seul point de vue biologique. Elles supposent, entre autres, un grand courant d'attitudes psychologiques, et elles rejoignent les besoins et les désirs de ceux qui y sont engagés; besoins qui, en ce qui vous concerne, s'imbriquent dans un contexte religieux, psychologique et culturel que l'on ne peut isoler des conditions biologiques.

Je me suis abstenu jusqu'ici de parler de certains sujets importants et vitaux touchant des réalités collectives, parce qu'il fallait d'abord insister sur la personne et sa capacité à créer les événements de sa propre vie. Il fallait insister suffisamment sur la nature de la réalité personnelle[1] avant de montrer comment le développement individuel pouvait se combiner et s'élargir pour former de vastes réactions collectives. Ainsi, l'avènement d'une période historique et culturelle manifestement nouvelle, la montée ou le rejet des gouvernements, la naissance d'une nouvelle religion qui balaie toutes les précédentes; les conversions massives, les meurtres collectifs que sont les guerres, l'émergence soudaine d'épidémies mortelles, le fléau des tremblements de terre, des inondations ou autres désastres, l'apparition inexplica-

1. Se référer aux livres *La réalité personnelle*, tomes I et II, du même auteur, aux Éditions de Mortagne. (*Note du traducteur*)

bie de périodes de grandes manifestations artistiques, architecturales ou de haute technologie ne sont que quelques exemples de réactions collectives.

(*Pause à 21 h 57*) J'ai déjà mentionné qu'il n'existait pas de systèmes fermés. Ceci veut également dire qu'en termes universels les événements sont en continuelle rotation, comme les électrons, et touchent tous les systèmes, tant psychologiques et psychiques que biologiques. Il est vrai de dire que chaque individu meurt seul, car personne d'autre ne peut vivre cette mort. Cependant, il est aussi vrai de dire qu'une partie de l'espèce meurt avec chaque mort et revit avec chaque naissance, car chaque mort individuelle se produit dans le contexte de l'existence de l'espèce entière. La mort sert le bien de l'espèce tout en servant le dessein de l'individu, car aucune mort ne vient sans être appelée.

Une épidémie, par exemple, rencontre l'objectif de chaque personne concernée, tout en s'acquittant des fonctions qu'elle venait accomplir dans le grand ensemble de l'espèce.

Lorsque vous croyez que les épidémies sont le résultat de la propagation d'un virus et que vous mettez l'accent sur l'aspect biologique de celui-ci, alors la solution vous semble très claire: connaître la nature de chaque virus, développer un vaccin et donner à chaque membre de la population une petite dose de la maladie, afin que son corps même la combatte pour être immunisé.

On oublie généralement l'étroitesse de vue de tels procédés, par rapport aux avantages évidents, à court terme. En général, les gens inoculés contre la polio, par exemple, ne contractent pas cette maladie. C'est ainsi que la tuberculose a été largement combattue. Cependant, il y a un grand nombre de variables insidieuses qui agissent ici, et précisément à cause du cadre étroit dans lequel vous considérez de telles épidémies.

Premièrement, les causes ne sont pas biologiques. La structure biologique est simplement porteuse d'une «intention mortelle». Deuxièmement, il existe une différence entre un virus produit en laboratoire et un virus naturel; une différence que le corps fait, mais qui n'est pas perçue par les instruments de laboratoire.

Dans un sens, à la suite d'une inoculation, le corps produit des anticorps et une immunité naturelle s'ensuit. Cependant, le processus chimique corporel est bouleversé, car le corps «sait» qu'il réagit à une «fausse» maladie; il reconnaît la contrefaçon biologique.

Dans cette mesure – et je n'entends pas exagérer la chose – le processus biologique est désorganisé. Par exemple, le corps pourra par la même occasion produire des anticorps pour d'autres maladies «similaires» et ainsi déployer des défenses exagérées, de sorte que l'individu se retrouve plus tard aux prises avec une autre maladie.

(*22 h 19*) Cependant, personne ne tombe malade sans que la maladie réponde à un besoin psychique ou psychologique; c'est pourquoi certaines personnes échappent à de telles complications. Pendant ce temps, les scientifiques et les médecins trouvent de plus en plus de virus contre lesquels il «faut» lutter. Chacun étant considéré séparément, on se rue pour développer un nouveau vaccin contre le plus récent virus. On y va d'ailleurs à coup de prophéties: les savants «prédisent» combien de gens seront «attaqués», disons, par un virus qui a déjà entraîné la mort d'un certain nombre de personnes. Puis, comme mesure préventive, on invite la population à recevoir le nouveau vaccin.

(*Énergiquement*) On l'administre alors religieusement à de nombreuses personnes qui **n'auraient pas pour autant contracté la maladie.** On force le corps à utiliser son système immunitaire à l'extrême et, quelquefois, selon le vaccin, on prolonge la vie exagérément. Les individus qui, psychologiquement, ont décidé de mourir vont mourir de toute façon, de cette maladie ou d'une autre, ou des effets secondaires du vaccin.

La réalité intérieure et l'expérience individuelle donnent naissance à tous les événements de masse. La personne humaine ne peut pas se dissocier du contexte naturel de sa vie physique. Sa culture, sa religion, sa nature et ses attitudes psychologiques forment ensemble le contexte dans lequel les événements à la fois personnels et collectifs se produisent.

(*Avec force, puis en murmurant.*) Ce livre sera donc consacré aux événements, ces grands et impétueux mouvements émotionnels, religieux ou biologiques qui semblent souvent submerger l'individu ou l'emporter de gré ou de force dans leur sillage.

Quelle relation existe-t-il entre l'individu et les gigantesques mouvements auxquels prennent part les gouvernements, les religions ou même la nature? Qu'en est-il des conversions massives? des hystéries de foule? Que dire des guérisons et des meurtres collectifs? Et l'individu dans tout cela?

Nous tenterons de répondre dans cet ouvrage à toutes ces questions.

Il aura pour titre: *Événements collectifs, un choix individuel.*

(*Avec force*) On s'arrête un moment ou on termine la session? C'est comme tu voudras.

(*22 h 35. Nous allons faire une pause alors.*)

(*Sans interruption*) Et tu pourras dire que c'est ta question sur les épidémies qui a servi d'élément déclencheur; cependant, même formulée par toi, elle vient aussi bien sûr des lecteurs de nos livres.

(*Jane sortit de transe l'air réjoui; montrant par là qu'elle avait saisi le sujet que Seth avait abordé, comme cela lui arrivait parfois.*)

(*«Je suis ébahie, dit-elle. Consciemment, je ne savais pas qu'il mettait en chantier un nouveau livre; tu peux noter cela, afin que l'un de nous reprenne tout ce matériel d'ici deux ou trois ans... je n'en reviens pas...»*[1])

(*«Mon esprit travaille d'une façon pas mal furtive, dit-elle. Je ne te dis pas tout. Je pensais justement à un bouquin du genre "questions et réponses", si nous devions nous attaquer à un nouveau projet.» Seth revint brièvement comme nous parlions.*)

(*22 h 39*) Nous avons commencé la première partie, que l'on intitulera: «Les événements de la Nature. Les épidémies et les désastres naturels».

(*Puis, après un moment.*)

Chapitre 1: «Le corps et ses défenses naturelles».

---

1. Cette remarque fait allusion au fait que ces notes seront relevées en temps opportun, car Jane travaille déjà sur deux autres livres. J'ai toujours cru que Jane avait besoin, comme stimulant, de travailler en même temps sur une œuvre de Seth. Je le lui avais dit en juillet 1975, avant le début de *Psyché*. Cette fois Seth me devance en présentant ce nouveau volume, à notre grand étonnement. (*Robert Butts*)

(«Mais je suis réellement surprise. Je n'avais aucune idée de tout cela ce soir», dit Jane à nouveau éveillée. Elle se référait alors à nos interrogations intarissables concernant le phénomène Seth. Quelle portion de sa personnalité, ou entité, qu'on l'appelle Seth ou non, s'emploie à faire des plans – à ***organiser*** *– à mettre en branle de nouveaux projets? Et comment un tel processus créateur a-t-il lieu, sans qu'elle en ait au moins quelques signes conscients?* ***Quelles étaient donc les limites*** *de l'accomplissement humain?)*

(23 h 25. Après une légère collation, reprise de la dictée.)

Mourir est une nécessité biologique, non seulement pour favoriser le repos de l'individu, mais pour assurer la vitalité continue de l'espèce. Mourir est une nécessité spirituelle et psychologique, car, après un certain temps, les énergies exubérantes et toujours renouvelées de l'esprit ne peuvent plus se traduire dans la chair.

Chaque individu sait intrinsèquement qu'il doit mourir **afin de survivre spirituellement et «psychiquement»**. Le moi se sent à l'étroit dans la chair. Cependant, depuis l'avènement des théories[1] de [Charles] Darwin, l'acceptation de la mort semble indiquer une certaine forme de faiblesse, car n'est-il pas dit que seul le fort survit?

Dans une certaine mesure, les épidémies et les maladies reconnues ont l'avantage sociologique de fournir une raison acceptable de mourir – un mécanisme pour sauver la face – pour ceux qui ont déjà décidé de mourir. Cela ne veut pas dire que ces individus prennent une décision consciente de mourir; mais de telles décisions sont souvent semi-conscientes (*dit avec fermeté*). Il se peut que ces personnes pressentent avoir rempli leur mission, mais de telles décisions peuvent aussi s'appuyer sur une autre forme d'instinct de survie, débordant la compréhension darwinienne de la vie.

On n'a pas compris qu'avant la vie, un individu décide de vivre. Le moi n'est pas simplement une personnification accidentelle du mécanisme biologique corporel. Chaque personne qui naît **désire** naître. Elle meurt lorsque ce désir n'agit plus.

1. Seth a fait référence à l'évolution dans les deux tomes de *La Réalité inconnue*. (*Robert Butts*)

Aucune épidémie, ni maladie, ni désastre naturel – ou quelque balle perdue du fusil d'un meurtrier – ne tuera une personne qui ne veut pas mourir.

On a beaucoup insisté sur le désir de vivre; cependant, la psychologie humaine s'est rarement penché sur le désir très actif de mourir. Dans sa forme naturelle, le désir de mourir n'est pas le fait anormal, effrayant et névrotique d'un lâche souhaitant échapper à la vie, mais bien une aspiration positive et «saine» à la survie, par laquelle l'individu veut fermement laisser la vie physique, comme jadis l'enfant voulait se séparer de la maison familiale.

(*23 h 44*) Je ne parle pas ici du désir de se suicider, qui comporte l'autodestruction du corps par des moyens délibérément choisis, qui, bien souvent, sont de nature violente. Idéalement, cependant, ce désir de mourir comporterait simplement un ralentissement des processus corporels et un dégagement graduel de la psyché du corps ou, en d'autres cas, selon les caractéristiques individuelles, un arrêt naturel des fonctions physiologiques.

Laissés à eux-mêmes, le moi et le corps sont dans une telle harmonie que la séparation se ferait en douceur. Le corps suivrait automatiquement les désirs du moi intérieur. Dans le cas d'un suicide, par exemple, le moi agit en quelque sorte hors contexte par rapport au corps qui a encore sa propre intention de vivre.

(*Longue pause ici; une parmi plusieurs*) J'en aurai davantage à dire sur le suicide, mais je n'entends pas ici parler de culpabilité lorsqu'une personne s'enlève la vie. Dans nombres de ces cas, une mort plus naturelle s'ensuivrait de toute façon, à la suite d'une «maladie». Il arrive souvent qu'une personne veuille mourir parce que, à l'origine, elle ne désirait expérimenter qu'une portion de la vie terrestre, disons l'enfance. Ce dessein est également lié à l'intention des parents. Cet enfant peut naître d'une mère qui souhaite expérimenter un accouchement mais qui, pour des raisons personnelles, ne veut pas forcément consacrer des années à son éducation.

(*23 h 57. La sonnerie du téléphone se fit entendre. Notre concentration mutuelle était tellement intense que ce bruit soudain fut un choc. Pourtant Jane ne sortit pas de sa transe. Comme Seth, elle me regardait fixement. Je me retournai, sans faire beaucoup d'efforts toutefois pour répondre à l'appel. Heureusement, la sonnerie cessa subitement.*)

Une telle mère attirerait une conscience désirant sans doute expérimenter à nouveau l'enfance mais non la période adulte, ou qui viendrait lui prodiguer des enseignements dont elle a grandement besoin. Cet enfant mourrait peut-être naturellement à dix ou douze ans, ou plus jeune encore. Cependant, avec l'avancement de la science, la vie de cette personne pourrait être prolongée jusqu'à ce qu'elle sente **le poids** de l'adulte.

Un accident d'automobile, un suicide, ou tout autre type d'accident peut en résulter. La personne peut mourir lors d'une épidémie, mais la douceur du mouvement biologique ou psychologique a été perdue. Je n'excuse pas ici le suicide, car il est trop souvent, dans votre société, le résultat malheureux de croyances conflictuelles. Cependant, il est vrai de dire que toute mort est un suicide et que toute naissance est délibérée de la part de l'enfant et de ses parents. Dans ce sens, vous ne pouvez pas dissocier les épidémies, les tremblements de terre et autres désastres du problème de l'explosion démographique en certains points du globe.

(*Longue pause*) Lors des guerres, le rythme des naissances s'accroît automatiquement pour compenser les pertes humaines, et lorsqu'une race devient trop populeuse, des contrôles naturels s'établissent. Toutefois, ces contrôles concordent toujours avec les intentions et desseins des personnes en cause.

(*Avec vigueur*) Ce sera la fin de la dictée et de la session; mes meilleures salutations...

(*0 h 12. Après avoir fourni quelques renseignements à l'intention de Jane, Seth se retira brusquement, sans autre salutation. «Je n'ai aucun souvenir de quoi que ce soit depuis la pause», dit Jane. Nous étions fatigués.*)

Session 802 – Le lundi 25 avril 1977, à 21 h 47.

(*Nous n'avons pas tenu de séance régulière mercredi dernier. Aujourd'hui, nos ouvriers ont posé les formes pour les escaliers de notre nouveau portique. Nous avons eu une averse, mais la température est idéale.*)

Bonsoir.

(*«Bonsoir, Seth.»*)

Jusqu'à un certain point, les épidémies sont le résultat d'un phénomène de suicide collectif, si l'on considère ceux qui sont concernés. Des facteurs biologiques, sociologiques ou même économiques peuvent entrer en ligne de compte, de sorte que pour diverses raisons et à des niveaux différents, tout un groupe d'individus souhaite mourir à un moment donné; de manière que leur mort individuelle soit une affirmation collective.

Dans un sens, ces pertes de vies sont une protestation contre l'époque dans laquelle elles surviennent. Cependant, les êtres concernés par ces événements ont leurs motifs personnels. Les raisons varient d'une personne à l'autre, mais tous les intéressés «veulent que leur mort serve à une fin» dépassant leurs préoccupations personnelles. De telles morts sont alors partiellement voulues pour que les survivants s'interrogent sur les conditions [de vie], car, inconsciemment, la race sait bien qu'il existe derrière ces morts collectives des raisons qui débordent les croyances admises.

À certaines époques, la vie des pauvres était si horrible et insoutenable que des fléaux se produisirent et détruisirent littéralement de grands espaces où régnaient ces conditions sociales, politiques et économiques. Cependant, ces fléaux fauchèrent à la fois les riches et les pauvres, de sorte que les gens aisés pouvaient voir très clairement, par exemple, que l'intimité, la paix de l'esprit et les conditions sanitaires devaient être reconnues aux pauvres également, car leur insatisfaction pouvait mener à des résultats bien tangibles. Ce furent des morts de protestation[1].

Dans une certaine mesure, chaque «victime» était atteinte d'apathie, d'accablement ou de désespoir; ce qui diminuait automatiquement ses défenses corporelles.

---

1. Autrefois, certains types de peste étaient (et le sont encore) transmis à l'homme par les piqûres de puces porteuses d'une bactérie venant de rats infestés. Certaines formes de la calamité sont également transmises par d'autres rongeurs. Selon Seth, les insatisfactions profondes de l'homme, communiquées aux autres formes de vie par des mécanismes complexes, auraient contribué périodiquement à déclencher la réapparition de tels fléaux... (*Robert Butts*)

Ces humeurs ne perturbent pas seulement les défenses, mais elles activent et changent également les processus chimiques du corps, elles modifient son équilibre et déclenchent des états morbides. De nombreux virus qui, **intrinsèquement**, peuvent causer la mort contribuent, dans des conditions normales, à la santé générale du corps; ils cohabitent pour ainsi dire avec les autres virus, chacun exerçant des activités fort utiles au maintien de l'équilibre corporel.

Si l'on provoque par un certain état d'esprit une suractivité ou une surproduction [de certains virus], ils deviennent alors «mortels». Physiquement, ils peuvent être transmis, de la manière habituelle, à une lignée donnée. En général, les problèmes mentaux individuels suffisamment graves ressortent sous forme de malaises sociaux.

(*Longue pause*) Les circonstances de ces fléaux font ressortir les conditions politiques, sociologiques et économiques qui prévalent et qui causent ces désordres. Souvent, de telles éruptions se produisent à la suite d'actions politiques ou sociales inefficaces, tels des regroupements de protestation sociale; ces mouvements étant considérés sans espoir. Ces fléaux se produisent aussi en temps de guerre parmi la population des pays concernés, souvent en désaccord avec l'action entreprise.

Il se produit au départ une contagion psychique: le désespoir se déplace plus vite qu'un moustique, ou tout autre porteur de maladie. L'état mental active un virus qui lui, **objectivement parlant**, est passif.

(*Pause à 22 h 16*) Le désespoir semble passif, car toute action extérieure est sans espoir; mais il active la rage intérieure, et cette **sorte de contagion** peut sauter de lit en lit, de cœur en cœur. Le désespoir n'atteint cependant que les personnes qui sont dans les mêmes dispositions et, jusqu'à un certain point, il provoque une accélération **favorisant** l'éclosion d'une action de groupe.

Par ailleurs, si vous croyez ne vivre qu'une vie, de telles conditions pourraient vous paraître désastreuses; de ce point de vue, elles sont évidemment peu reluisantes. Cependant, malgré le fait que chaque victime d'une épidémie assume sa propre mort, celle-ci fait partie d'une protestation sociale de masse. La vie de leurs proches est ébranlée et, selon l'étendue de l'épidémie, les différents aspects de la vie sociale elle-même sont perturbés, modifiés, réaménagés. Ces épidémies pourront éventuellement être responsables du renversement de gouvernements, de la perte de guerres.

En outre, il existe des liens biologiques plus profonds avec le cœur même de la nature. Vous êtes des créatures biologiques. Votre fière conscience humaine repose sur la vaste intégrité «inconsciente» de votre être physique. De ce point de vue, votre conscience est aussi naturelle que votre orteil. Pour l'intégrité de l'espèce, vos états mentaux sont dès lors très importants. Le désespoir ou l'apathie sont des «ennemis» biologiques. Les conditions sociales et politiques, les contingences économiques, et même les structures religieuses ou philosophiques qui soutiennent ces dispositions mentales appellent une revanche biologique. Elles agissent comme le feu mis à une branche.

Les épidémies servent donc plusieurs fins; elles sont un avertissement que certaines conditions ne seront plus tolérées. Une forme de grief biologique fait continuellement surface, jusqu'à ce que les conditions changent.

(*Longue pause à 22 h 31*) Même au temps des grands fléaux en Angleterre[1], certaines personnes furent frappées mais survécurent; d'autres n'ont pas été touchées par la maladie et s'occupèrent des malades et des mourants. Ces personnes activement engagées se voyaient toutefois sous un jour totalement différent, si on les compare aux victimes: elles n'étaient pas atteintes de désespoir et se sentaient utiles et efficaces. Sortant souvent d'une vie sans éclats, elles se mirent à accomplir des actes de grande bravoure. Les conditions horrifiantes les stimulaient alors qu'antérieurement, elles ne s'y étaient pas intéressées.

La vue des mourants les inspira sur le sens de la vie et suscita chez ces personnes de nouvelles conceptions sociologiques, politiques et spirituelles, de sorte que de votre point de vue la mort de ces victimes n'aura pas été vaine.

Les épidémies, par nature, dénoncent les problèmes publics; problèmes qui, sociologiquement, entraîneraient l'individu dans un désastre psychique, à l'instar des calamités physiques et biologiques.

---

1. Allusion au fléau qui s'abattit sur Londres en 1665. (*Robert Butts*)

(*Pause*) Cela explique également l'étendue des diverses épidémies – le «pourquoi» du balayage d'une région alors qu'une autre est épargnée et le fait que, dans une famille, l'un meurt et l'autre survit –, car dans cette entreprise collective, l'individu façonne encore sa réalité personnelle.

(*Pause à 22 h 42*) Certaines croyances scientifiques médicales prévalent dans votre société. La médecine préventive est encouragée; des vaccins sont administrés à une personne saine pour provoquer en elle un début léger de maladie, ce qui l'immunise contre l'apparition massive de l'infection. Pour n'importe quelle maladie ce procédé peut très bien fonctionner, du moment qu'on y croit. (*Et avec plus de force*) **C'est cependant la croyance, et non le procédé, qui agit** (*avec force*)[1].

Je ne recommande pas que vous abandonniez cette pratique puisque manifestement elle donne de bons résultats pour tant de personnes. Cependant, vous devriez comprendre pourquoi cela se passe ainsi.

Une telle technique médicale est ultraperfectionnée. Mais vous ne pouvez pas recevoir des vaccins et vivre avec l'élan, le délice ou le contentement qui caractérise l'animal en bonne santé. Si vous avez décidé de mourir et que vous soyez protégé d'une maladie particulière, vous en contracterez promptement une autre ou il pourrait vous arriver un accident mortel.

L'immunisation, tout en étant très efficace, ne peut que renforcer des croyances antérieures sur l'inefficacité du corps. Vous penserez peut-être que le corps laissé à lui-même serait susceptible d'attraper n'importe quelle maladie «à la mode», mais cette

---

1. Jane dispose d'une immense force et d'une grande énergie lorsqu'elle parle en tant que Seth, et je puis souvent sentir ces qualités; c'est comme si elles formaient ensemble une entité palpable en elle-même. Durant les sessions personnelles, tout autant que celles consacrées à la dictée de livres, les intonations de Seth se rapprochent habituellement du mode conversationnel; et il parle suffisamment lentement pour que je puisse aisément prendre note de son discours. La voix de Seth peut, à certains moments, étonner quant au volume et à la rapidité du débit; et il semble pouvoir continuer de cette façon indéfiniment: j'ai été témoin de démonstrations vraiment remarquables qui durèrent quelques heures. De telles manifestations ne sont jamais, en pratique, poussées aussi loin lors de nos sessions régulières. Jane, de son côté, n'est jamais exténuée lorsqu'elle parle en tant que Seth; elle manifeste plutôt un surcroît d'énergie. Comme elle le dit souvent, elle «chevauche» la voix de Seth, ou l'énergie qui la sous-tend. (*Robert Butts*)

victoire momentanée du vaccin risque de mener à une défaite ultime, en accord avec vos propres convictions.

Vous avez vos propres systèmes médicaux. Je n'entends pas ici saper leur crédibilité, puisqu'ils se minent par eux-mêmes. Il est évident que certaines de mes affirmations ne peuvent être prouvées, en vos termes, et paraissent presque sacrilèges. Malgré tout, il n'est pas d'hommes ou de femmes qui soient morts sans la volonté de mourir, quel que soit l'avancement de la technologie médicale. Des maladies particulières ont des significations symboliques, variant selon les époques et les lieux[1].

(*22 h 56*) Je te laisse un répit... Es-tu fatigué?

(*«Non.»*)

(*Pause*) Il y eut beaucoup de discussions dans le passé au sujet de la survie du plus fort, selon le langage darwinien[2], mais on a peu insisté sur la qualité de vie ou sur la survie elle-même;

1. Malgré tous les désavantages de la vaccination et des programmes d'immunisation, il est clair que Seth ne recommande pas de les abandonner actuellement, puisque la plupart d'entre nous croyons en leur efficacité. Cela peut prendre un certain temps avant que nos croyances personnelles soient assez fortes pour nous soutenir sans l'usage de ces «béquilles» médicales. Toutefois, nous pouvons essayer de minimiser une telle dépendance (comme Jane et moi le faisons en ce moment), et éviter de recevoir des injections simplement parce qu'elles sont «à la mode».
(Dans la même veine, laissez-moi vous citer ce passage de la session 704, tiré du volume *Unknown Reality:*)
«Vous pouvez énumérer des maladies qui ont été enrayées par la vaccination ou autres mesures préventives. Il peut même vous sembler idiot de suggérer qu'un individu puisse naturellement posséder quelque protection **efficace** contre une maladie ou affection...
»Encore une fois, certaines personnes feront l'éloge d'un médecin qui aura découvert "à temps" des symptômes permettant de prendre les mesures appropriées et d'avoir pu ainsi éliminer la maladie. Vous ne pouvez pas savoir d'une façon certaine, bien entendu, ce qui serait arrivé, par ailleurs, à ces gens qui voulaient mourir. S'ils n'étaient pas décédés de cette maladie, ils auraient pu être "victimes" d'un accident, ou tués à la guerre ou encore lors d'un désastre naturel.
»Ils auraient pu "guérir", avec ou sans traitement, et continuer à mener une vie productive. Vous n'en savez rien. Une femme ou un homme qui est prêt à mourir, s'il réchappe à une maladie, en contractera rapidement une autre ou trouvera un moyen de satisfaire à ce désir. Le problème rencontré est intimement lié à la volonté de vivre et aux mécanismes de la psyché.» (*Robert Butts*)

2. Le naturaliste anglais Charles Darwin (1809-1882) soutenait, dans sa théorie de l'évolution organique, que toutes les plantes et tous les animaux se développaient à partir de leur forme antérieure en héritant d'infimes variations à travers les générations successives, selon les conformations les plus appropriées à l'environnement et les plus susceptibles de survivre. (*Robert Butts*)

peu d'efforts ont été déployés pour savoir ce qui, en termes humains, pouvait rendre la vie attrayante. Bien simplement, **si la vie n'en vaut pas la peine** (*plus fort*), **aucune espèce n'aurait de raison de survivre.**

Les civilisations sont exactement comme les espèces. Elles meurent lorsqu'elles n'ont plus de raison de vivre; néanmoins, elles génèrent d'autres civilisations. Votre mentalité, «de masse[1]», détermine le niveau culturel de votre civilisation. Ainsi, jusqu'à un certain point, la survie de votre civilisation est dépendante de la condition de chaque individu; et cette condition correspond initialement à un état spirituel, psychique, qui donne naissance à l'organisme physique. Cet organisme est intimement lié à l'état biologique naturel de chaque personne, entités ou êtres vivants, si petits soient-ils.

Malgré toutes les affirmations «réalistes» appuyant le contraire, l'état **naturel** de la vie en est un de joie et d'acceptation de soi; un état dans lequel l'action est efficace et où le pouvoir d'agir est un droit naturel. Vous verriez ceci bien clairement chez les plantes, les animaux et en toute autre forme de vie si vous n'étiez pas si aveuglé par les croyances contraires. Vous le ressentiriez dans l'activité de votre propre corps, là même où la présence vitale individuelle de vos cellules contribue à l'édification globale et immensément complexe de votre être physique. Cette activité favorise naturellement la santé et la vitalité.

Je ne parle pas ici de quelque monde spirituel romanesque, «passif» et flasque, mais bien d'une réalité limpide et sans entraves, dans laquelle règne l'opposé du désespoir et de l'apathie.

Ce livre sera consacré à ces conditions qui encouragent le mieux l'élan spirituel, psychique et physique, aux composantes biologiques et psychiques qui font qu'une espèce désire perpétuer sa race. De telles orientations amènent la coopération mutuelle de toutes les formes de vie, à tous les niveaux. Aucune espèce n'est en concurrence avec une autre, mais au contraire chacune coopère avec les autres pour former un environnement dans lequel toutes peuvent coexister dans la créativité.

---

1. En français dans le texte.

Fin de la dictée. Nous aurons cette fois un livre débordant d'une gaieté tapageuse!

(*Pause à 23 h 17*)

Vous vivez dans une communauté physique, mais vous vivez d'abord en une communauté de pensées et de sentiments. Ceux-ci déclenchent vos actions physiques. Ils touchent directement le comportement de votre corps. L'expérience des animaux est différente; à leur façon, ils ont une intention individuelle et une fin. Leurs sentiments sont certainement aussi pertinents que les vôtres. Ils rêvent et, à leur façon, ils raisonnent.

Ils n'ont pas de soucis. Ils n'anticipent pas de désastre lorsque aucun signe n'est apparent dans leur environnement immédiat. Les animaux sauvages n'ont pas besoin de médecine préventive. On vaccine cependant les animaux domestiques contre les maladies. Dans votre société, cela devient presque une nécessité. Dans un environnement «purement naturel», il n'y aurait pas autant de chiens et de chats vivants. Il y a des cycles dans l'existence physique, et à ce point de vue la nature sait ce qu'elle fait. Ainsi, lorsqu'il y a une trop grande croissance chez une espèce, les possibilités d'épidémies augmentent. Ceci s'applique tout autant aux populations humaines.

La qualité de vie est ce qu'il y a de plus important. Des animaux nouvellement nés mourront rapidement et naturellement, sans douleur, avant que leur conscience ne soit complètement éveillée à cette réalité, ou encore seront tués par leur mère; non pas parce qu'ils sont faibles ou inaptes à survivre, mais bien parce que les conditions [physiques] ne sont pas propices à une qualité de vie «qui en vaut la peine».

La conscience momentanément incarnée n'est pas annihilée pour autant, mais dans votre perspective, elle attend de meilleures conditions.

On fait donc des «tests» chez l'espèce humaine, tout comme chez les animaux; on jette un coup d'œil, question d'avoir un aperçu de la vie physique, et c'est tout. Les épidémies qui balaient les populations animales sont également des messages biologiques et psychiques. Chacun comprend que la qualité de vie et la survie même de l'espèce passent par son plus grand accomplissement individuel.

(*23 h 55*) Souffrir n'est pas forcément bon pour l'âme. Les animaux ne recherchent pas spontanément la souffrance. La femelle possède une compassion naturelle et une connaissance biologique des conditions d'existence que sa progéniture devra affronter. Les créatures animales assument instinctivement leur relation avec les grandes forces de la nature. Elles laisseront, par instinct, mourir de faim un rejeton pendant que sa conscience est encore floue, plutôt que de le lancer dans des conditions défavorables.

À l'état naturel, un grand nombre d'enfants seraient morts-nés pour les mêmes raisons ou auraient naturellement avorté. Il existe une forme d'entente mutuelle entre tous les éléments de la nature, de sorte que, par exemple, tel individu choisira une mère qui souhaite vivre l'expérience de la grossesse mais non de la naissance, lui-même optant pour l'expérience du fœtus, mais non celle de l'enfance. Souvent dans de tels cas, ce sont des «fragments de personnalités» qui veulent tâter la réalité physique, mais ne sont pas prêts à transiger avec elle. Cependant, ce sont ici des considérations générales, car chaque cas est individuel.

Certains enfants, qui auraient vraisemblablement dû mourir d'une «épidémie infantile», survivent néanmoins pour diverses raisons. Le monde de la pensée et des sentiments a beau être invisible, il anime tous les systèmes physiques avec lesquels vous êtes familiers.

Les animaux comme les hommes peuvent faire des protestations sociales qui se concrétisent dans le contexte biologique. Par exemple, les chatons et les chiots frappés de maladies propres à leur espèce peuvent choisir de mourir pour signaler le fait que la qualité de leur vie individuelle et collective laisse fort à désirer. Les rapports avec leur espèce ne sont plus équilibrés. Ces animaux domestiques ne peuvent pas utiliser pleinement leurs capacités ou leur pouvoir, ni, pour nombre d'entre eux, tirer bénéfice d'une relation psychique avec l'homme; ils se sentent mis au rancart, non désirés et non aimés. Un animal non aimé ne veut pas vivre.

L'amour comporte le respect de soi, la confiance en l'élan et l'intégrité biologique individuelle. Dans ce contexte, les épidémies chez les animaux ont les mêmes causes que les fléaux qui sévissent chez les humains.

Un animal peut, en fait, se suicider. Ainsi le peut une race ou une espèce. Une certaine qualité de l'expérience est nécessaire pour une vie débordante et digne.

Fin de la dictée. (*Murmuré*) Aie confiance aux changements de [l'état personnel] de Ruburt. Je vous souhaite affectueusement une bonne nuit.

(*«Merci. Toi de même, Seth. Bonne nuit.»*)

(*00 h 17. Voir les réflexions de Jane sur son état physique, dans l'introduction du présent volume. Elle a joui ces derniers temps d'encourageantes améliorations de sa condition physique.*)

Session 803 – Le lundi 2 mai 1977 à 21 h 43.

(*Depuis le début de la dictée de ce livre, Jane souhaitait ne tenir qu'une séance par semaine, le lundi, et se consacrer à autre chose le reste de la semaine. Elle poursuit le travail sur son livre de William James et s'adonne à la poésie et à la peinture. Elle m'aide également à dactylographier le manuscrit de* Psyché. *Son état physique ne s'en trouve que mieux, avec la magie de ce nouveau printemps.*)

Bonsoir.

(*«Bonsoir, Seth.»*)

Vos savants commencent à comprendre la relation de l'homme avec la nature. L'espèce est manifestement une partie de la nature, et non à part de celle-ci.

On se pose des questions quant aux effets de l'action de l'homme sur son environnement. Il existe cependant un environnement intérieur qui unit toutes les consciences de votre planète, quel que soit leur type. Cet environnement mental ou psychique – ou non physique, peu importe – est en perpétuel changement ou mouvement continuel. Cette activité est à l'origine de tous les phénomènes extérieurs.

Votre perception sensorielle, physiquement parlant, repose sur des organes qui, selon ce qu'il vous semble, n'ont aucune réalité en dehors de leur relation avec vous. Pourtant, ces organes sont eux-mêmes composés d'atomes et de molécules, et doués de leur propre conscience. Ils jouissent donc d'un état sensible et cognitif qui leur est propre. Ils travaillent pour vous, en vous permettant de percevoir la réalité physique.

Vos oreilles vous semblent certainement des accessoires permanents, de même que vos yeux. Vous dites: «**Mes** yeux sont bleus», ou «**Mes** oreilles sont petites». Cependant, la matière physique de ces organes sensoriels change constamment, sans que vous vous en aperceviez. Alors que votre corps vous apparaît solide, stable et parfaitement fiable, vous ne vous apercevez pas de ses continuels échanges avec l'environnement. Vous n'êtes pas préoccupé par le fait que la substance physique de votre corps soit constituée de molécules et d'atomes complètement différents de ceux qui le formaient, [disons], il y a sept ans; ni que vos mains si familières n'aient actuellement aucun rapport avec la moindre parcelle de matière qui les composait [même dans un passé récent].

Vous percevez votre corps comme un tout solide. Mais je le répète, les sens eux-mêmes qui font cette déduction sont le résultat du rassemblement d'atomes et de molécules en des organes, **modelant** une structure de chair. Tous les autres objets que vous percevez sont **ainsi formés**.

Le monde physique que vous reconnaissez est constitué de motifs invisibles. Ces motifs sont «plastiques», au sens que leur forme finale dépend de la direction probable que la conscience prendra. Vos sens perçoivent ces modèles à leur façon, et ceux-ci peuvent être «activés» d'innombrables manières. Il y a **quelque chose là-dedans** (*dit avec énergie et humour*) à observer de près.

(*Pause prolongée à 22 h 04*) L'appareil de vos sens détermine la forme que prendra telle chose. Le monde se dresse, solide, devant vos yeux, mais ces derniers font partie intégrante de cet ensemble. Vous **ne voyez pas** vos pensées, vous ne pouvez donc constater qu'elles ont une structure et une configuration, comme peuvent en avoir les nuages, par exemple. Il existe des courants de pensée comme il y a des courants d'air; les motifs mentaux des pensées et des sentiments humains s'élèvent comme la flamme du feu ou la vapeur d'une eau bouillante, pour retomber comme le font les cendres ou la pluie. Tous les éléments de l'environnement invisible travaillent conjointement et forment les modèles climatiques que vous connaissez; ce sont des états mentaux extériorisés. Ces motifs vous offrent alors localement et de façon globale une version physique des états émotionnels de l'homme.

(*Notre chat Billy se réveilla et, cette fois, sauta sur les genoux de Jane, puis se levant sur ses pattes arrière, il posa ses pattes avant sur sa poitrine, tout en examinant son visage. Jane, en tant que Seth, le caressa.*)

(*D'un air amusé*) Tu pourras noter que j'ai cajolé le chaton.

Votre planète est, elle aussi, en perpétuel changement, tout en conservant une stabilité fonctionnelle relative. La matière physique de la planète est également composée, au sens littéral du mot, de «hordes innombrables» de consciences; chacune expérimentant sa propre réalité et ajoutant du sien à cette entreprise coopérative globale.

(*Longue pause*) Les désastres naturels sont vus, et c'est compréhensible, comme des phénomènes préjudiciables; on n'y reconnaît pas les vastes éléments créateurs et régénérateurs de la vie planétaire et, partant, de la vie humaine. La stabilité de la planète repose sur ces changements, comme la stabilité du corps dépend, par exemple, de la naissance et de la mort des cellules.

(*22 h 20*) Il est bien évident que les individus doivent mourir; non seulement parce qu'autrement votre monde serait surpeuplé jusqu'à son extinction, mais aussi parce que la nature même de la conscience requiert de nouveaux défis, de nouvelles expériences et réalisations. Ceci est apparent partout dans la nature.

(*Pause*) Si la mort n'existait pas, il vous faudrait l'inventer (*avec un sourire*), car dans **ce contexte** l'expérience d'un individu serait aussi limitée que celle d'un grand sculpteur à qui l'on ne donnerait qu'un seul bloc de pierre[1].

La création du sculpteur est une réalité pratique, en ce sens qu'elle existe en tant qu'objet que l'on perçoit, tout comme votre monde. Cependant, la statue du sculpteur vient de l'envi-

1. Seth contredit ici les affirmations des scientifiques qui prétendent pouvoir accomplir, et pour bientôt, ce tour de force. Jamais, a-t-on fait mention des dilemmes spirituels et des énormes problèmes sociaux et autres qui surgiraient. Et qui va-t-on conserver en vie? Qui va payer la note? Et les animaux? L'incompréhension de la vie et la peur de l'extinction nous portent à une telle conquête. Cette position frise l'absurde; que dire des risques d'accidents pour des immortels? Et les suicidés et leur désir de mourir? (*Robert Butts*)

ronnement intérieur et de modèles probables. Ceux-ci sont actifs par eux-mêmes. Ils ont le désir de «prendre-forme». (*Le trait d'union est commandé par Seth.*) On retrouve derrière toute réalité des motifs psychiques. Ces derniers cherchent toujours à se manifester, bien qu'il existe d'autres formes que celles que **vous** connaissez.

Pour vous, une chaise est une chaise. Ruburt en utilise une pendant que je m'adresse à vous. En lisant ce livre, la plupart d'entre vous êtes assis sur une chaise, un canapé ou un banc; tous ces objets sont bien solides et réels. Les molécules et les atomes constituant ces meubles sont animés, même si vous ne les considérez pas comme des êtres vivants. Lorsque les enfants jouent à la «chaise musicale», ils forment des cercles vivants dans l'air. Dans ce jeu, ils prennent plaisir au mouvement de leur corps, mais ils ne s'identifient pas à ces cercles tourbillonnants. Les atomes et les molécules qui composent une chaise forment une ronde, un peu comme à la «chaise musicale»; ils sont engagés dans un mouvement constant et s'organisent en un «concept» que **vous percevez** comme une chaise.

Les mouvements sont si divergents que la chaise, tout comme votre corps d'ailleurs, vous apparaît permanente. Les atomes et les molécules, comme les enfants, jouissent de leur propre mouvement. Ils vous apparaissent comme un bloc dans l'espace; cependant, ils ne se soucient pas que vous nommiez leur mouvement «chaise», ni que vous l'utilisiez comme support.

Vous percevez l'action des atomes de cette manière. L'accord se fait au plan mental mais il n'est jamais complètement «arrêté», bien qu'il paraisse l'être. Vous ne percevez pas [continuellement] la même chaise, même si elle vous semble «la même», vue sous différents angles.

La danse des atomes et des molécules est continuelle dans votre environnement. Dans une compréhension **plus vaste**, une chaise n'est jamais la même chaise [d'un instant à l'autre]. On doit tenir compte de toutes ces considérations lorsque l'on discute des événements de masse.

Prenez un moment de repos.

(*22 h 42. Jane se rappelait que Billy était monté sur elle et comment il avait frôlé son visage; «Seth trouvait cela merveilleux», dit-elle.*)

Si des savants sondent le cerveau d'un idiot ou celui d'un génie, ils n'y trouveront que de la matière physique. Ils ne découvriront aucune idée collée aux cellules du cerveau lui-même.

Vous pouvez transmettre une idée et en sentir les effets, mais vous ne pouvez pas la voir comme vous voyez la chaise. Cependant, seul un insensé dirait que les idées n'existent pas ou nierait leur importance.

Vous ne trouverez pas non plus le site de vos rêves dans votre cerveau. Ce que vous voyez comme la matière solide de votre univers est le résultat du jeu de vos sens et d'une dimension intérieure d'activité; une dimension tout à fait légitime, quoique dissimulée d'une manière aussi déconcertante que le siège d'une idée ou le site du rêve.

Il vous est facile de constater que les semences produisent les fruits de la terre, chacun selon son genre. Aucune graine n'est identique à une autre, néanmoins elles sont regroupées en différentes espèces. Vous ne confondez certainement pas une orange avec un raisin. De la même manière, les idées ou les pensées forment des motifs généraux qui donnent naissance chez vous à certains types d'événements. À cet égard, vos pensées et vos sentiments «sèment» la réalité physique et font surgir les choses matérielles.

Vous possédez une merveilleuse organisation politique; vous vivez dans des villages, comtés, états, pays et ainsi de suite, chacun avec ses coutumes et ses règlements locaux. Ces arrangements ne perturbent en rien la terre elle-même. Ce sont des désignations d'ordre pratique, qui supposent un regroupement selon des intentions ou affiliations particulières. Ce sont des modèles politiques, invisibles, mais hautement efficaces. Il existe cependant des modèles mentaux impalpables mais beaucoup plus persistants qui structurent les pensées et émotions de l'humanité entière; les pensées et émotions tendent naturellement vers cette organisation.

Les pensées de chaque personne coulent dans ce moule et forment une partie de l'atmosphère psychique de la terre. De cette atmosphère émergent les modèles terrestres naturels responsables de vos saisons et de leurs effets divers. Vous n'êtes jamais victimes de désastres naturels, même si cela vous paraît ainsi, car vous prenez vous-mêmes part à leur formation. Vous prenez part, d'une manière créatrice, aux cycles terrestres. Personne ne peut naître ni mourir à votre place, et cependant aucune naissance ni mort n'est vraiment isolée. C'est un événement auquel la planète entière participe. Chaque espèce, je le répète ici, se préoccupe non seulement de la survie de l'individu, mais de la qualité de son expérience de vie.

De ce point de vue, les désastres naturels, par les ajustements qu'ils provoquent, viennent finalement redresser une situation qui jusque-là détériorait la qualité de vie désirable.

Les «victimes» choisissent, au plan spirituel, psychologique et biologique, de participer à ces bouleversements.

De nombreuses «victimes» seraient mortes de toute manière des suites de maladies, par exemple. Cette connaissance est disponible au niveau cellulaire et est communiquée le plus souvent par l'intermédiaire des rêves. Il n'est pas nécessaire d'en être conscient, et certaines personnes possèdent une telle connaissance tout en prétendant n'en rien savoir.

(*23 h 44*) D'autres «victimes» ont accompli leur mission; elles veulent mourir et cherchent une excuse, un expédient pour sauver les apparences. Cependant, celles qui choisissent une telle fin veulent mourir de façon dramatique, en pleine activité; elles sont, étonnamment, remplies d'une connaissance triomphante de la force vitale, même au moment de la mort. Elles s'identifient au pouvoir de la nature qui, semble-t-il, les aura détruites.

Cette identification peut amener parfois un accroissement du niveau de conscience et entraîner ces personnes dans une forme d'«expérience de groupe», où toutes les victimes s'engagent à des degrés divers dans une autre dimension de la réalité.

Ces personnes étaient presque conscientes, longtemps avant le désastre, de la probabilité d'un tel événement. Elles avaient le choix jusqu'au dernier moment d'éviter l'affrontement. Les animaux ont la prescience des conditions climatiques, comme le disent les anciens. Cette perception fait également partie de votre héritage biologique. Le corps est donc prêt, bien que consciemment, vous sembliez l'ignorer.

Il existe d'innombrables relations entre l'environnement intérieur du corps et les modèles climatiques. Par exemple, le sentiment ancien d'identification avec les orages est parfaitement valable et, à cet égard, le «réalisme» des sentiments est de beaucoup supérieur à celui de la pensée logique. Lorsqu'une personne sent qu'elle «fait partie» d'un orage, ses sentiments sont tout à fait réels. La logique traite des conditions extérieures, des relations de cause à effet. Les intuitions se rattachent à l'expérience intime; elles répondent à des activités et des mouvements subjectifs dont la vitesse dépasse de beaucoup celle de la lumière et elles transigent avec des événements simultanés que votre perception de cause à effet, vu sa lenteur, ne pourrait capter[1].

(*Longue pause*) À ce point de vue également, les activités intérieures sont trop rapides pour que vous puissiez les suivre intellectuellement. Par contre, vos intuitions peuvent vous donner des indices sur leur fonctionnement. Un pays est responsable de ses propres sécheresses, de ses tremblements de terre, de ses inondations et de ses ouragans; ainsi que de ses récoltes et de la grande variété de ses produits, de ses industries et de ses réalisations culturelles. Ces éléments sont tous interreliés.

Si la qualité nécessaire à la vie spirituelle et biologique fait défaut, des ajustements ont lieu. Un désastre naturel peut survenir pour mettre fin à un problème politique, que les moyens politiques eux-mêmes n'ont pu résoudre. Par ailleurs, les énergies créatrices de la population apparaîtront quand elles seront requises.

---

1. Seth et Jane ont tous deux fait référence, dans leurs livres précédents, aux effets **plus-rapides-que-la-lumière**. Seth en a parlé, par exemple, lorsqu'il a abordé le concept d'unités de conscience (UC). Albert Einstein, dans sa théorie de la relativité, a démontré que rien dans l'univers ne pouvait atteindre tout à fait – sans parler de dépasser – la vitesse de la lumière. Cependant, certains physiciens ont avancé des théories relatives à des «particules» plus rapides que la lumière, qui seraient «créées» par quelque processus inconnu et voyageraient avec une telle vélocité; ils tentent de cette façon d'éviter les limites posées par Einstein. Il y a eu également de récentes observations astronomiques de quelques objets très éloignés paraissant extrêmement lumineux, ou voyageant à une vitesse considérablement plus grande que celle de la lumière. On en est encore à chercher des explications satisfaisantes.
Bien sûr, lorsque l'on délaisse le royaume des «particules», quel que soit leur comportement et quelque ténues soient-elles dans leur construction «physique», alors toutes les contraintes peuvent disparaître. Comme pour le cas des UC, les «activités et les mouvements subjectifs», les «événements simultanés» de Seth pourraient facilement être considérés comme normaux, dans un univers fondamentalement non physique. (*Robert Butts*)

L'excellence apparaîtra dans les arts et la culture et dans les réalisations technologiques ou sociales. Les espèces cherchent à développer jusqu'au summum leurs capacités. Chaque corps physique est en lui-même un univers. Il possède ses propres mécanismes de défense et ses capacités. Chacune de ses parties lutte pour atteindre cette qualité d'existence qui apportera à ses moindres constituants l'épanouissement spirituel et biologique qui leur convient.

(*Avec chaleur*) Fin de la dictée. Fin de la session, sauf si vous avez des questions.

(*«Je pense que non, Seth.»*)

Mes meilleures salutations et passez une bonne journée.

(*«Merci, à toi aussi, Seth.»*)

(00 h 08. Jane sortait d'une excellente transe avant que j'eusse fini d'écrire...)

Session 804 – Le lundi 9 mai 1977, à 21 h 44.

(Hier, c'était l'anniversaire de Jane. Deux faits vinrent agrémenter cet événement. Il y a deux jours, elle pouvait s'installer pour la première fois dans notre nouvelle véranda aménagée en bureau, sous la lumière oblique du soleil, pour coucher sur papier les messages, captés psychiquement, sur la «vision du monde» de William James, ce psychologue et philosophe américain qui vécut de 1842 à 1910. Elle dispose maintenant de beaucoup de matériel pour son livre sur James. [Dans une note en préparation à son introduction au livre de Seth, La nature de la Psyché, *Jane décrit une vision du monde comme «[...] un portrait psychologique vivant d'une existence individuelle, riche de toutes ses connaissances et de son expérience. Ce portrait demeure sensible et perdure après la mort physique.»])*

(Puis aujourd'hui elle a reçu le contrat pour La nature de la Psyché *de son éditeur, Prentice-Hall. À présent, elle préfère prendre un engagement formel de publication seulement après qu'elle a – ou que Seth et elle ont – terminé la majeure partie d'un ouvrage.)*

(*Sans préambule*)

Le corps est une expression spirituelle, psychique et sociale, transposée dans un langage biologique. Cependant, aussi intime soit-il, il ne peut se dissimuler, «il se trouve où vous êtes».

Le corps partage son individualité avec d'autres organismes semblables à lui. J'entends par là qu'un corps particulier présuppose un passé biologique de créatures semblables. Il s'entoure de contemporains. Par exemple, si un étranger venant d'une autre planète venait à rencontrer un être humain, il remarquerait chez lui des caractéristiques particulières. Même si cet étranger croisait par hasard un membre solitaire de votre espèce en un lieu désert, il pourrait faire certaines déductions à partir de l'apparence et du comportement de cet individu.

(*Longue pause*) Si l'étranger entend le «terrien» parler, il saura immédiatement que vous êtes des créatures qui communiquent et il percevra une intention par delà les sons émis. D'une manière ou d'une autre, toutes les créatures utilisent un langage dénotant une relation sociobiologique beaucoup plus étendue qu'on le suppose habituellement. De par l'apparence du «terrien», l'étranger pourra juger – si ce n'est déjà connu – de la proportion des divers éléments de votre planète, et cela d'après votre mode de locomotion, vos propriétés et la nature de votre perception physique.

La naissance d'un être humain dans le monde est unique et personnelle, elle exige une véritable recherche d'équilibre – un effort triomphant – de la part de chaque membre de l'espèce. Cet équilibre délicat de la vie requiert pour chaque naissance des conditions fort précises qu'aucune espèce à elle seule ne peut garantir, même à ses propres congénères. Le grain doit croître. Les animaux ont à se reproduire. Les plantes doivent jouer leur rôle. Dans ce sens, c'est le règne de la photosynthèse[1].

Les saisons doivent se maintenir de façon relativement stables. Il faut de la pluie, mais pas trop. La tempête est nécessaire,

1. La photosynthèse est un processus qui n'a pas encore livré tous ses secrets. La chlorophylle, partie verte des plantes, utilise l'énergie de la lumière solaire pour fabriquer des hydrates de carbone à partir de l'eau et du bioxyde de carbone. Cette «lumière solaire emmagasinée» peut alors être utilisée comme nourriture. (*Robert Butts*)

sans pour autant être dévastatrice. Le tout repose sur une coopération d'ordre biologique et psychique. Notre étranger hypothétique pourrait tirer ces conclusions en observant un humain solitaire; nous y reviendrons plus loin.

(*Longue pause à 22 h 05*) Les cellules possèdent des caractéristiques «sociales». Elles ont tendance à s'unir entre elles. Elles communiquent de façon naturelle. Elles se meuvent aussi naturellement. En affirmant ceci, je ne veux pas attribuer des qualités humaines à la cellule, car le désir de communiquer et de se mouvoir n'est pas réservé à l'homme, ou même aux seuls animaux. Le désir de l'homme de voyager en d'autres mondes est, à sa manière, aussi naturel que le besoin pour la plante de tourner ses feuilles vers le soleil.

Les réalisations de l'homme, les civilisations et leurs cultures, les sciences et la technologie témoignent de la tendance fondamentale de l'espèce à communiquer, à se mouvoir vers l'extérieur, à créer et à rendre palpables les réalités intérieures pressenties. Une vie, aussi solitaire soit-elle, est la plus sociale des entreprises. L'ermite le plus retiré est tributaire de la sociabilité biologique des cellules de son propre corps et du monde naturel avec toutes ses créatures. Le corps dans son individualité même est aussi une affirmation biologique publique et sociale. Une phrase parlée possède une structure dans n'importe quel langage. Ce langage présuppose que celui qui l'exprime possède une bouche, une langue et une organisation physique appropriée; il présuppose également un esprit et un monde où les sons ont une signification. Parler exige une connaissance très précise et pratique de la nature des sons, de la combinaison de leurs différents motifs, et fait appel à la répétition. Enfin, le langage nécessite une connaissance du système nerveux. Peu de mes lecteurs possèdent une telle connaissance consciente et pourtant, la plupart parlent très bien.

Votre corps semble donc posséder des renseignements tout à fait pratiques auxquels il réagit. Vous pouvez exprimer ce que vous voulez, sans connaître les mécanismes de votre discours.

Le corps est donc très bien équipé pour agir dans son environnement. Il veut par-dessus tout explorer et communiquer. La communication entraîne la sociabilité. Le corps est muni de tout ce dont il a besoin pour se défendre. C'est le corps lui-même qui incite l'enfant à parler, à ramper, à marcher et à rechercher ses semblables. Grâce aux communications biologiques, les cellules de l'enfant sont renseignées sur son environnement physique, sur la température ambiante, sur la pression atmosphérique, sur les conditions climatiques, sur les approvisionnements en nourriture. Le corps réagit à ces conditions et s'ajuste avec une grande rapidité.

Au niveau cellulaire, il existe une forme de réciprocité sociale, où la naissance et la mort des cellules sont connues de chacune. À ce point de vue, la mort d'une grenouille et celle d'une étoile ont la même portée. En ce qui **vous concerne**, vos pensées, vos intentions et vos sentiments, même les plus intimes, font partie de ce système de communication intérieur. Cet environnement intérieur est aussi essentiel au bien-être de l'espèce que l'environnement physique. Il constitue la banque des possibilités psychiques, comme la planète sert de banque de ressources physiques. Lorsqu'il se produit un tremblement de terre dans une autre partie du monde, la masse terrestre de votre propre pays en est perturbée. Lorsque des séismes **psychiques** se produisent dans une autre partie du monde, vous en êtes proportionnellement touché.

De la même manière, si vous vous blessez à un membre, les autres parties du corps en ressentent les effets. Un tremblement de terre peut être désastreux dans la région où il se produit, mais il corrige des déséquilibres et favorise ainsi la vie de l'ensemble de la planète. Des mesures importantes d'urgence sont prises dans la région du séisme, et d'autres pays envoient de l'aide. Lorsqu'une partie du corps «fait éruption», des mesures d'urgence sont prises localement, et les autres parties viennent en aide aux parties affligées.

L'éruption physique, même si elle paraît critique pour la région touchée, fait partie du système de défense corporel, pour en assurer le bon équilibre. **Biologiquement**, la maladie est la manifestation du système de défense corporel **global**.

(*22 h 42*) J'essaie d'expliquer cela aussi simplement que possible... Sans certaines maladies, le corps ne pourrait pas subsister. Tout d'abord, le corps se modifie continuellement et ses décisions sont trop rapides pour que vous puissiez en prendre conscience; l'ajustement hormonal doit se faire continuellement et l'équilibre doit être maintenu entre tous les systèmes. Cet équilibre doit être conservé non seulement à l'intérieur du corps, mais avec un environnement, lui-même en perpétuel changement. Au niveau biologique, le corps produit souvent ses propres «remèdes préventifs» ou «vaccins», par exemple, en tirant de son environnement des substances étrangères ou nouvelles, naturelles ou artificielles; il en absorbe de faibles doses, contractant une «maladie» qui, si l'on n'intervient pas, se dissipe à mesure que le corps utilise ce dont il a besoin ou s'apprivoise à cet «envahisseur».

Il est possible que la personne se sente indisposée, mais le corps assimile de cette manière des substances utiles, que l'on aurait pu considérer comme néfastes. Il s'immunise par de telles méthodes. Cependant, le corps s'allie à la pensée dans ce combat; la pensée lui fournissant les représentations mentales appropriées. Les cellules du corps n'essaient pas de comprendre le monde culturel. Elles se fient à votre jugement pour détecter les situations menaçantes, de nature non biologique. Elles dépendent donc de l'évaluation que vous en faites.

(*Longue pause*) Si cette évaluation correspond aux perceptions de nature biologique, vous formerez une équipe. Votre corps pourra alors réagir rapidement et avec précision. Si vous pressentez une menace ou un danger et que le corps n'y trouve aucune corrélation biologique en sondant l'environnement physique au niveau cellulaire, il s'en remettra à votre jugement. Le corps réagira donc à des dangers imaginaires, comme il le ferait lors de situations réelles. C'est ainsi que son système de défense se mine.

Le corps est particulièrement bien équipé pour survivre dans ce monde physique et ses systèmes de défense sont à ce point de vue infaillibles. Cependant, votre pensée consciente dirige et interprète votre perception de la réalité, la structurant en des motifs mentaux. Le corps, une fois de plus, dépend de ces interprétations. Toute vie, dans son fondement biologique, est aimante, divine et coopérante. Elle présuppose une position physique sûre à partir de laquelle tout membre d'une espèce quelconque peut se sentir libre de chercher à combler ses besoins et de communiquer avec ses semblables.

(*Pause à 23 h 01*) Il est de mise de croire que les animaux ne possèdent pas d'imagination, mais c'est une croyance fort erronée. Par exemple, ils prévoient la période d'accouplement bien avant qu'elle n'arrive. Ils apprennent tous par l'expérience et, malgré ce que vous en pensez, l'apprentissage est impossible sans imagination, à quelque niveau que ce soit.

Vous croyez que l'imagination des animaux est limitée; pourtant, elle n'est pas confinée au seul contenu de l'expérience antérieure. Ils peuvent en fait imaginer des événements qui ne leur sont jamais arrivés. De ce point de vue, cependant, les capacités de l'homme sont beaucoup plus complexes, car cette faculté lui permet de jouer avec les probabilités. En tout temps, l'homme peut, par l'entremise de son corps, anticiper ou accomplir un nombre infiniment plus grand d'actions; chacune demeurant probable jusqu'à ce qu'il les actualise.

Pour réagir à ses pensées, à ses sentiments et à ses croyances, le corps doit donc composer avec un nombre beaucoup plus grand de données, d'où la nécessité pour lui d'avoir un champ précis de concentration pour une action bien définie.

Prenez une pause.

(*«Merci.»*)

(*De 23 h 09 à 23 h 35*)

Le système de défense du corps se déclenche de façon automatique. Cependant, il s'agit là d'un système secondaire qui n'entre en action que lorsque le corps est menacé.

Le but premier du corps n'est pas uniquement de survivre mais bien de maintenir une qualité d'existence à divers paliers, et cette exigence favorise la santé et l'accomplissement personnel. Devant une menace définie et «biologiquement» fondée, le corps est mis en alerte et il réagit de façon naturelle et efficace. Ainsi, vous pourriez lire le journal sans encombre en traversant une rue achalandée. Bien avant que vous n'ayez pris conscience des circonstances, votre corps peut avoir sauté hors de la trajectoire d'une voiture qui s'approchait. De fait, le corps a fait ce qu'on pouvait attendre de lui. Malgré votre assurance extérieure, il subsistait une crainte, valide au niveau biologique, qui aura été prise en considération.

Par ailleurs, si vous entretenez mentalement un climat continuel de peur, votre corps ne recevra aucun renseignement clair et ne pourra répondre d'une manière précise. Par exemple, prenons un animal, non pas un animal sauvage, mais un simple animal domestique comme un chien ou un chat. Il a sa façon bien à lui de réagir. Il est éveillé à tout ce qui se passe dans son environnement. Toutefois, un chat n'appréhende pas le danger qu'il peut courir parce qu'un chien est enfermé non loin de l'endroit où il se trouve. Il ne se préoccupe pas non plus de ce qui pourrait arriver si le chien s'échappait et découvrait son coin de jardin...

Bien des personnes ne prêtent pas attention à ce qui se passe dans leur environnement; cependant, par leurs croyances, elles se concentrent **uniquement** sur le danger «du chien féroce enfermé non loin de l'endroit où elles se situent». Je veux dire qu'elles ne répondent pas à ce qui est physiquement présent ou perceptible dans l'espace ou dans le temps, mais elles se préoccupent plutôt des menaces éventuelles. Ces personnes ignorent, par la même occasion, d'autres données pertinentes et directement à leur portée.

L'esprit signale donc une menace – mais une menace imaginaire – de sorte que le corps ne puisse répondre avec perspicacité. Il réagit alors à une «pseudo menace». Il est pris, pour ainsi dire, entre les engrenages, et il en résulte une confusion biologique. Les réponses du corps doivent être précises.

Ces réponses précises engendrent un état de bien-être général qui favorise la santé, la vitalité et la capacité d'ajustement à son environnement. De lui-même, le corps peut se défendre contre n'importe quelle maladie, mais il ne peut pas se défendre adéquatement contre une crainte exagérée. Le corps doit refléter vos propres sentiments et appréciations des choses. Vous en êtes au point où vos systèmes médicaux **engendrent** autant de maladies qu'ils n'en guérissent. Vous êtes traqués de toute part par les symptômes des diverses affections et remplis de la crainte de la maladie. Vous semblez croire que le corps a une propension pour la souffrance; nulle part on insiste sur la vitalité du corps ou sur son système naturel de défense.

Le contexte social a donc une incidence sur la maladie. Ce contexte est le résultat des croyances personnelles et collectives s'entrecroisant à tous les niveaux de votre culture; c'est ainsi qu'il sert les fins personnelles et collectives de la population.

(*Pause à 23 h 56*) C'est le cas des maladies généralement attribuées aux différentes catégories d'âge. Les maladies des personnes âgées, je me répète ici, s'accordent avec vos croyances sociales et culturelles et avec l'organisation de votre vie familiale. Les vieux animaux ont leur propre dignité, et il devrait en être ainsi des vieillards, hommes et femmes. La sénilité est une épidémie mentale et physique, une épidémie inutile. Vous «l'attrapez» parce qu'en bas âge vous croyiez que les vieilles personnes n'étaient plus à la hauteur de la situation. Il n'existe pas de vaccin contre les croyances, de sorte que lorsque les jeunes vieillissent avec de telles idées, ils en sont «victimes»[1].

Les formes de maladies changent au cours de l'histoire. Certaines sont à la mode, d'autres ne le sont plus. Mais, toutes les épidémies sont des démonstrations de masse, à la fois sur le plan biologique et psychique. Elles viennent mettre le doigt sur les croyances collectives qui ont fait surgir certaines conditions physiques inacceptables à tous points de vue. Les épidémies accompagnent souvent la guerre et sont des protestations biologiques.

(*Longue pause*) Chaque fois que les conditions menacent la qualité de vie, une démonstration de masse se produit. La qualité de la vie doit atteindre un niveau respectable afin de permettre aux individus d'une espèce ou l'autre de se développer. Dans votre cas, les facultés spirituelles, mentales et psychiques ajoutent une dimension valable du point de vue biologique.

Ainsi, la liberté de pensée, l'expression individuelle et un contexte sociopolitique mondial adéquat sont indispensables pour permettre à chaque personne de développer ses capacités et d'apporter sa contribution à l'ensemble de l'espèce. Par ailleurs, un tel climat repose sur des valeurs qui ne sont pas universellement partagées. On n'insistera jamais trop sur l'importance biologique des idées.

De plus en plus, la qualité de votre vie repose sur la réalité subjective de vos sentiments et de vos constructions mentales. Encore une fois, les croyances qui portent au désespoir sont biologiquement destructives. Elles provoquent un arrêt du système physique. Si une action collective ne suffit pas à enrayer des conditions sociales et politiques néfastes, d'autres moyens

---

1. Seth dit vrai lorsqu'il affirme que «la sénilité est une épidémie mentale et physique», si l'on considère les millions de personnes qui en ont souffert, et péri, dans le passé. J'ai observé mon père subir les ravages de la sénilité; il est mort en novembre 1971 à l'âge de 81 ans. Le lecteur pourra se reporter aux passages très évocateurs de Jane à son sujet, tout autant qu'au dessin que j'ai fait de lui, vieillard, dans la troisième partie de son livre de poésies, «Dialogues».
Les croyances que les gens acquièrent en bas âge peuvent être changées, bien sûr, et d'après Seth (et c'est aussi la conception que nous en avons, Jane et moi), ce changement d'attitude serait la meilleure des «vaccinations» contre la sénilité. (*Robert Butts*)

entrent en jeu; surviennent alors des épidémies ou des désastres naturels. La corruption est enrayée d'une façon ou d'une autre.

De tel désordres sont cependant le résultat de croyances; et par conséquent, le travail le plus vital doit toujours être fait au niveau mental.

(00 h 15. Seth termine ici la session aussi abruptement qu'il l'a commencée. Jane dit que la fin de la séance fut provoquée par ma demande de répéter le mot «vital», ci-dessus, que je n'avais pas compris la première fois.)

(Jane expliqua que lorsque j'étais intervenu, elle avait déjà reçu trois ou quatre phrases d'avance et que la question l'avait obligée à revenir sur ce qui avait été transmis. Puis soudainement, connaissant en transe l'heure qu'il était, elle décida de mettre fin à la session.)

Session 805 – Le lundi 16 mai 1977, à 21 h 28.

(L'idée de Jane de convertir la moitié de notre garage en lieu de travail a fait son chemin. Le garage est attenant au nouveau vestibule arrière. Nous avons donc donné feu vert à notre entrepreneur en construction pour exécuter les travaux cet été. Nous nous attendons à vivre dans le bruit pour quelque temps.)

Bonsoir.

(«Bonsoir, Seth.»)

Dictée. Un animal possède le sens de son intégrité biologique. Ainsi en est-il de l'enfant. Quelle que soit la forme de vie, l'individu qui naît arrive dans un monde préparé pour lui; les circonstances favorisent sa croissance et son développement. C'est un monde d'interdépendance des espèces et des individus; tous et chacun ayant sa valeur propre et contribuant au bien-être de l'ensemble.

Il existe à ce niveau une sociabilité coopérante, d'ordre biologique, que les animaux comprennent instinctivement et que les jeunes de votre espèce saisissent tout autant. Chacun possède tous les moyens pour combler ses besoins. La satisfaction de ces besoins facilite le développement de l'individu, de l'espèce et, par ricochet, celui de tous les autres éléments de la nature.

La survie, il va sans dire, est importante, mais elle n'est pas une fin en soi. C'est un moyen par lequel une espèce peut atteindre ses buts premiers. L'espèce doit pouvoir survivre, bien entendu, mais elle rejettera cette voie si les conditions ne sont pas propices au maintien de cette qualité indispensable à l'existence.

Une espèce qui décèle cette absence de qualité de vie trouvera un moyen de détruire ses rejetons, non parce qu'ils n'auraient pu survivre, mais parce que les circonstances de cette survie auraient pu, par exemple, apporter de grandes souffrances, en introduisant une telle déformation de la vie qu'elle en serait presque devenue ridicule. Chaque espèce cherche à développer ses aptitudes et ses capacités dans un cadre où la sécurité est le véhicule de l'action. Le danger dans ce contexte prend une couleur nettement définie pour l'animal: la proie, par exemple, est connue tout autant que le prédateur. Mais même la proie naturelle d'un animal ne craint pas le «chasseur» repu; le prédateur n'attaquera certainement pas.

Certains mécanismes biologiques, de même que les interactions émotionnelles, vous échappent complètement; les proies naturelles de certains carnassiers «comprennent» leur rôle dans la nature. Cependant, l'animal n'anticipe pas la mort. L'acte fatal projette sa conscience hors de la chair et sous ce rapport, la proie en est même reconnaissante.

À leur état naturel, les animaux jouissent de leur vigueur et connaissent leur valeur. Ils régularisent leur propre courbe de croissance. Leur vie même met au défi leurs propres capacités. Ils prennent plaisir aux contrastes: repos et mobilité, chaleur et froid. Le contact direct avec les phénomènes naturels stimule leur expérience. Ils entreprendront au besoin une migration pour trouver des terres plus hospitalières. Ils sont conscients de l'approche de désastres naturels et s'ils en ont la possibilité, ils délaisseront de telles régions. Ils protégeront leur progéniture et, selon les circonstances, ils soigneront leurs blessés. À l'état naturel, lors d'une compétition entre mâles pour obtenir le pouvoir sur le groupe, le perdant, jeune ou vieux, est rarement sacrifié.

Par ailleurs, les dangers sont clairement identifiés pour permettre au corps des réactions précises et rapides. L'animal connaît son droit à l'existence et sa place dans la nature. Son sens de l'intégrité biologique le supporte.

Pour sa part, l'homme doit tenir compte d'un plus grand nombre d'éléments. Il doit parfois transiger avec des croyances et des sentiments si ambigus qu'aucune ligne d'action ne semble définie. Il arrive souvent que le corps ne sache pas comment réagir. Si vous croyez, par exemple, que le corps est impur, vous ne pouvez être heureux et, vraisemblablement, la bonne santé vous échappera, car vos idées sombres entacheront votre intégrité psychologique et biologique innée.

Votre espèce est en phase de transition, une parmi plusieurs. En gros, cette étape a commencé au moment où l'espèce tenta de se séparer de la nature pour développer cette unique forme de conscience que vous connaissez. Cette conscience n'est cependant pas un produit fini. Elle change, elle «évolue» et elle se développe. Vous avez créé certaines divisions artificielles en cours de route; il vous faut maintenant refaire l'unité.

(*22 h 03*) Vous devez revenir, en créatures plus avisées, à la nature qui vous a conçues, comme gardiens aimables et comme partenaires des autres espèces qui peuplent la Terre. Vous devez redécouvrir la spiritualité de votre héritage biologique. La plupart des croyances (religieuses, scientifiques et culturelles) ont entretenu un sentiment d'impuissance et d'impotence chez l'homme devant le sort qui l'attendait. Elles ont esquissé un portrait où l'homme et son univers – création accidentelle sans grande signification – sont isolés, mais apparemment régis par un dieu capricieux. La vie serait «une vallée de larmes», un foyer d'infection, dont l'âme ne peut se guérir qu'avec la mort.

Le discours tant religieux que scientifique et médical de même que les messages culturels insistent sur la menace qui pèse sur l'être humain et son espèce et minimisent leur raison d'être. On considère l'homme comme l'unique membre «erratique» et à moitié fou d'un royaume naturel par ailleurs ordonné. L'une ou l'autre, ou toutes les croyances énumérées ci-dessus, sont véhiculées par les différents systèmes de pensée. Tous ces systèmes viennent miner le sens de l'intégrité biologique de l'individu, ils renforcent les idées de danger et restreignent la zone de sécurité psychologique nécessaire au maintien de la qualité de la vie. Les systèmes de défense corporel s'embrouillent.

Je n'ai pas l'intention de faire ici un traité sur les structures biologiques corporelles et leurs réactions réciproques, mais je veux seulement apporter quelques précisions généralement peu connues à ce sujet. Ces données sont importantes pour votre compréhension des connaissances que j'ai à vous transmettre. Je veux m'attarder à des questions beaucoup plus fondamentales. Le corps se défendra par lui-même, si on lui en laisse la possibilité et si l'atmosphère psychologique est dégagée des vrais «porteurs» de maladie.

Chapitre 2

«MÉDITATIONS DE MASSE»; DES PLANS CONTRE LA MALADIE, AU NOM DE «LA SANTÉ»; LES ÉPIDÉMIES DE CROYANCES ET L'«INOCULATION» MENTALE EFFICACE CONTRE LE DÉSESPOIR

Session 805 (suite)

(*Pause à 22 h 15*)

Chapitre 2: «"Méditations de masse"». (*Pause d'une minute*) «Des plans contre la maladie, au nom de "la santé"». «Les épidémies de croyances et l'"inoculation" mentale efficace contre le désespoir».

(*Longue pause à 22 h 20*)

Tout en soulignant, dans le présent ouvrage, quelques malheureuses avenues de votre expérience individuelle et collective, je vais vous fournir quelques solutions efficaces. «Vous obtenez ce sur quoi vous vous concentrez[1].» Vos images mentales appel-

---

1. Lorsque Seth lança cette phrase: «Vous obtenez ce sur quoi vous vous concentrez», je me suis rappelé qu'il l'avait déjà prononcée quelques années auparavant. Par la suite, j'avais fait un petit écriteau sur lequel j'avais inscrit ces mots et la date: 26 février 1972. J'ai retrouvé cette citation dans mes notes d'une session personnelle tenue lors de nos vacances à Marathon, un endroit de villégiature dans les «Keys» en Floride.
«Ce fut une session impromptue, en cette dernière soirée à Marathon, provoquée par nos interrogations sur notre but dans la vie et sur l'importance que prendrait toute cette matière de Seth dans nos affaires. Nous avions été fort attirés par ce mode de vie plus simple, plus ouvert et plus plaisant que semblaient nous offrir les "Keys". La température y est excellente en tout temps de l'année et la vie en "roulotte" semble être passée dans les mœurs. Cependant, nous ne pouvions nous payer un tel luxe.
»Nous avions certaines attaches. Tous nos biens étaient à Elmira. Nous convertir à ce mode de vie signifiait la mise de côté de presque toutes nos possessions, incluant les

lent leur propre réalisation. Ce sont de vieux dictons, mais vous devez comprendre les modes par lesquels vos systèmes de communication de masse amplifient les résultats «positifs tout autant que négatifs».

J'insisterai momentanément sur la façon dont vous avez, individuellement et collectivement, miné votre propre sens de sécurité; mais je vous donnerai aussi des moyens de renforcer ce sentiment essentiel de votre intégrité biologique et votre compréhension de la vie intérieure; ces moyens vous aideront à améliorer de manière appréciable votre existence à la fois spirituelle et physique.

Vos croyances vous ont fait perdre le sentiment de votre propre valeur. Artificiellement séparés de la nature, vous avez perdu confiance en elle et vous la traitez souvent comme une adversaire. Vos religions croient en l'âme humaine, mais elles en refusent l'existence aux autres espèces. Votre corps fut attribué à la nature et votre âme à Dieu qui, en toute innocence, existerait hors de Sa création.

---

peintures, les manuscrits et plusieurs autres documents écrits; ce à quoi nous n'aurions probablement jamais pu nous résigner. Et comment partir pour la Floride et laisser tous nos amis? Je pense que nous savions que ces questions et sentiments rejoignaient une autre réalité de nous. Cette idée de déménager était plutôt une fantaisie de notre part ou une réalité probable que nous avions choisi de ne pas explorer pendant notre présente vie physique.»

Seth nous rassura en cette dernière nuit chaude à Marathon. L'extrait suivant contient justement cette phrase qui inspira la présente note:

«Non seulement votre relation est-elle unique, mais encore elle sert de tremplin à votre créativité. Vous possédez des talents et des capacités qui portent en soi leurs satisfactions et que vous tenez allègrement pour acquises: ils font tellement partie de votre existence que vous n'en êtes même pas conscients.

»Ne confondez pas votre position avec celle de quiconque; elle est unique. Votre union même vous ouvre un horizon illimité. Si vous considérez vos limites, vous créez votre propre prison. Si vous profitez de cette liberté que vous possédez maintenant, vous l'accroissez automatiquement. En ce moment, vous êtes dans une position non ambiguë. Vous ne pouvez, par ailleurs, vous attendre à un ravissement continu, à l'abri de tous problèmes. Ceci ne correspond pas à la nature de la vie ou de l'existence.

»Vos problèmes, dans leur ensemble, favorisent votre créativité. Ce sont des défis dont il peut émerger de grandes réalisations. Votre grande énergie pour le travail et vos impulsions créatrices seront libérées – et c'est déjà commencé – au fur et à mesure que vous comprendrez et utiliserez vos problèmes avec un esprit constructif. Mais ne vous concentrez pas sur ceux-ci, ni ne les laissez obstruer votre vision des joies et libertés que vous possédez. **Vous obtenez ce sur quoi vous vous concentrez. Il n'existe pas d'autres règles majeures.**» (*Le caractère gras est de moi.*) (*Robert Butts*)

Vos enseignements scientifiques vous disent que votre monde a été créé de façon accidentelle. Vos religions vous disent que l'homme est un pécheur: vous ne devez donc pas vous fier à votre corps; vos sens peuvent vous induire en erreur. Dans ce dédale de croyances, vous avez largement perdu le sens de votre valeur et du but de votre vie. Il en découle une crainte et une suspicion générales, et la vie est trop souvent dépouillée de toutes qualités héroïques. Le corps ne peut réagir à de telles menaces. Il est donc maintenu sous tension constante, cherchant à circonscrire le danger. Il demeure aux aguets dans le but de vous protéger.

Par conséquent, le corps accumule donc un haut niveau de stress qu'il doit chercher à éliminer. En maintes occasions, il «fabriquera» une maladie particulière ou créera une situation menaçante pour se débarrasser d'une tension trop lourde à supporter.

De nombreux lecteurs se servent de la méditation pour canaliser leur énergie dans une direction précise. Il existe à ce sujet différentes méthodes et écoles de pensée, mais toutes recherchent un état de réceptivité à la suggestion, à la poursuite d'objectifs d'ordre spirituel, mental ou physique. Il est impossible de méditer sans un but, car cette intention est en elle-même une fin recherchée. Malheureusement, plusieurs de vos programmes de santé publique, ainsi que les messages publicitaires diffusés par vos divers médias vous plongent dans des méditations de masse des plus néfastes. Je fais référence ici à ces programmes où l'on décrit les symptômes propres à diverses maladies et où l'on incite les gens à examiner leur corps, en gardant ces symptômes à l'esprit. Je me réfère également à ces déclarations qui, d'une façon tout aussi funeste, identifient des maladies inconnues d'une personne, mais dont on la met en garde; la prévenant ainsi d'éventuels problèmes physiques, malgré son bon état de santé actuel. Ici les craintes généralisées, entretenues par les croyances religieuses, scientifiques et culturelles, servent de photocalques aux maladies sur lesquelles une personne voudra porter son attention. Celle-ci pourra dire: «Bien sûr, je me sens nonchalante, affolée ou agressive, puisque j'ai telle ou telle maladie.»

Les suggestions de cancer du sein, associées à l'auto-examen, ont causé plus de cancers que n'ont pu en guérir tous les traitements (*dit avec plus de force*). Elles engagent le corps dans une méditation intense et soutiennent une imagerie défavorable qui affecte les cellules du corps[1]. **Les messages publicitaires concernant l'hypertension font monter celle de millions de téléspectateurs** (*avec encore plus de vigueur*).

Vos courants de médecine préventive génèrent précisément la crainte qui cause la maladie. Ils minent le sentiment de sécurité des gens et alimentent un état de tension, tout en offrant à leur corps un schème précis de maladie. De plus, ils contribuent à accroître le sentiment d'aliénation de votre propre corps et encouragent une forme d'inefficacité et de dualité.

Faisons une pause.

---

1. Jane prépara ceci pour la présente note:
«Nous pensons que les dangers de la suggestion négative sont aussi réels que les dangers physiques reliés à, disons, un usage abusif des rayons X. Il est juste de dire que de nombreuses femmes ont découvert des tumeurs cancéreuses grâce à des auto-examens et, de ce fait, se sont probablement sauvé la vie. Cependant, il n'existe aucun moyen de savoir quelle mauvaise influence la suggestion négative peut avoir eue sur leur état.
»Pour certaines femmes, le fait de ne pas pratiquer régulièrement l'auto-examen soulèverait autant de craintes que l'inverse. Et étant donné que les croyances de ces femmes sont tellement calquées sur les croyances officielles du monde médical, elles sont mieux de s'en tenir aux examens. Dans ce cas précis, et dans tous les cas concernant la santé, chaque femme devrait soupeser tous les signes, examiner ses propres croyances et prendre ses propres décisions.»
Seth n'en a pas fait mention durant la session ce soir, mais Jane et moi trouvons intéressant de noter que, justement la semaine dernière, l'on ait fait une publicité d'envergure nationale autour de la controverse qui a cours depuis deux ans entre les spécialistes du cancer, à savoir si l'on doit faire subir une mammographie (*examen aux rayons X*) de routine aux femmes – spécialement celles de moins de 50 ans – dans l'espoir de détecter les cancers du sein en phase initiale.
Je vais conclure cette note par les trois points suivants. Le premier pour signaler que diverses personnes et agences, reliées aux domaines médical et psychologique, mènent actuellement des études sur les liens possibles entre le cancer et divers états émotionnels. Le second point pour réaffirmer que Jane et moi sommes parfaitement conscients de tout le bien que la science médicale a apporté à notre civilisation à l'échelle mondiale. Vu l'état présent des croyances collectives de notre espèce au sujet de la vulnérabilité des gens aux forces extérieures, la médecine, telle qu'elle est pratiquée en ce moment, est une composante vitale de cette civilisation. Le troisième point pour insister sur le fait que Seth, selon sa vision des choses, essaie tout simplement de nous ouvrir les yeux sur une compréhension beaucoup plus large des capacités humaines.
Au sujet de ce dernier élément, Jane et moi désirons renvoyer le lecteur à la dernière session. Seth y discute non seulement des défenses naturelles du corps et de la façon dont il «s'immunise lui-même», mais y examine également les croyances culturelles négatives que nous entretenons au sujet du corps et de la maladie. Nous croyons que cette matière est si importante qu'elle mérite plus d'une lecture. (*Robert Butts*)

(*Pause de 22 h 45 à 23 h 09*) La publicité pour vos produits pharmaceutiques est également provocatrice de maladies. Ces réclames, sous le généreux motif de vous soulager du mal, entretiennent l'état maladif par la suggestion et génèrent le besoin du médicament proposé.

Les cachets contre le mal de tête en sont un exemple. Jamais la publicité ni les messages d'intérêt public ne parlent des défenses naturelles du corps, de son intégrité, de sa vitalité et de sa force. On insiste peu dans vos émissions de télévision ou de radio sur les gens en bonne santé. Les statistiques médicales traitent de morbidité. On ne fait pas d'études sur les personnes en bonne santé.

La liste des aliments, des médicaments et des conditions d'environnement néfastes à la santé s'allonge de jour en jour. Divers rapports y inscrivent les produits laitiers, les viandes rouges, le café, le thé, les œufs et les graisses. Les générations précédentes ont tiré profit de ces aliments et en ont même fait l'éloge comme facteurs de santé. À vrai dire, l'homme semble devenu allergique à son environnement naturel et être victime des conditions climatiques elles-mêmes!

Il est vrai que vos aliments contiennent des produits chimiques qu'on ne retrouvait pas auparavant. Cependant, **dans une certaine mesure**, l'homme est «biologiquement» capable d'assimiler de telles matières et d'en tirer profit.

Néanmoins, lorsque l'homme se sent impuissant et qu'il entretient un état général de crainte, il peut même faire tourner à son désavantage le plus naturel des produits de la terre. Vos programmes télévisés, vos arts et vos sciences offrent de véritables méditations de masse. Les écrivains, dans votre culture tout au moins, vous proposent des romans mettant en vedette des antihéros et brossent le portrait d'une existence individuelle dépourvue de sens; aucune solution de rechange ne vient atténuer l'embarras ou l'angoisse de la personne.

De nombreux romans ou films sans véritable intrigue sont le résultat de la croyance en l'impuissance de la personne humaine. Dans ce contexte, aucune action héroïque n'est possible; l'homme se sent victime d'un univers adverse. Par contre, vos émissions télévisées populaires qui étalent la violence vous rendent un certain service, car, de manière imaginaire, elles concrétisent en un scénario bien précis une crainte généralisée, et le drame vient par la suite en résoudre la situation conflictuelle. C'est l'action appropriée qui compte. On y retrouve des stéréotypes, des scènes d'horreur, mais finalement le «bon» sort toujours gagnant.

(*23 h 30*) Ces émissions exposent effectivement les craintes généralisées d'une population, mais elles représentent aussi des drames populaires – dédaignés par l'élite intellectuelle – où l'homme de la rue peut visualiser des pouvoirs héroïques et les voir triompher dans le sens souhaité.

Ces programmes exagèrent souvent vos traits culturels, et la plupart des intrigues se dénouent dans la violence. Néanmoins, vos plus nobles sentiments supportent une vision encore plus pessimiste de votre monde, où la violence même des gens exaspérés ne sert plus à rien. L'individu doit sentir que ses actions ont un sens. Il a recours à la violence en dernier essor et la maladie servira souvent de tentative ultime.

Vos émissions télévisées, vos drames policiers et vos films d'espionnage sont simplistes; ils soulagent pourtant mieux la tension que vos messages publicitaires sur la santé. Le spectateur peut se dire: «J'ai bien raison d'être affolé, de me sentir dans l'insécurité et d'avoir peur, car je vis dans un monde si violent.» Et l'on trouvera des exemples qui justifieront cette crainte. Mais ces émissions fourniront au moins une issue imaginaire, alors que les publicités sur la santé entretiennent le malaise. Ces méditations de masse renforcent les conditions négatives.

Somme toute, les spectacles de violence vous rendent service, car ils cultivent habituellement, chez l'homme et la femme, le sens du pouvoir individuel sur une situation. Au mieux, les réclames publicitaires vous proposent une aide; soit le médecin: vous devez lui confier votre corps, comme vous confieriez votre auto au garagiste pour son entretien. On y considère le corps comme un véhicule dont on a perdu la maîtrise et qui requiert de minutieux et constants examens.

Le médecin devient le «bio-mécanicien» qui connaît mieux votre corps que vous. Mais voilà, ces croyances médicales s'entremêlent à vos structures économiques et culturelles, de sorte que vous ne pouvez blâmer les seuls médecins ou leur profession. Votre bien-être économique fait aussi partie de votre réalité personnelle. Un grand nombre de médecins dévoués utilisent la technologie médicale avec une compréhension spirituelle et ils sont eux-mêmes les victimes des croyances qu'ils détiennent.

Si vous n'achetez pas de cachets contre les maux de tête, le commerce de votre oncle ou de votre voisin peut faire faillite; il ne pourra plus subvenir aux besoins de sa famille et il ne disposera plus des moyens nécessaires à l'achat de vos propres marchandises. Vous ne pouvez séparer une sphère de la vie d'une autre. Les croyances individuelles forment «en masse» votre réalité culturelle. Votre société n'est pas en soi séparée de vous, mais elle représente le résultat des croyances des personnes qui la composent. Toutes les couches de la société sont touchées d'une manière ou d'une autre. Vos religions insistent sur le péché. Vos professions médicales appuient sur la maladie. Vos sciences expérimentales soutiennent la théorie d'une création chaotique et accidentelle. Vos enseignements psychologiques considèrent les êtres humains comme des victimes de leur passé. Les avant-gardistes attirent votre attention sur le saccage de la planète par l'homme, ils insistent sur les désastres possibles ou voient l'humanité victime encore une fois des étoiles.

De nombreuses écoles occultistes qui refont surface préconisent l'étouffement du désir et l'annihilation de l'*ego*, dans le but de favoriser la transmutation des éléments physiques vers un niveau d'une plus grande subtilité. Toutes ces approches font perdre de vue l'intégrité spirituelle et biologique de l'individu; elles lui font perdre le précieux contact du moment présent.

On voit la vie terrestre comme une faible et obscure représentation d'une plus grande existence, au lieu de la dépeindre, tel qu'il se doit, comme une expérience vivante, unique et créatrice. Le corps s'en trouve désorienté, saboté. Les lignes de communication entre l'esprit et le corps, de claires qu'elles étaient, deviennent embrouillées. Les maladies et les conditions individuelles et collectives qui s'ensuivent vous feront faire d'autres prises de conscience.

(*Brusquement*) Fin de la session.

(*«Très belle matière», dis-je.*)

Mes meilleures salutations.

(*«Bonsoir, Seth.» Il était 23 h 59, j'aurais souhaité qu'il poursuive son exposé.*)

Session 806 – Le samedi 30 juillet 1977, à 21 h 31.

*(Il s'est passé onze semaines depuis la dernière dictée d'*Événements collectifs. *Jane et moi avons pris six semaines de relâche, sans contact aucun avec Seth. Nous avons été passablement occupés à la préparation d'autres publications, ainsi qu'à la transformation de notre maison.)*

*(À la fin de nos vacances à la maison, Seth-Jane donna une série de dix sessions, les lundi et samedi soirs, afin de changer notre routine. Nous avons finalement classé ces entretiens comme privés, ou tout au moins comme ne devant pas faire partie d'*Événements collectifs. *Certaines parties sont effectivement très personnelles, d'autres moins. Ces portions pourraient avantageusement être publiées. Nous savons que Seth prévoit un certain nombre de séances pour ce livre, mais nous nous sentons libres d'ajouter ce que nous jugeons approprié.)*

(Cette session 806 en est un exemple. Elle n'a pas été dictée pour Événements collectifs, *mais nous en présentons ici un extrait parce que Seth aborde les événements et la mémoire avec une touche différente; il traite aussi de certains aspects de la réincarnation*[1]. *Ces sujets*

1. Jane a consacré beaucoup de temps avant mon anniversaire (j'ai eu 58 ans le 20 juin) à la préparation d'un cahier de poèmes et de dessins colorés en guise de présent. Sous une forme poétique et artistique hautement originale, elle aborde de nombreux sujets. Voici ce qu'elle écrit sur la réincarnation:

   À Rob

   As-tu vécu une naissance hivernale,
dans les glaces et la neige d'Europe,
à une époque où les villages, la nuit,
connaissaient une profonde noirceur
et où les loups rôdaient sur les très hautes collines?
Ou encore, sous une peau bronzée,
a-t-on entendu tes sanglots étouffés
troubler l'aube d'Égypte?
Combien d'anniversaires se sont envolés,
combien de terres natales, toutes tiennes?
Combien d'amours ont chuchoté à travers
le tissu de ton esprit?
Combien de fils et de filles ont crû
de tes entrailles et de tes reins?
Quelles voix se joignent à la mienne
pour te souhaiter un heureux anniversaire,
et quelles amours de ton passé
dressent un festin de vin et de gâteaux?
Et dans une veine plus «moderne»:

se rapportent tous à cet indéfinissable «temps simultané» dont parle Seth.)

(Je rappelle au lecteur que, peu importe le sujet abordé et l'angle de vision, le «temps» auquel Seth se réfère est ce substrat que nos sens ont toujours traduit en expériences concrètes et linéaires. Pour mieux nous situer, il est bon de garder à l'esprit que Seth n'a rien de physique, comme il se plaît à le dire. Cette «essence-énergie personnalisée.» n'est pas comme nous, accrochée au temps. Cependant, à la session 14 – le 8 janvier 1964 – il affirme: «Le temps a encore pour moi une certaine réalité». J'ai l'intention de revenir à l'occasion sur le temps, sous toutes ses formes, dans ces notes pour Événements collectifs.)

Bonsoir.

(*«Bonsoir, Seth.»*)

Première partie de la session.

Les événements ne sont pas figés dans leur version finale comme on vous l'a enseigné; c'est donc dire que leur souvenir peut représenter autre chose.

Il faut bien voir la nature créatrice et ouverte des événements, car même au cours d'une même vie, un souvenir est rarement la «vraie version» d'un événement passé. L'incident sera d'ailleurs perçu différemment selon les personnes, de sorte que la signification d'un événement diffère selon le point de vue de chaque participant. Dès son apparition, l'événement prend la couleur des individus engagés. Chacun vit sa réalité avec son tempé-

---

À Rob

Nous avons stationné ici aujourd'hui
et la gent chlorophyllienne tourbillonnait,
vitesse de jungle, au centre-ville,
de l'autre côté de la rivière; et comme
un broussard citadin, je me sentais en harmonie,
entraînée que j'étais à travers les pensées faîtières des arbres
pendant que la circulation s'arrêtait et repartait,
précise comme une cérémonie d'animaux,
presque protocolaire, les moteurs vrombissants
puis ronronnant, les roues faisant pause,
les phares hypnotisées dans le soleil.
Tu es entré à la banque,
pour y faire un troc aussi ancien
que n'importe quelle danse tribale.»
(Robert Butts)

rament et, à vrai dire, sous mille teintes différentes; de sorte que l'événement, même partagé, demeure essentiellement unique pour chaque personne.

Dès sa manifestation, il commence à changer, il est filtré par tous les autres ingrédients [*de la vie*]; et chaque événement successif le modifie d'une manière imperceptible. C'est donc dire que le souvenir d'un événement vient tout autant du présent que du passé. L'association déclenche les souvenirs, c'est bien entendu, et organise les événements en mémoire. Elle apporte une teinte à ces événements et contribue à leur formation.

Vous êtes habitués à un cadre chronologique, de sorte que vous vous remémorez une chose en fonction d'un moment particulier de votre passé. Cela vous permet de situer les événements. Il existe, pour ainsi dire, des «niches» neurologiques permettant au corps de classer organiquement les événements à mesure qu'ils arrivent. Ces impulsions nerveuses sont en concordance avec le monde biologique que vous connaissez.

Ainsi, par contraste, les souvenirs de vies passées ou futures apparaissent comme des images fantomatiques. Dans l'ensemble, cette dissociation d'avec les souvenirs d'«outre-vie» est nécessaire pour que le corps puisse répondre directement dans votre réalité. Les souvenirs d'une autre vie sont comme emportés avec le courant, sans jamais se déposer pour être examinés; ils forment ce que l'on pourrait appeler des ondes de fond, audessus desquelles chevauchent les souvenirs de votre vie actuelle.

Lorsque de tels souvenirs d'outre-vie font surface, ils en ont la couleur, mais leur rythme n'est pas synchronisé. Ces souvenirs ne se joignent pas aussi parfaitement à votre système nerveux que vos souvenirs habituels. Votre présent tire son sens des profondeurs de votre passé. Cependant, dans une certaine mesure, les événements tirent une autre forme de profondeur du futur. C'est le propre d'une racine de prendre toutes les directions. Les événements font de même. Mais les racines des événements sont plongées à la fois dans votre passé, votre présent et votre futur.

À dessein, vous pouvez ralentir le rythme de vos pensées ou essayer jovialement de l'accélérer, et ainsi devenir conscient de souvenirs d'autres vies, passées ou futures. Dans une certaine mesure, vous permettez alors à d'autres impulsions neurologiques de se manifester. Ce seront souvent de vagues impressions, puisque vous n'avez aucun cadre spatio-temporel auquel rattacher ces souvenirs. Ces exercices vous ramènent d'ailleurs aux événements de votre vie car, selon votre perspective, vous suivez automatiquement le fil des probabilités.

Il vous serait difficile de fonctionner dans votre réalité sans vous accrocher à des événements concrets et bien arrêtés. Vous formez actuellement vos vies passées, tout autant que vos vies futures.

Chacun de vos «moi» passés et futurs existent à leur manière de façon simultanée; et la phrase précédente s'applique dans leur cas également. Il vous est **théoriquement** possible de comprendre ceci par un examen approfondi des événements de votre propre vie. Faites abstraction de vos nombreux préjugés et rappelez-vous un événement passé. N'essayez pas de structurer ce souvenir – une tâche quasi impossible –, car cette organisation se fait presque automatiquement.

(22 h 01) Le souvenir laissé à lui-même, sans structure, va miroiter, vibrer, prendre d'autres formes et changer sous vos yeux; il vous apparaîtra comme un kaléidoscope psychologique, à travers lequel les autres événements de votre vie miroiteront et changeront. Un tel exercice de mémoire peut vous permettre de ramener des souvenirs d'outre-vie. Il est possible cependant qu'en bordure, ou sous certains angles, apparaissent en reflet, comme superposés, des souvenirs de votre vie actuelle.

Vos souvenirs servent à organiser votre expérience et, encore une fois, suivent des séquences neurologiques reconnues. Les souvenirs d'outre-vie, futurs ou passés, rebondissent souvent en des mouvements trop rapides à suivre.

Dans un moment de tranquillité, sans recherche aucune, il peut vous revenir à l'esprit un souvenir de la vie présente accompagné d'une impression bizarre, comme si quelque chose, une sensation peut-être, ne cadrait pas avec l'époque de l'événement en question. Un tel souvenir peut porter la teinte d'un événement de vie future ou passée. Une portion de ce souvenir présente donc un aspect de fluidité.

Ce phénomène se produit plus souvent qu'on ne le croit, car habituellement, vous repoussez tout simplement cette sensation d'étrangeté et vous ignorez la partie du souvenir qui ne cadre pas avec le reste. Cependant, il s'agit, dans ces circonstances, de véritables percées. Prévenu de telles possibilités, vous pouvez apprendre à utiliser cette partie plus vague d'un souvenir en vous y concentrant, plutôt que de vous attarder aux aspects reconnaissables du souvenir. Par la concentration et le jeu de l'association, vous pouvez pousser plus loin votre reconnaissance du passé ou du futur. Des indices vous viendront en rêve, et d'autant plus souvent que vous serez accoutumé à cette sensation de flottement; état dans lequel les événements peuvent vous sembler se produire dans un contexte relativement indépendant.

Les rêves présentant à la fois des scènes du passé et du présent en sont un bon exemple; il en est de même pour les rêves où le passé et le futur se confondent, ainsi que pour ceux où le temps semble fluctuer continuellement.

Reposez-vous un peu maintenant.

(*De 22 h 14 à 22 h 44*)

En un certain sens, le passé, le présent et le futur se trouvent condensés dans chaque moment de votre expérience.

Chaque instant devient donc une porte d'entrée de toute votre existence. Les événements de votre vie actuelle sont objectifs et précis. Toutefois, la plus petite expérience du moment est symbole d'autres événements et d'autres temps. Chaque moment se présente comme une mosaïque, et dans le cours actuel de votre vie, vous en suivez une seule couleur ou un seul motif, en ignorant les autres. Comme je l'ai mentionné ailleurs, vous pouvez, jusqu'à un certain point, changer le présent en modifiant à dessein un événement en mémoire. Cette forme de synthèse peut être réalisée en plusieurs circonstances par la plupart des gens.

Il ne s'agit pas ici d'un exercice théorique, ésotérique et non réalisable, mais d'une façon bien précise, vive et dynamique, d'aider le moi actuel, en calmant les craintes d'un moi «passé». Ce moi «passé» n'est pas un moi hypothétique, car il existe toujours. On peut le rejoindre et en changer les réactions. Point n'est besoin d'une machine à changer le temps pour modifier le passé ou le futur.

Une telle technique est fort précieuse. Non seulement les souvenirs ne sont pas «morts», mais ils sont en perpétuel changement. Certains souvenirs se modifient presque complètement, sans que vous vous en rendiez compte. Dans ses romans (*non publiés*) d'apprenti écrivain, Ruburt (*Jane*) a conçu deux ou trois versions d'un épisode concernant un prêtre qu'il a connu dans sa jeunesse. Chaque version, au moment de l'écriture, représentait un souvenir concret de l'événement. Alors que les faits essentiels étaient à peu près les mêmes, l'interprétation de chaque version et le sens global étaient divergents au point de l'emporter sur les similitudes.

Comme l'épisode a été utilisé en deux ou trois occasions distinctes, Ruburt a pu constater combien son souvenir avait changé. La plupart du temps, cependant, les gens ne sont pas conscients du changement aussi radical de leurs souvenirs, ni du fait que les incidents dont ils pensent se rappeler sont transformés à ce point.

De fait, les événements passés croissent. Ils ne sont pas terminés. Dans votre perspective, il devient difficile d'expliquer les vies futures. Une vie complétée, à vos yeux, ne l'est pas plus que tout autre événement. Ce n'est qu'un point d'interruption de votre champ habituel de concentration. Fondamentalement, ce phénomène est aussi artificiel que la perspective en peinture.

Le moi intérieur est conscient de ce phénomène, mais il a choisi une forme d'organisation, ou cadre d'existence, qui favorise certaines expériences de préférence à d'autres.

(23 h 05. La seconde partie de la session était plus personnelle. Seth expliqua comment Jane pourrait, dans cette vie, transmettre à son moi passé ses connaissances actuelles pour lui permettre, par l'effet de cette «synthèse psychologique», de mieux prendre en main certains défis. Fin à 23 h 44.)

Session 814 – Le samedi 8 octobre 1977, à 21 h 43.

(À une exception près – nous y reviendrons –, il s'est écoulé une autre longue période, neuf semaines, sans dictée de livre. À la suite de la session 806, que j'ai insérée dans Événements collectifs, *Seth-Jane*

consacra dix-sept séances à divers sujets. Il en avait tenu dix autres avant la session 806.)

(Au cours des vingt dernières semaines, Seth consacra donc une seule session à Événements collectifs *et vingt-huit à d'autres sujets. «Peut-être a-t-il déjà terminé le livre, en oubliant de nous avertir, dis-je à Jane en blaguant. Ce sera sans doute son plus court jusqu'ici.»)*

(«Le fait de se dédier sans interruption à une œuvre peut cependant être fort astreignant», dit-elle. Puis elle me rappela que Seth, de connivence avec elle, avait entrepris Événements collectifs *quelques semaines à peine après la dictée de* Psyché. *«Lorsqu'il se concentre sur la matière d'un livre, il néglige forcément nombre d'autres sujets... Les arrêts de dictée nous permettent au moins de prendre d'autres directions, les sessions étant ainsi plus flexibles.»)*

*(Cette flexibilité nous pose cependant certains problèmes, car l'interruption d'*Événements collectifs *nous incita à envisager la publication éventuelle d'une partie de toute la matière ainsi accumulée, afin d'en faire profiter le public. Le problème, le défi, serait de trouver le temps nécessaire à la préparation, aux annotations et à la mise en forme d'un tel manuscrit; ce qui demanderait certainement un an de travail. Jane et moi avons pensé combiner ce livre hypothétique avec* Événements collectifs, *mais le livre serait probablement trop volumineux; plus considérable même que le tome II de* Unknown Reality, *déjà bien assez volumineux, à notre point de vue.)*

*(De plus, ces deux blocs de matière sont différents à certains égards. Toutefois, on pourrait à juste titre affirmer que chaque sujet abordé par Seth s'inscrit dans une philosophie globale. Il faudrait voir cela dans cette optique, évidemment. En d'autres mots, la situation est quelque peu ironique, car pendant l'arrêt de la dictée d'*Événements collectifs, *Seth-Jane a effectivement produit l'équivalent d'un livre, mais dont on ne peut tirer grand-chose, du moins pour le moment*[1].*)*

---

1. J'ai toujours souhaité apporter quelques commentaires concernant l'écriture et la peinture, deux occupations qui occupent normalement mes journées.
Pendant que je classais tout ce matériel produit par Seth-Jane ces dernières semaines, j'ai été une fois de plus charmé et mystifié par les défis que renferme l'art d'écrire. L'image peinte peut être perçue en un coup d'œil, à n'importe quelle étape de son développement, mais l'écriture demande beaucoup plus de temps, quelle que soit la vitesse d'une personne pour absorber de nouvelles données. D'un seul regard, l'artiste peut saisir la totalité de l'œuvre qu'il a devant lui. Il peut dire ce qu'il a fait et ce qu'il reste à faire; ce qu'il a à changer ou à «retoucher», même s'il n'y parvient pas. Il

(Le 12 septembre 1977, Jane a fait un rêve très clair, qu'elle croit relié à l'une de ses vies passées, en Turquie. Dans son rêve, elle voyait un petit garçon, le prince Emir, qui vivait en un nouveau monde, où la mort n'avait pas encore été inventée. Trois jours plus tard Jane reçut un appel téléphonique de Tam Mossman, son agent chez Printice-Hall, lui suggérant d'écrire un livre pour les enfants ou que des lecteurs de tous âges pourraient comprendre, basé sur son rêve d'Emir[1]*.)*

(Puis, lors d'une session personnelle, tenue le 17 septembre, Seth introduisit un concept des plus enthousiasmants, qu'il désigne sous

---

n'en est pas ainsi de l'écrivain qui, pour composer, doit échanger la perception simultanée de l'artiste contre un processus cognitif linéaire. Garder ou rejeter tel ou tel élément, lors de la structuration d'une phrase, nécessite une multitude de décisions. Il arrive parfois que l'artiste en moi apporte son aide visuelle à l'écrivain, en étalant plusieurs pages de matière et de notes, sur une ou deux tables. Alors je puis voir ce que j'essaie de faire dans l'ensemble; et mi-intuitivement, mi-intellectuellement, je prends les décisions voulues concernant l'organisation des passages sur lesquels je butte. Ce processus est très exigeant pour moi, mais en même temps très captivant. Il fonctionne toujours, mais la progression est parfois lente. Cette méthode aide beaucoup à neutraliser l'impatience initiale de l'artiste, lorsque mon moi d'écrivain fait face à une situation complexe.

Je connais bien les théories scientifiques concernant les fonctions soi-disant séparées des hémisphères cérébraux. On soutient que la partie gauche dirige les activités logiques, comme l'écriture, alors que la partie droite serait responsable des capacités artistiques intuitives. Peut-être, mais après tout, écrire peut avoir un fondement intuitif, et l'art peut être produit avec les rigueurs de la logique. Le cerveau entier (ses hémisphères étant interreliés en profondeur, par l'entremise du corps calleux) doit posséder cette capacité créatrice fondamentale dont nous avons besoin; capacité partagée – mais seulement jusqu'à un certain point – entre les hémisphères. Sauf que dans le cas d'une lésion physique, causée ou non par une intervention chirurgicale, il doit y avoir plus de communications entre les deux hémisphères du cerveau (via le corps calleux) qu'on ne le croit. Il est encore tellement de choses que nous ignorons au sujet du cerveau (sans parler de l'esprit!). Que dire de la télépathie entre les hémisphères? Je pense que les divisions attribuées jusqu'à présent au cerveau sont trop strictes et que la croyance en une telle spécialisation peut nous empêcher de percevoir l'opération globale merveilleuse de ce dernier.

«Il semble bien, dit Jane, après lecture de mon brouillon de la présente note, que Seth livre tout simplement sa matière d'un trait et c'est tout. Et même pour un ouvrage volumineux, il ne franchit aucune de ces étapes cognitives que Rob mentionne. Par contre, j'y suis contrainte lorsque j'écris, que je révise ou réécris mes propres travaux. Si je passe par tout ce processus en tant que Seth, c'est alors tellement inconscient et rapide que je ne m'en rends pas compte. Et les "écrits" de Seth nécessitent à peine quelques retouches.» (*Robert Butts*)

1. Je voudrais rappeler au lecteur que Jane a déjà reçu, lors de rêves dont la créativité est pour le moins étonnante, de la matière de deux de ses livres, ce sont: le roman *L'éducation de Sur-âme sept* et le livre sur *James*. Ainsi, elle capta des chapitres entiers de *Sur-âme sept*. (*Robert Butts*)

l'appellation générique de «niveau» et qu'il associa au départ à deux dimensions de réalité, le **niveau 1** *et le* **niveau** *2.)*

(Jane et moi avons tellement été frappés par les répercussions concrètes et de grande portée de cette notion, que nous avons de concert décidé de l'appliquer dans notre vie quotidienne. D'une manière brève et simple, Seth soutient que c'est au **niveau** *2 de la réalité intérieure qu'est la source créatrice d'où nous tirons tous les événements et que, par une concentration appropriée, nous pouvons tirer de ce vaste véhicule subjectif tout ce dont nous avons besoin pour mener une vie constructive et positive au* **niveau 1***, celui de la réalité physique. Nous avions exprimé à Seth notre souhait d'un approfondissement de ces notions de* **niveau 1** *et de* **niveau 2** *dans le présent ouvrage, puisque ces concepts sont si rapprochés des expériences individuelles et collectives qui constituent la trame de nos vies[1].)*

(Et maintenant, voici pour «l'unique exception» dont j'ai fait mention ci-dessus. Il s'agit de la session 812, dont une partie se **rapporte** *au volume actuel. Elle fut déclenchée par la visite récente d'un lecteur qui montrait des signes non équivoques de paranoïa. Peu après cette rencontre, Seth dédia donc une session à la paranoïa [mais non à l'intention de la personne en question, même si par la suite Jane lui adressa quelques mots], puis nous pria de réserver cette session pour un chapitre subséquent d'*Événements collectifs.)

*(Finalement, tout juste avant la session de ce soir, Jane me dit comprendre que Seth s'attaquerait au travail d'*Événements collectifs.)

(Reprise de la dictée)

Comme pressenti par Ruburt, nous revenons à la dictée, à la suite de notre dernière session formelle du livre (*la session 805*).

Selon l'ordre établi au début, le passage sur la paranoïa (*de la session 812*) viendra plus tard.

Pendant qu'il travaillait à l'un de ses livres, Ruburt entendit un message d'intérêt public. Les autorités avertissaient la popu-

1. Je dois noter que Seth a également fait une référence, plutôt brève et mystérieuse, à deux autres niveaux, soit les **niveaux 3** et **4**. Deux jours après avoir amené le sujet des **niveaux 1** et 2, il fit, lors d'une autre session personnelle, l'énoncé qui suit: «Il existe un **niveau 3** et un **niveau 4**, pour fins de discussion, mais toutes ces étiquettes ne sont là, encore une fois, que pour mieux faire comprendre ce qui se passe, car les réalités se confondent.» Jane et moi n'avons pas encore eu l'occasion de lui demander d'élaborer. (*Robert Butts*)

lation que la période durant laquelle les gens sont les plus susceptibles de contracter la grippe était officiellement commencée. On enjoignait formellement les personnes âgées et celles qui étaient atteintes de certaines maladies de prendre rendez-vous immédiatement pour se faire inoculer contre la grippe.

Le message mentionnait, incidemment, qu'il n'y avait en fait aucun lien direct entre les vaccins antérieurs et une maladie singulière[1] contractée par certaines personnes qui avaient reçu le vaccin contre la grippe. Somme toute, c'était là une publicité fort intéressante et dont les répercussions rejoignent à la fois la biologie, la religion et l'économie. «La saison de la grippe» est, en un sens l'exemple d'un modèle psychologique pouvant parfois conduire à une épidémie fabriquée de toute pièce.

On retrouve derrière ces réclames l'influence de la profession médicale, tout autant que l'autorité elle-même de vos médias de communication. Vous ne pouvez contester la voix de la radio; elle est désincarnée et elle prétend connaître.

Encore une fois, les personnes âgées étaient visées. Il paraît évident qu'elles sont plus vulnérables aux maladies. Cette propension est un fait médical. C'est un fait dont le fondement ne repose pas sur la vérité de la réalité biologique humaine.

Cet état de choses est bel et bien amené par suggestion. Les médecins constatent des effets corporels très évidents, puis ils prennent ces résultats comme preuve.

Dans certains coins isolés du monde, même encore aujourd'hui, les vieillards ne sont pas terrassés par la maladie, ni ne montrent un affaiblissement des signes vitaux. Ils demeurent sains jusqu'au moment de leur mort. Vous devez donc admettre que leurs systèmes de croyances sont tout à fait pratiques. Ils ne

1. Seth fait référence au syndrome de Guillain-Barre, causant la paralysie, qui frappa une faible portion de ceux qui reçurent une injection en 1976, lors du programme de lutte contre la grippe porcine aux États-Unis. Pour de nombreuses raisons, le gouvernement fédéral mit fin, soudainement, en décembre de cette année-là, à ce programme très coûteux et controversé. Puis en mai de l'année suivante, un certain nombre de scientifiques du secteur gouvernemental et privé se sont mis d'accord sur le fait que le vaccin contre la grippe avait déclenché le syndrome de Guillain-Barre, mais que les raisons de telles réactions chez certaines personnes demeuraient inconnues. Jane et moi n'avions pas été vaccinés. (*Robert Butts*)

sont pas non plus entourés de spécialistes de la profession médicale. Nous reviendrons plus loin sur ce sujet.

Mais ici il s'agit presque d'un programme de maladie: «la saison de la grippe». C'est une méditation de masse soutenue par une structure économique; les fondements mêmes de la science et de la médecine sont en cause. Mais plus encore, cela concerne l'économie globale, depuis les plus grandes industries pharmaceutiques jusqu'à la plus petite pharmacie, des supermarchés à l'épicerie du coin; tous ces éléments sont en cause.

On met à l'avant-plan des étalages de pilules, de potions et de vaccins contre la grippe, afin de rappeler la venue du temps difficile à ceux qui n'auraient pas entendu les messages d'intérêt publics. Les messages publicitaires télévisés font un nouvel assaut, de sorte que (*amusé*) vous puissiez passer de la saison de la fièvre des foins à celle de la grippe sans être à court de médicaments!

On peut se moquer d'une toux en juin et l'oublier prestement. Mais ce n'est pas la même chose lorsqu'il s'agit d'une toux en saison de grippe; c'est beaucoup plus sérieux. Dans un tel cas, quelqu'un pourra penser, et particulièrement au milieu d'une semaine plutôt moche: «Qui donc voudrait sortir demain dans cet état?»

On s'attend à ce que vous attrapiez la grippe. Cela peut servir d'excuse pour éviter d'affronter plusieurs types de problèmes. Certaines personnes en sont passablement conscientes. Elles n'ont alors qu'une chose à faire: être attentives aux suggestions que leur offre si généreusement la société. La température vient-elle à monter, que les préoccupations occasionnent un assèchement de la gorge; des virus – jusqu'ici inoffensifs – se trouvent activés.

(*22 h 10*) Les fabricants de manteaux, de gants et de bottes mettent eux aussi leur marchandise en évidence. Cependant, en ce qui les concerne, l'atmosphère est plus saine, car leurs réclames insistent sur toute une gamme d'activités; on montre, par exemple, un portrait type du joyeux skieur et du marcheur en forêt durant la saison hivernale. Dans leur publicité, les fabricants suggéreront parfois que leurs vêtements vous protégeront contre la grippe et les rhumes, et pallieront la vulnérabilité de votre nature.

Les vaccins eux-mêmes ne procurent que peu de bien dans l'ensemble; ils peuvent même être dangereux, surtout lorsqu'ils sont administrés pour prévenir une épidémie qui, de fait, n'a pas encore eu lieu. Ces vaccins peuvent avoir une valeur particulière, mais ils jouent globalement au détriment de ceux qui les reçoivent, car ils confondent les mécanismes corporels et déclenchent d'autres réactions biologiques, lesquelles peuvent ne pas se manifester immédiatement.

La saison de la grippe coïncide avec la période des fêtes, bien entendu, au moment où l'on incite les chrétiens à être heureux et à effectuer un joyeux retour, en pensée tout au moins, au monde merveilleux de l'enfance. On leur demande aussi de rendre hommage à Dieu. Le christianisme est devenu une pauvre histoire bien embrouillée, car sa cohésion s'est grandement dissipée. Une telle religion s'est coupée de la vie de tous les jours. De nombreuses personnes ne peuvent plus faire coïncider leurs sentiments et leurs croyances; à Noël, ils prennent conscience, en partie tout au moins, de l'immense fossé qui existe entre leurs croyances scientifiques et leurs croyances religieuses. Il s'ensuit souvent une dépression psychique, aggravée par la musique de Noël et les étalages commerciaux, par les rappels religieux que l'espèce est créée à l'image de Dieu et par d'autres signes que le corps tel qu'il a été conçu ne peut, semble-t-il, prendre soin de lui-même et qu'il est une proie naturelle de la maladie ou d'un éventuel désastre.

Ainsi, dans votre société, la période de Noël porte les espoirs de l'homme et la saison de la grippe reflète ses craintes et montre l'abîme qui existe entre les deux.

Le médecin a aussi sa vie privée, mais je ne parle de lui ici qu'en sa qualité de professionnel, car il fait généralement ce qu'il peut dans ce système de croyances qu'il partage avec les siens. Cependant, ces croyances ne sont pas isolées. Les croyances religieuses et scientifiques s'entremêlent, même si elles paraissent séparées. Traditionnellement, le christianisme traitait la maladie comme une punition de Dieu ou comme une épreuve envoyée par lui, que l'on devait supporter sans broncher. Il considère l'homme comme une créature pécheresse, flétrie par la tache originelle, devant travailler à la sueur de son front.

La science a vu l'homme comme un produit accidentel d'un univers désintéressé, une créature qui n'a aucun point de référence; la conscience, venue à l'existence par hasard, étant le résultat d'un mécanisme physique sans aucune réalité en dehors de cette structure. La science a au moins été fidèle à elle-même à ce point de vue. Par ailleurs, le christianisme invite à la joie ses enfants miséreux et exhorte les pécheurs à retrouver la pureté de l'enfance. Il leur demande d'aimer un Dieu qui, un jour, détruira le monde et les condamnera à l'enfer s'ils ne l'adorent pas.

De nombreuses personnes, ainsi coincées entre des croyances conflictuelles, tombent malades, particulièrement en cette période des fêtes. Les églises et les hôpitaux sont souvent les plus grands édifices publics que l'on retrouve dans une ville et les seuls ouverts le dimanche sans être soumis à une réglementation de l'État.

Vous ne pouvez dissocier la santé de vos schèmes de valeurs; et les hôpitaux profitent souvent de la culpabilité que les religions ont inculquée à leurs adhérents. Les religions sont tellement liées à la vie sociale et aux activités civiles que l'intégrité fondamentale de la religion a été perdue. L'homme est, par essence, une créature religieuse.

(*Pause de 22 h 40 à 23 h 10*)

Le sentiment religieux est l'un des attributs les plus forts de l'homme. Par ailleurs, c'est la partie de la psychologie la plus souvent délaissée. Vous naissez avec une connaissance religieuse naturelle. Le livre de Ruburt, *Journal de l'au-delà d'un philosophe américain: la vision du monde de William James*, explique très bien ce sentiment. Cette spiritualité biologique y est mise en mots. Ainsi, il est dit: «La vie est un don (*et non une calamité*). Je suis une créature unique en ce monde naturel qui m'entoure et me procure ma subsistance; il me rappelle la plus grande source d'où nous émergeons l'un et l'autre. Mon corps est merveilleusement adapté à son environnement et me vient de cette source inconnue qui se manifeste à travers tous les événements du monde physique.»

C'est ce sentiment qui donne à l'organisme son optimisme, sa joie et l'énergie surabondante qui assure sa croissance. Il encourage la curiosité et la créativité, et situe l'individu dans un monde à la fois spirituel et naturel.

Les religions formelles ont toujours essayé de redéfinir ce sentiment en termes culturels. Elles y réussissent rarement, car elles deviennent trop étroites et trop dogmatiques. Les structures culturelles viennent en soutirer la substance.

Plus une religion est tolérante, plus elle se rapproche de l'expression de ces vérités intérieures. L'être humain possède une intégrité biologique et spirituelle personnelle que lui lègue son humanité; intégrité dont jouit en fait toute créature. L'homme ne peut à la fois douter de sa propre nature et avoir confiance en Dieu, car Dieu représente la source même de son être; si son être est vicié, son Dieu doit l'être aussi.

Vos croyances individuelles se mêlent à celles des autres et forment votre réalité culturelle. C'est donc dire que les biais du monde médical ou scientifique, ou de n'importe quel autre groupe, ne vous sont pas imposés. Ces distorsions sont le résultat de vos croyances collectives dissimulées sous différentes disciplines. Les médecins, par exemple, ont souvent une piètre santé, parce qu'ils sont tellement imbus de leurs croyances sur la maladie. Ils s'y concentrent plus que toute autre personne. L'idée de prévention est toujours basée sur la crainte. Qui, en effet, voudrait prévenir un événement joyeux? Souvent, donc, la médecine préventive provoque ce qu'elle souhaite éviter. Non seulement cette idée entretient-elle continuellement la crainte, mais les démarches elles-mêmes pour prévenir une maladie chez une personne saine – je le répète ici – pourront occasionner chez elle les effets mêmes de cette maladie.

(*23 h 32*) Une maladie particulière a aussi une influence sur d'autres parties du corps; une influence dont on ne connaît pas très bien les effets ou dont les effets n'ont pas été étudiés. Les vaccins comme tels ne peuvent donc pas en tenir compte. Après l'inoculation, des transformations peuvent se produire; transformations qui, pour un temps, feront de ces gens des porteurs et des transmetteurs de maladies.

Certaines personnes sont rarement malades, qu'elles reçoivent ou non des vaccins; elles ne sont pas de santé fragile. Je ne veux donc pas supposer que toute personne réagit négativement aux vaccins. **Fondamentalement**, les inoculations ne sont pas bénéfiques. Je suis cependant bien conscient que l'histoire médicale semble me contredire ici.

À certaines époques, et plus particulièrement dans les débuts de la science médicale moderne, la croyance aux vaccins avait la puissance d'une nouvelle suggestion et nourrissait les espoirs, sinon de la populace, du moins de la profession médicale. Mais j'ai bien peur que la médecine scientifique n'aie causé autant de nouvelles maladies qu'elle n'en a conquises. Lorsqu'elle sauve des vies, c'est grâce à la compréhension intuitive du médecin à l'égard du processus de guérison ou parce que le patient est fortement impressionné par les grands efforts déployés à son intention; s'étant laissé convaincre, comme par ricochet, de sa propre valeur.

Les médecins sont également harcelés par un grand nombre de personnes qui ne veulent prendre aucune responsabilité pour leur propre bien-être et qui vont plaider en faveur d'opérations dont ils n'ont pas besoin. Le médecin reçoit aussi la visite de gens qui ne veulent pas guérir et qui se servent de lui et de ses méthodes pour justifier leur maladie en disant: «Le docteur n'est bon à rien» ou «le remède sera sans effet», blâmant ainsi le médecin pour une hygiène de vie qu'ils n'ont pas l'intention de changer.

Le médecin est également coincé entre ses convictions religieuses et ses postulats scientifiques. Ces croyances sont parfois conflictuelles et ne servent qu'à intensifier son sentiment que le corps, laissé à lui-même, attrapera toutes les maladies possibles.

(*Pause de 23 h 45 à 00 h 01*)

Encore une fois, vous ne pouvez séparer votre système de valeurs ni vos jugements philosophiques les plus intimes des autres sphères de votre expérience personnelle ou collective.

Dans votre pays (*les États-Unis*), vos impôts servent à financer de nombreuses expériences médicales et soutiennent les efforts de la médecine préventive; vous n'avez pas confiance en votre corps et son harmonie naturelle. De la même manière, les fonds gouvernementaux vont à la défense militaire pour prévenir la guerre, car si vous n'avez pas confiance en votre propre corps, comment voulez-vous prêter la moindre bonne intention à vos congénères?

En fait, la médecine préventive et la défense, ainsi que les dépenses extravagantes qu'elles entraînent, se ressemblent. Dans les deux cas, il y a anticipation d'un désastre. D'un côté, le corps sans immunité peut, **semble-t-il**, être attaqué n'importe quand par des maladies mortelles; de l'autre côté, la menace vient d'un danger extérieur, danger exagéré, toujours présent, et contre lequel il faut continuellement lutter.

(*Résolument*) La maladie doit être **combattue**; on doit s'en défendre, l'attaquer et l'exterminer. Nombre de personnes considèrent le corps comme un champ de bataille étranger; elles s'y fient tellement peu qu'il devient hautement suspect. L'homme semble alors opposé à la nature. Certaines personnes se voient comme «patients», tout comme d'autres, par exemple, se considèrent comme étudiants. Ces personnes sont portées à prendre des mesures préventives contre n'importe quelle maladie à la mode ou en saison; elles doivent ainsi subir les conséquences néfastes d'un médicament, alors qu'il n'existe aucune cause de maladie.

(*00 h 13. Seth termina la session avec quelques notes personnelles à 00 h 22.*)

Session 815 – Le samedi 17 décembre 1977, à 21 h 22.

(*Bien, voilà une autre longue période de dix semaines d'écoulée, depuis la dernière dictée d'*Événements collectifs. *Comme c'est la troisième coupure de ce genre depuis le début du livre, nous devrions bien, Jane et moi, être habitués à cette idée. Ces longs intervalles entre les sessions me dérangent plus qu'elle. J'aime poursuivre une entreprise d'une façon régulière. Cela me désoriente quelque peu, mais certains éléments compensateurs viennent amenuiser cet inconfort. Deux réflexions m'aident à vivre sereinement cette situation: l'une d'ordre factuel et l'autre d'ordre philosophique.*)

(*En premier lieu, pendant ces dix semaines, Jane a tenu une série de dix-huit excellentes sessions sur d'autres sujets. En second lieu, si l'on garde à l'esprit l'idée de temps simultané où tout, fondamentalement, se produit en même temps* [en se rappelant que pour Seth lui-même: «le temps [...] représente encore une certaine réalité.»], *la longueur d'un arrêt entre les différentes sessions importe vraiment peu. Tout sujet peut être repris et poursuivi au moment où les intéressés – Jane, Seth et moi – le veulent bien, et ce sera comme si l'interrup-*

tion ne s'était jamais produite. En effet, en état dissocié, Jane sera à nouveau en concordance avec Seth dans cet environnement «hors-temps» au sein duquel est plongée une grande partie de son être[1].)

(Nous avons donc décidé d'aller de l'avant avec Événements collectifs, *quelle que soit sa longueur et quel que soit le nombre de sessions en cause. Nous ne pensons pas demander à Seth quand le livre sera terminé. Par ailleurs, nous lui avons demandé de développer ses notions de niveaux 1 et 2 dans le présent ouvrage et il nous a promis de le faire. Il a passablement discuté de ce sujet en dehors des dictées de livre, depuis la session 814.)*

(Parmi les travaux en cours, je viens de compléter mon travail sur le tome 2 de Unknown Reality, *Jane a débuté avec enthousiaste* Emir[2] *et elle y prend beaucoup de plaisir; le livre se développant au son des cliquetis de la machine à écrire. Vers la fin du mois d'octobre, elle a signé son contrat pour la publication de* James *et elle devra remettre les épreuves finales à la fin du mois de novembre. La remise du manuscrit de* Psyché *est proche, elle aussi, grâce au concours de Sue Watkins qui, à travers ses travaux d'écriture personnels, le dactylographie.)*

*(Comme nous nous installions pour la session de ce soir, Jane me dit à ma grande surprise qu'elle pressentait la reprise d'*Événements collectifs. *Elle n'en était pas certaine cependant. Aujourd'hui, elle a relu la première partie du livre.)*

Bonsoir.

(«Bonsoir, Seth.»)

Dictée. Je ne veux pas trop vous surprendre, mais voici la suite de la dictée de notre dernier chapitre.

(Avec une teinte d'humour) Ruburt et Joseph se sont acheté récemment une télévision en couleur, de sorte que maintenant leur monde télévisé n'est plus aussi sombre! Il m'est arrivé de temps à autres d'utiliser la télévision comme analogie. J'aimerais

---

1. La simultanéité fondamentale du temps est, je crois, la plus fascinante des idées de Seth. Ce «vaste présent» contient tous les événements côte à côte, prêts à être interprétés en termes de cause à effet selon les capacités de perception plus limitées de nos sens physiques. Voir mes commentaires sur Seth et son idée de temps simultané, dans mes notes d'ouverture de la session 806. (*Robert Butts*)

2. Voir la note d'ouverture de la session 814. Jane a intitulé son volume *Emir's Education in the Proper Use of Magical Powers (L'éducation d'Emir, dans l'usage approprié de ses pouvoirs magiques)*. (*Robert Butts*)

m'en servir encore ici pour montrer comment les événements physiques sont formés et pour essayer de décrire les nombreuses méthodes que les gens utilisent pour choisir leurs événements particuliers d'expérimentation.

Non seulement la télévision sert-elle actuellement d'outil de masse à la méditation collective, mais elle nous fournit des rêves fabriqués, riches en détails, partagés dans une certaine mesure par les téléspectateurs. Nous aurons à faire des distinctions en cours de route, c'est pourquoi j'aimerais introduire ici les termes de **niveau 1** et de **niveau 2**, pour faciliter la compréhension.

Nous appellerons **niveau 1** le monde physique que vous connaissez. Dans le **niveau 1**, par exemple, vous regardez les programmes de télévision. Vous avez le choix de plusieurs canaux. Vous avez vos émissions favorites. Vous regardez certaines scènes et vous voyez évoluer certains acteurs. Tout d'abord, vous suivez la plupart de ces drames en comprenant à peine comment ils apparaissent sur votre écran. Cependant, vous êtes sûr que si vous achetez un téléviseur, il fonctionnera correctement, que vous soyez familier ou non avec l'électronique.

Vous passez d'un canal à l'autre, sachant ce qui en résultera. L'émission du canal 9, par exemple, n'envahit pas soudainement le canal 6. Les acteurs eux-mêmes, participant à ces mises en scène, ont une très faible idée de tous les événements qu'entoure la production de leur propre image jusqu'à votre écran. Leur rôle est de jouer; ils tiennent pour acquis que les techniciens s'assurent du reste.

Il y a également quelque part un réalisateur qui s'occupe de toute la programmation. Les émissions doivent commencer à temps, les rôles doivent être assignés aux acteurs. Le directeur artistique saura quels comédiens sont disponibles préfèrent tels rôles. Il connaît ceux et celles qui jouent les héros, ainsi que le Don Juan souriant qui attirera toujours les filles. En général, il sait qui peut jouer le bon garçon et qui jouera le mauvais.

Point n'est besoin d'énumérer ici la multitude d'actions nécessaires à la transmission de votre programme préféré. Vous poussez le bouton et il apparaît. Tout le travail d'arrière-plan vous demeure inconnu. Ce processus est acquis, sans que vous vous posiez de questions. En ce qui vous concerne, vous n'avez qu'à faire votre choix de programmes pour la soirée. Il est certain que bien d'autres personnes regardent le même programme; pourtant, chacun aura une réaction fort personnelle.

(*21 h 40*) Pour un moment, imaginons que les événements physiques se produisent de la même façon; c'est-à-dire que vous choisissez ceux qui apparaissent sur l'écran de votre expérience. Vous êtes bien familier avec les événements de votre propre vie, car, bien entendu, vous en êtes le personnage principal, assaillant, victime ou autre. Mais, tout comme vous ne savez pas ce qui se passe dans le studio de télévision avant de voir le programme, vous ne savez pas ce qui se déroule dans le studio de création de la réalité avant d'expérimenter les événements physiques. Nous désignerons sous le nom de **niveau 2** ce vaste studio mental universel «inconscient».

Dans le présent ouvrage, je vais tenter de vous expliquer ce qui se passe derrière la scène et de vous montrer comment vous choisissez vos programmes physiques journaliers. Je tâcherai de vous décrire comment ces choix personnels s'entrecroisent et se fusionnent pour former une réalité de masse.

Pour le moment, revenons à notre télévision. Vous pouvez interrompre un programme qui vous offusque. Vous pouvez choisir d'acheter ou non un produit dont on vente les qualités. La télévision est un véritable miroir de votre société. Elle projette et reproduit, dans des millions de foyers, les rêves audacieux et les craintes, les espoirs et les terreurs face aux événements entretenus au plus profond de chaque être.

La télévision interagit avec votre réalité, mais **n'est pas la cause** de votre vie. Elle ne fait pas les événements qu'elle dépeint. Dans votre profonde croyance en la technologie, il semble souvent, aux yeux de nombreuses personnes, que la télévision, par exemple, cause la violence ou encourage démesurément le matérialisme. On l'accuse d'être **à l'origine** du «relâchement des mœurs». La télévision n'est qu'une image. D'une certaine manière, elle n'apporte même pas de distorsion, quoique elle puisse fort bien refléter des distorsions existantes. Les auteurs des feuilletons télévisés, ainsi que les interprètes, sont en harmonie avec la «pensée collective». Ce ne sont ni des précurseurs ni des gens d'arrière-garde. Ce sont des reflets créateurs et très conscients de l'ensemble des courants émotionnels et psychiques de l'époque.

Les comédiens choisissent les pièces dans lesquelles ils joueront. Ils ont chacun leur rôle favori, même celui d'un personnage excentrique. Le rôle fait partie intégrante de l'expérience de l'acteur, alors que les spectateurs prennent habituellement part au jeu en tant qu'observateurs.

La presse vous informe de l'horaire du téléjournal et autres programmes à l'affiche. De cette façon, vous êtes au courant des «programmes», nationaux et internationaux, de votre monde physique. Vous faites votre choix et ils constituent votre expérience de vie, soit celle du **niveau 1**.

Les activités intérieures qui précèdent votre expérimentation du monde physique s'exercent dans ce vaste studio mental du **niveau 2**. C'est là que tous les détails seront arrêtés: la rencontre soi-disant fortuite, par exemple, ou encore les coïncidences inexpliquées nécessaires à l'éclosion d'un événement physique particulier.

Faisons une pause ici.

(*De 22 h 02 à 22 h 19*)

Vous ne pourriez garder votre corps une heure en vie avec vos seules réserves conscientes. Vous ne sauriez comment le faire, car votre vie s'écoule spontanément et automatiquement en vous. Les détails sont innés: la respiration, les mécanismes internes d'alimentation et d'élimination, la circulation ainsi que le sens de votre continuité psychologique. C'est à ce **niveau 2** que tous ces éléments sont entretenus pour vous.

À cet égard, il est certain que le tout fonctionne à votre avantage. En fait, il arrive souvent que, plus vous vous préoccupez du fonctionnement de votre corps, moins il se comporte harmonieusement. On retrouve dans cette spontanéité des opérations de votre corps la manifestation d'un ordre raffiné. Lorsque vous tournez le bouton de votre téléviseur, l'image de l'écran semble vous venir de nulle part, pourtant celle-ci est le résultat d'un ordre judicieux.

Les comédiens fréquentent les agences de production pour connaître les projets dans lesquels ils pourraient s'inscrire. En rêve, vous visitez de semblables «agences de production». Vous connaissez les différents scénarios des futures productions physiques. En état de rêve, il vous arrive donc souvent de venir vous familiariser avec des jeux probables. Si la pièce offre un intérêt, s'il se présente assez d'acteurs et s'il y a suffisamment de ressources, alors le drame se jouera. Quand vous êtes dans un état autre que celui de votre conscience normale, vous visitez pour ainsi dire cette agence créatrice intérieure, d'où toute production physique tire son existence. Vous y rencontrez ceux et celles qui, pour leurs propres raisons, sont également intéressés aux mêmes scénarios. Poursuivant notre analogie, techniciens, acteurs et écrivains se regroupent, mais dans le cas qui nous concerne, le résultat sera un événement **naturel**, plutôt qu'une création télévisée. C'est ainsi qu'on planifie des films sur les désastres, des programmes éducatifs ou des drames religieux. Toutes ces réalisations se produiront dans l'éclat de la réalité physique.

Ces événements sont le résultat des croyances, des intentions et des désirs individuels. Une rencontre n'est jamais accidentelle. Aucun décés, pas plus qu'une naissance d'ailleurs, n'arrive par hasard. Dans cette atmosphère créatrice du **niveau 2**, toutes les intentions sont connues. Dans un sens, aucun acte n'est privé. Vos systèmes de communication mettent à votre portée les événements du monde entier. Néanmoins, ce système intérieur de communication est beaucoup plus étendu; chaque acte mental est enregistré sur l'écran à multiples dimensions du **niveau 2**. Cet écran est à la disposition de tous et chacun. En certains états de conscience, tout particulièrement pendant les diverses étapes du sommeil et du rêve, les événements de cette réalité intérieure sont perpétuellement présents; ils sont aussi accessibles que le sont les événements physiques à l'état de veille.

(*22 h 40*) Tout se passe comme si le **niveau 2** possédait un service de communication universel, vous fournissant instantanément toutes les données dont vous avez besoin. Il établit les circuits entre vous et les autres et effectue les calculs de probabilités désirés à une vitesse aveuglante; non pas à la manière impersonnelle d'un ordinateur, mais avec l'intention amoureuse d'un esprit bienveillant envers vos meilleurs desseins, les vôtres et ceux de tous les êtres humains.

Vous ne pouvez alors acquérir ce que vous voulez au détriment de quelqu'un d'autre. Vous ne pouvez pas non plus utiliser le **niveau 2** pour imposer un événement à une autre personne.

Certains préalables sont nécessaires, vous comprenez, avant la réalisation concrète de vos désirs dans la réalité physique.

(*22 h 45*) Donnons-nous quelques instants...

Je vais essayer de poursuivre notre travail d'une manière plus prévisible, tout en répondant à toutes vos questions personnelles. Pour le livre, je désire cependant aborder les divers aspects du niveau 2 d'une manière plus générale[1]. Vous pourrez vous servir du reste du matériel, mais cela demeurera accessoire en ce qui me concerne.

---

1. Bien que ce soit la première session d'*Événements collectifs* où Seth discute des **niveaux 1 et 2**, il n'en reste pas moins qu'à ce jour, Jane et moi sommes beaucoup plus familiers avec sa pensée à ce sujet que pourrait l'être le lecteur. Depuis l'introduction de cette notion, Seth a parlé de ces **niveaux** lors de dix-sept des vingt-trois sessions non reliées au livre.
Voici ici mon propre «credo» sur le thème des **niveaux 1 et 2**, texte que je garde bien en vue. Ces notions sont abordées selon une conception intuitive et éclairée par le tableau que Seth lui-même en a brossé jusqu'à ce jour.
J'ai la simple et profonde conviction que tout ce que je puis désirer en cette vie peut me venir du **niveau 2**. Il n'existe aucun obstacle à ce niveau de réalité. Le **niveau 2** peut produire d'une manière créative tout ce que je veux au **niveau 1**: me conserver en bonne santé, peindre et écrire; maintenir mon excellente relation avec Jane; que Jane elle-même rayonne de santé et d'une créativité toute spontanée, et que tous ses livres connaissent une diffusion plus grande encore. Je sais que ces résultats positifs sont mis en place au **niveau 2**, quelle que soit leur semblante complexité, et qu'ils se manifestent par la suite au **niveau 1**. Je crois simplement et profondément que tout ce que je désire dans cette vie peut me venir des mécanismes miraculeux du **niveau 2**. Je n'ai à me préoccuper d'aucun détail, sachant que cette réalité a une capacité créatrice infinie pour produire tout ce que je pourrais souhaiter obtenir. Ma foi simple et profonde en la bonté créatrice existant à ce **niveau 2** est la seule chose nécessaire. (*Robert Butts*)

DEUXIÈME PARTIE

Les niveaux 1 et 2

Chapitre 3

MYTHES ET ÉVÉNEMENTS PHYSIQUES; LE MILIEU INTÉRIEUR DANS LEQUEL BAIGNE LA SOCIÉTÉ

Session 817 – Le lundi 30 janvier 1978, à 21h35.

(Nous avons fait relâche durant la période des fêtes. Jane et moi avons profité d'un arrêt de la dictée pour traiter avec Seth d'un grand nombre de questions restées sans réponses. Les travaux de révision des ouvrages déjà mentionnés se poursuivent à un rythme régulier. Nous avons supporté un mois de janvier très froid et venteux avec de nombreuses et importantes chutes de neige.)

Bonsoir,

(*«Bonsoir, Seth.»*)

Dictée. Ce sera le début d'un nouveau chapitre. Il s'intitulera: «Mythes et événements physiques». (*Longue pause*) Puis: «Le milieu intérieur dans lequel baigne la société».

Avant de discuter du rôle des individus par rapport aux événements de masse de toute nature, nous devons d'abord observer le véhicule qui les supporte. La portée des événements de la nature ne peut être comprise qu'en explorant certains aspects de leur réalité qui ne vous sont pas apparents. Nous examinerons donc le moteur interne des phénomènes naturels.

Lorsqu'un savant observe la nature, il en étudie les caractéristiques extérieures; il en observe les contours. Même les recherches sur les atomes et sur les molécules, ou sur les particules [*théoriques*][1] plus-rapides-que-la-lumière, ne touchent que l'as-

1. Voir la note de la session 803, à la page 51.

pect «quantique» de la réalité. Le savant ne recherche habituellement pas le cœur de la nature.

Son but n'est certainement pas d'en étudier l'âme. Tout être est une manifestation de l'énergie, une manifestation émotionnelle de l'énergie. Certes, l'homme peut interpréter les conditions climatiques en termes de pression atmosphérique ou de courants aériens. Il peut également analyser les failles de terrain pour comprendre les tremblements de terre. Tout ceci fonctionne dans une certaine mesure, et jusqu'à un certain point. La psyché humaine est sensiblement concernée, non seulement dans son propre environnement physique, mais dans toutes les manifestations de la nature. Selon la terminologie introduite au chapitre précédent, je dirais que l'identification émotionnelle de l'homme avec la nature est une réalité fortement ressentie au niveau 2. Et c'est là que nous devons chercher les réponses aux questions de la relation de l'homme et de la nature. L'essence de la psyché y apparaît clairement. C'est donc en cette sphère que ses élans et ses mouvements peuvent être compris. Les manifestations de l'énergie physique suivent des rythmes émotionnels non décelables avec vos dispositifs ou instruments, si raffinés soient-ils.

Pourquoi un homme meurt-il alors qu'un autre est épargné? Pourquoi un tremblement de terre perturbe-t-il toute une région? Quelle est la relation entre l'individu et ces événements de la nature?

Avant de nous pencher sur ces questions, nous devons nous tourner vers votre propre univers et en examiner la source; car il est bien évident que sa source et celle de la nature se confondent. Lors de cette exploration et tout au long du livre, nous devrons faire la distinction entre les événements eux-mêmes et l'interprétation que vous en faites.

Le monde vous apparaît concret, factuel et bien défini, et son activité quotidienne repose certainement sur des événements et des faits connus. Vous faites une distinction très nette entre un fait et une pure imagination. En règle générale, comme peuple, il est évident que vos connaissances courantes reposent sur des données scientifiques pour le moins indiscutables. Il semble certain que le développement technologique soit solidement fondé sur un ensemble de faits concrets.

Les idées qui fourmillent dans le monde, les fantaisies ou les mythes peuvent vous sembler fort séparés de l'expérience courante. Cependant, tout ce que vous connaissez ou les expériences que vous faites tirent leur origine de cette dimension créatrice de l'existence que je nomme le **niveau 2**. Dans un certain sens, votre monde factuel repose sur un lit de fantaisies, sur un fondement mythique et imaginatif d'où émergent vos appareils les plus perfectionnés. Mais qu'est-ce qu'un mythe et qu'entend-on par ce terme?

Le mythe n'est pas la déformation d'un fait, mais le sein même d'où le fait émane. Il faut comprendre que la réalité en gestation sous forme imaginative est aussi puissante que la nature elle-même. La construction de mythes est une caractéristique psychique naturelle; un élément psychique se combine avec d'autres pour former une représentation mythique de la réalité intérieure. D'une part, cette représentation sert de modèle d'organisation des civilisations et, d'autre part, d'outil d'interprétation des événements de votre vie, dans leur contexte historique.

(*22 h 06*) Lorsque vous **acceptez** les mythes, vous les prenez pour des faits. Ils font tellement partie de votre vie, de votre société ou de votre profession que leur fondement vous apparaît évident. Les mythes sont de vastes drames psychiques, plus vrais que les faits eux-mêmes. Ils constituent le théâtre permanent de la réalité. Vous devez bien comprendre ici que lorsque je parle de mythes, je veux décrire des événements psychiques durables du **niveau 2** qui servent de modèles à votre interprétation.

Une personne qui se voit frappée par un désastre naturel peut se demander: «Est-ce une punition de Dieu, et pour quelle raison? Le désastre est-il l'effet d'une vengeance divine?» Le savant de son côté se dira: «Une technologie supérieure et des données plus complètes nous auraient permis de prédire le cataclysme et ainsi sauver des vies.» Il essaiera de se dissocier de sa réalité émotionnelle et de voir le désastre tout simplement comme le résultat de soubresauts de cette nature impersonnelle, qui ne connaît ni ne se soucie de ce qui se trouve sur son passage.

Toutes ces situations soulèvent des questions sur la réalité de l'homme et sur sa destinée, sur son lien avec Dieu, sa planète et l'univers. Chacun interprète ces questions à la lumière de ses propres convictions. Regardons ensemble quelques-unes de ces croyances.

(*Pause de 22 h 18 à 22 h 27*)

Les mythes sont des phénomènes naturels qui émanent de la psyché humaine, tout aussi sûrement que les hautes montagnes émergent de votre planète. Leur réalité profonde existe cependant au **niveau 2**, comme la matière première de votre monde.

Dans ces termes, les grandes religions de vos civilisations proviennent de mythes qui évoluent à travers les siècles, tout comme les chaînes de montagnes s'élèvent et s'aplanissent. Vous voyez bien les massifs montagneux; il serait ridicule d'en ignorer la réalité. Vos mythes, pour leur part, se manifestent moins directement; ils sont cependant apparents dans chacune de vos activités. Ils forment les structures intérieures de toutes vos civilisations et leurs multiples branches.

Dans ce sens, le christianisme et vos autres religions sont des mythes, faisant écho à une connaissance intérieure trop vaste pour être contenue dans des faits seulement. Vue sous cet angle, la science est également de nature mythique. Certains d'entre vous trouveront ceci difficile à concevoir puisque la science semble donner de si bons résultats. D'autres accepteront plus facilement de reconnaître le caractère mythique de la science, mais ils repousseront l'idée que la religion, telle que nous la connaissons, tient elle-même du mythe. Jusqu'à un certain point, cependant, toutes ces idées conditionnent votre interprétation des événements.

Dans cette deuxième partie du livre, nous considérons les événements de la nature selon votre compréhension. Encore une fois, pour certaines personnes il semblera évident qu'un désastre naturel n'est autre qu'une vengeance divine ou tout au moins un rappel de Dieu au repentir; alors que d'autres comprendront qu'une telle catastrophe est complètement neutre, impersonnelle et séparée de la réalité émotionnelle de l'homme. Le savant chrétien, pour sa part, se trouve pris entre les deux tendances. Le fait de vous dissocier de la nature vous empêche d'en comprendre les manifestations. Et, bien souvent, vos mythes vous deviennent une entrave. Lorsque les mythes sont normalisés et pris au pied de la lettre, lorsque vous les associez trop intimement au monde des faits, vous en perdez complètement la signification. Lorsque les mythes prennent une coloration factuelle, ils sont déjà moins réels. Leur pouvoir s'en trouve restreint.

(*22 h 43*) La plupart des gens interprètent donc leur réalité, leurs triomphes et leurs échecs, leur santé ou leur maladie, leur chance ou leur malheur, à la lumière d'une réalité mythique qui n'est pas comprise comme telle. Que trouve-t-on derrière ces mythes? Quelle est donc la source de leur pouvoir?

Les faits sont bien pratiques, mais ce ne sont que de faibles reflets de la réalité. Ils vous portent à considérer certaines expériences comme réelles et d'autres comme irréelles. La psyché cependant ne se limite pas de la sorte. Elle existe dans une sphère de réalité, un royaume où toutes les possibilités sont présentes. Elle crée les mythes comme la mer engendre la bruine. Les mythes sont originairement des constructions psychiques dont la puissance et la force sont telles que de leur source peuvent jaillir des civilisations entières. Ils font appel aux symboles et sont tout imprégnés de valeurs émotionnelles qui touchent le monde physique, de façon telle que ce dernier ne sera jamais plus le même.

Les mythes jettent une lumière particulière sur les événements historiques dont ils sont responsables. Ils associent les expériences psychiques éternelles de l'humanité – expériences invisibles mais ressenties – aux événements du quotidien; ils fournissent ainsi un cadre de pensées et de croyances de civilisation en civilisation. L'énergie vitale de la nature, au **niveau 2**, est en perpétuel changement; les rêves, les espoirs, les aspirations et les craintes de l'homme interagissent à ce niveau en un mouvement constant, pour former les événements de votre monde. Cette interaction ne concerne pas seulement l'homme, bien entendu, mais la réalité émotionnelle de toute conscience de l'univers, du microbe à l'érudit, de la grenouille à l'étoile. Vous interprétez les phénomènes de votre monde selon les caractères mythiques que vous avez acceptés. Vous structurez donc la réalité physique selon vos conceptions; ne retenant que les perceptions pouvant appuyer leur validité. Par conséquent, le corps physique est capable d'organiser lui-même votre réalité physique de bien d'autres manières.

Vous vous dissociez plus de la nature et de ses intentions que ne le font les animaux. La nature vous paraît, dans ses soubresauts, comme un véritable adversaire. Vous cherchez à l'extérieur de vous-même les raisons qui expliqueraient cette malice ou cette insouciance absolue de la nature à votre égard.

La science affirme souvent que la nature se soucie peu de l'individu, qu'elle ne se préoccupe que de l'espèce; c'est pourquoi il vous arrive de vous considérer comme une victime dans cette lutte générale pour la survie. Une lutte dans laquelle vos propres intentions ne font pas le poids dans la balance.

Fin de la dictée. Il y a des choses intéressantes qui s'annoncent. C'est tout ce que j'ai à dire pour le moment. Je vous souhaite une bonne nuit.

(*«Très bien, merci.»*)

(*23 h 02. La transe de Jane fut excellente, concentrée et stable.*)

Session 818 – Le lundi 6 février 1978, à 22 h 19.

(*Une importante chute de neige a débuté vers midi. Ce soir, elle continuait de plus belle alors que nous attendions l'ouverture de cette session...*)

(*Nous avons patienté un peu plus d'une heure avant qu'elle ne commence; chose qui à notre souvenance ne s'était jamais produite. Nous étions tous deux silencieux pendant de longs moments. Puis, Jane fit la remarque suivante: «J'ai l'impression qu'il y a là tout un bloc de matière qui s'organise, mais cette dernière n'est pas encore à notre portée. C'est étrange... Je pense ne m'être jamais sentie ainsi antérieurement. Je serais bien prête à tout laisser tomber et à m'occuper d'autre chose; mais si je ne tiens pas de session ce soir, j'aimerais savoir à la prochaine occasion, pourquoi elle n'a pas eu lieu. Mais je sens que je pourrais tout aussi bien me réveiller à deux heures du matin et m'exclamer: "Oh! mon Dieu! le voilà..."»*)

(*Et c'est précisément à cause de ces impressions étranges de Jane que nous incluons cette partie dans* Événements collectifs, *même si elle n'y était pas destinée. Seth nous livre des commentaires très intéressants sur les relations qui nous unissent tous les trois, tout autant que sur les communications entre sa réalité et la nôtre. Cette session apporte justement l'éclairage souhaité pour comprendre l'expérience «Seth» dans sa globalité; et lorsque nous recevons ce genre d'explications, nous sommes impatients de les partager. Cependant, nous ne nous attendions pas à ce que Seth aborde la question du niveau 3, puisque nous n'en sommes qu'à l'assimilation des notions relatives aux niveaux 1 et 2...*)

Bonsoir.

(*«Bonsoir, Seth.»*)

Je ne sais pas exactement comment formuler l'explication de ce délai. Dans un sens, je fais des tournées, dans des réalités psychologiques, à travers des contrées psychiques plutôt que physiques. De telles expéditions n'ont «aucune durée». Pour nos échanges, cependant, je dois synchroniser plusieurs activités, car je puis être engagé ailleurs tout en communiquant avec vous.

Il neige chez vous actuellement. La météo parle de conditions locales et de courants aériens qui se combinent. Ainsi mes propres voyages ont lieu dans un royaume où les consciences se fondent. Je ne me rappelle pas avoir mentionné précisément ce fait, mais vous devriez comprendre que je suis en croissance, en expansion et en développement continus. Rappelez-vous les épisodes de Ruburt dans sa bibliothèque [*psychique*][1]. Ces exemples représentent de bien faibles images de mes activités; cependant, dans cette même veine, je voyage en de nombreuses universités renommées de l'esprit.

Il est bien difficile, encore une fois, d'expliquer tout ceci car l'information et la connaissance sont constamment transformées, renouvelées presque complètement selon des modes propres à la pensée elle-même. Le savoir se trouve automatiquement changé par la perception même de chaque conscience. Il se trouve amplifié et redéfini. C'est un langage qui perdure, tout en se transformant. Lorsque je «tiens ces séances» ou que je «parle», je transpose d'un autre système de réalité, un contenu si complexe qu'aucun ordinateur ne pourrait y parvenir. Vous ne comprenez pas ou vous ne percevez pas les modes par lesquels votre expérience personnelle contribue à l'édification de votre réalité collective. D'une manière inconsciente, chaque individu participe à la constitution de cet univers. Pour ma part, je connais le même genre d'activités, mais en fonction de plusieurs réalités[2].

---

1. Dans son volume *Politiques psychiques,* Jane décrit en long et en large sa découverte – et l'usage qu'elle en fait – de sa bibliothèque «non physique». (*Robert Butts*)

2. Jane et moi avons l'intention de demander à Seth de nous expliquer quelques-unes de ces autres réalités, dans lesquelles il existe et d'où il communique»; et cela dans des termes que nous pourrions saisir. (*Robert Butts*)

Tout comme j'essaie ici d'accroître votre compréhension des choses et de développer vos capacités, ainsi je me consacre en d'autres univers à des exercices similaires. Alors que nos réunions se tiennent, disons, dans votre temps et dans l'espace physique de votre maison, la rencontre première doit être intérieure et subjective; cette intersection de consciences peut par la suite être vécue physiquement.

Les rencontres elles-mêmes se produisent dans un environnement de **niveau 3**[1]. Ce niveau se trouve plus élevé d'un cran que votre propre **niveau 2**. Je n'entends pas introduire ici des questions de supériorité hiérarchique; les **niveaux** représentent plutôt des sphères d'activités. Nos rencontres prennent donc naissance au-delà de la sphère qui traite exclusivement avec la réalité physique ou avec le royaume mental et psychique duquel surgit votre expérience actuelle.

En quelques rares occasions, avant le début d'une session, Ruburt a senti une distance entre nous; comme si l'information n'était pas tout à fait prête. Je vous l'ai déjà dit, il m'arrive parfois de vous laisser une «cassette enregistrée». C'est ce qui sert de contact en ces circonstances. Ce soir, pourtant, Ruburt n'a pas seulement perçu une distance entre nous, mais il a pris conscience de la plus grande complexité de mes activités.

(*22 h 45*) Dans une certaine mesure, vous êtes tous deux engagés, mais d'une manière qu'il m'est difficile d'expliquer. Et, de grâce, n'allez pas prendre ce qui suit au sens propre. Des portions de votre conscience s'impriment dans la mienne, et ainsi vous êtes emportés où je vais, comme des atomes de poussière peuvent être balayés d'un lieu à un autre, par une bourrasque d'automne. (*Avec humour*) Je ne veux pas vous comparer à des grains de poussière, mais, jusqu'à un certain point, vous partagez mes voyages. Vous êtes transportés au-delà de vos perceptions habituelles, de sorte que des portions de vous captent certaines scènes subjectives. Celles-ci soulèvent votre curiosité, même si consciemment vous ne semblez pas les percevoir. Cette curiosité vous sert d'élan.

---

1. C'est la deuxième fois que Seth mentionne le **niveau 3**. Voir la note de la page 78 de la session 814. (*Robert Butts*)

Vos intentions et vos préoccupations, vos intérêts, vos besoins et vos désirs influencent directement le contenu de nos rencontres, car ce sont ces caractéristiques et ces capacités qui vous y ont conduits.

Vous désirez transmettre cette matière à vos semblables, ce qui est fort naturel et compréhensible, et comme on dit: voir c'est croire. Il ne faudrait cependant pas oublier que vous participez aussi à un immense drame dont l'action principale se déroule en dehors de votre monde physique, en ces royaumes qui ont donné naissance à votre univers physique. Vous êtes d'ailleurs originaires de ces royaumes, ainsi que tous les autres êtres. Ces royaumes sont loin d'être solitaires, sombres et chaotiques. Ils s'éloignent beaucoup de tout concept de nirvaña ou, au contraire, d'anéantissement. Ce sont des réalités d'existence en tourbillonnement constant, où différents types de consciences se rencontrent et communiquent. Ce ne sont pas non plus des royaumes impersonnels, car des interactions très intimes s'y déroulent. Ces interactions sont là, tout autour de vous, et j'aimerais qu'en pensée vous y aspiriez; il serait bon pour vous d'élargir vos perceptions, afin d'être conscients en quelque sorte de leur existence.

Même si je parle de ces sphères séparément, en fait elles se fusionnent, chacune entrant, pour ainsi dire, en «collision» avec l'autre. Jusqu'à un certain point, vous êtes immergés dans toutes les réalités. Étrangement, dans ce cas particulier, les difficultés que tu éprouves en rédigeant tes notes sont reliées à ton sens de l'ordre, éveillé par la nécessité de regrouper des faits. Dans cette veine, tu as voulu garder séparé le monde de ta «réincarnation» romaine[1] de ta vie [*actuelle*] plutôt que de les combiner par association, comme tu l'avais fait, ce dont tu ne te rendais pas compte en exécutant tes esquisses. Subjectivement, tu voulais allier ces deux mondes pour en explorer les similitudes et autres caractéristiques, mais en pratique tu t'obstinais à les diviser pour les besoins de tes commentaires écrits.

1. Se référer au tome II de *Unknown Reality* (*La Réalité "inconnue"*), où je décris, dans mes commentaires des sessions 715 et 716, une série d'épisodes où je me suis vu capitaine d'une armée romaine, au début du premier siècle de notre ère. (*Robert Butts*)

Si vous le pouvez, essayez de saisir ce plus vaste contexte dans lequel baigne tout votre être. Vous serez étonnés des résultats. Cependant, l'engagement émotionnel est ici plus important que la simple acceptation intellectuelle de l'idée.

Ruburt voulait du matériel pour le présent ouvrage et c'est bien ainsi; ce livre est important. L'écrit a sa raison d'être dans votre monde, mais je ne voudrais surtout pas que vous oubliiez le plus vaste ensemble d'où proviennent ces entretiens. Ces communications peuvent au moins servir d'amorce à un élargissement de votre conscience au-delà des connaissances que je puis vous apporter.

Dans votre monde, le savoir doit être explicité. Cependant, nous transigeons ici avec des réalités émotionnelles qui ne peuvent pas aussi facilement être transposées de façon claire. Mes mots – mais plus encore l'atmosphère de nos rencontres – vous mettent sur la piste de ces réalités indéchiffrables, mais combien puissantes, qui seront graduellement transmises, en votre époque, dans des termes qui auront une plus grande signification pour vous.

(*23 h 13*) J'en aurais encore bien plus à dire, mais cela devra attendre, car le tout n'est pas traduisible pour le moment. Selon la portée de la présente communication, avec votre propre mûrissement et les éclaircissements qui vous viendront à l'état de veille ou en rêve, vous ferez d'autres découvertes. Restez donc réceptifs aux indices qui peuvent vous venir, mais sans idées préconçues sur la manière dont ils apparaîtront. Le développement personnel de Ruburt provoque une certaine activité psychique qui, elle-même, entraîne une plus grande croissance. Ainsi a-t-il été actif dans sa bibliothèque «psychique», par exemple, même s'il n'en fut pas toujours conscient.

Fin de la session.

(*«Merci, Seth, et bonne nuit.»*)

(*23 h 15. «Je me suis sentie différente lors du déroulement de cette partie de la session, dit Jane. Je sentais une puissance inhabituelle. Je suis heureuse d'avoir attendu. J'ai l'impression d'être allée ailleurs... Je sens qu'il y a quelque chose de nouveau dans la session, mais il me faudra déchiffrer le tout...»*)

Session 820 – Le lundi 13 février 1978, à 21 h 40.

(La session 819 de samedi dernier ne concernait pas directement le livre Événements collectifs. *La présente, cependant, à notre point de vue, avait un lien évident avec cet ouvrage. Nous avons donc décidé de la conserver pour des raisons qui deviendront claires à la lecture, même si Seth avait omis de la considérer comme une dictée pour le livre.)*

(À midi, je suggérais à Jane de rassembler en un court volume la matière que nous avions accumulée sur les **niveaux 1** *et 2, depuis leur introduction par Seth, le 17 septembre 1977. Parmi les trente et une sessions hors contexte, plusieurs donnaient des précisions sur ces sphères de réalité, souvent en étroite connexion avec la matière d'*Événements collectifs. *Je croyais que Jane pourrait en faire un projet dans le cadre de ses autres travaux. Ma suggestion se voulait un moyen de s'en tirer avec cette habitude de Seth de produire des livres à l'intérieur d'autres livres, comme je le soulignais dans ma note d'ouverture de la session 814. Mais Seth est si prolifique que nous ne viendrons jamais à bout, semble-t-il, de publier toute cette production.)*

(Jane s'est montrée plus intéressée à mon idée que je ne l'avais imaginé. Elle passa l'après-midi à revoir ces sessions à caractère privé. Au fil des heures, la lecture des extraits de Seth la firent se détendre. Le soir, elle éprouvait de «drôles de sensations», selon son expression. Malgré tout, elle voulait tenir une session. Nous nous sommes installés à 21 h 30. Puis, sans salutation...)

Que c'est gentil à vous de vous préoccuper ainsi du **niveau 2**!

Dans un sens, la matière retenue ici au sujet des **niveaux 1** et 2 ne donne qu'un aperçu du concept global dont nous avons passablement parlé lors de nos entretiens non consacrés à la publication. La raison en est simple: nos livres, même structurés très librement, doivent respecter l'allure que présente normalement ce genre d'écrit.

Même vos idées sur la créativité sont influencées par votre façon de penser au **niveau 1**. Toutefois, nos sessions suivent un modèle de plus grande portée et vous offrent différentes perspectives, que ce soit en dictée de livre ou autrement. Vous ne pouvez percevoir directement ce vaste modèle initiateur de nos communications qui existe et que vous pressentez, car vous êtes contraints de vous en approcher pièce par pièce.

Les activités de création sont la meilleure approximation que je puisse vous donner des modes de fonctionnement du niveau 2, car ces activités concernent toujours un élan de foi et d'inspiration et un éclatement de barrières.

Chacun de nos livres ajoute quelque chose aux autres. Et j'inclus également ceux de Ruburt, sans oublier ceux qui ne sont pas encore écrits; de sorte que même les livres futurs influencent les publications que vous considérez comme passées. Encore une fois, le contenu des livres, même s'il apparaît à votre époque, prend naissance en dehors de votre temps.

Lorsque vous écrivez un livre de type courant, vous combinez des souvenirs et des événements connus de vous et des autres. Ces événements ont pu être oubliés, mais ils ressurgissent en votre esprit, suivant votre dessein, et par association d'idées. Lorsqu'un artiste peint un tableau, il peut inconsciemment comparer des centaines de paysages qu'il a vus dans le passé, à la recherche de nouvelles compositions ou de teintes soi-disant oubliées et qui ont pu jadis colorer les arbres et les prés. Comme il se concentre sur l'acte de création, l'artiste tirera du niveau 2 toutes les données nécessaires à la réalisation de son tableau. Le travail de l'artiste ne s'arrête pas à la seule technique, mais il mobilise l'expérience visuelle de sa vie entière.

L'activité au niveau 2 dépasse de beaucoup la seule création artistique, puisque votre vie est l'art même qui y est exercé; tous les ingrédients de son succès y sont disponibles. Le fruit d'un travail ou d'une œuvre de création dépend beaucoup de l'idée que vous vous faites du résultat ou de ce qu'est une œuvre d'art. Ainsi, vos idées sur la vie ou sur votre vie joueront une grande part dans votre expérience de cet art de vivre.

Si vous croyez à la loi de «cause à effet», telle qu'elle est comprise généralement, ou encore aux principes énoncés sur la polarité (*dont une lettre reçue aujourd'hui nous expliquait les particularités*), vous serez alors liés à ces lois, car elles constitueront pour vous votre technique artistique. Vous croirez devoir les utiliser pour peindre le portrait vivant de votre vie. Vous organiserez donc votre devenir en conséquence, en attirant à vous, du niveau 2, les seuls éléments qui cadrent avec cette conception. Vous ne posséderez pas la «technique» pour susciter d'autres formes. Aussi longtemps que vous vous attacherez à une seule façon de camper votre expérience, votre portrait vivant risque fort de présenter une plus ou moins grande monotonie.

Encore une fois, l'écrivain ou l'artiste peintre apporte, dans son travail, plus que la simple aptitude à écrire ou à peindre. Dans un sens, toute sa matière grise y est engagée. Lorsque votre attention se porte en priorité sur le **niveau 1**, c'est comme si vous aviez appris à écrire de simples phrases, en alignant dans l'ordre un mot après l'autre. Vous n'avez pas encore été initiés à **formuler** votre pensée. Dans votre vie, vous écrivez alors des phrases comme: «Regarde Thomas courir». Votre esprit ne transige pas avec les concepts, mais avec de simples objets, de sorte que vous ne faites à peu près pas appel à votre imagination. Ayant appris à situer des objets dans l'espace, vous pouvez alors communiquer avec les autres sur cette longueur d'ondes, et ainsi décrire les propriétés physiques que les autres perçoivent.

Si nous poursuivons notre analogie, la prise de conscience au **niveau 2** vous fera passer de cet état primaire à la production du grand art, où les mots ne servent pas simplement à exprimer le concret, le palpable, mais également l'intangible, c'est-à-dire les sentiments et les émotions. Les mots eux-mêmes s'écartent d'un modèle linéaire, projetant les émotions en des royaumes qui défient allégrement l'espace et le temps.

(*22 h 13*) De temps à autre, les gens peuvent avoir de tels moments d'élévation, mais pourtant leur existence individuelle baigne **continuellement** dans cette atmosphère d'éternelle créativité de laquelle jaillit votre monde.

Il n'est pas exact de penser que cette vaste réalité vous est totalement cachée. On peut dire qu'elle transpire dans l'expérience de chaque individu et elle est clairement mise en évidence par la vie même de votre univers. Les religions l'ont toujours perçue à leur manière. Cependant, les explications de cette réalité dans les termes de votre monde concret l'ont en quelque sorte dénaturée.

Votre univers est donc le résultat d'une entreprise créatrice à multiples facettes; une œuvre d'art qu'il vous est actuellement difficile à interpréter, où chaque personne, chaque créature et même chaque particule joue un rôle **vivant**. Au **niveau 2**, chaque événement est connu, qu'il s'agisse de la chute d'une feuille ou de la mort d'une étoile, de l'expérience du plus petit insecte en été, au meurtre horrible d'une personne au cœur d'une cité. Chaque événement a sa signification dans un plan plus étendu d'activités. Ce modèle n'est pas séparé de votre réalité, ni ne vous est imposé; il fait cependant partie de votre expérience. Il se peut que vous vous sentiez dissociés de cet ensemble; vous compartimentez tellement votre expérience que vous vous coupez de cette connaissance globale.

La créativité ne fonctionne pas en ouvrant des tiroirs. Elle fait éclater les barrières. Cependant, la plupart des créateurs ne se servent de leurs plus grandes capacités que pour la pratique de leur art; ils n'appliquent pas ces connaissances à leur propre vie. Ils retombent dans cette ligne de la cause à l'effet.

Votre vie au **niveau 1** repose sur cette croyance que vous ne possédez qu'une quantité limitée d'énergie, qu'une dépense donnée d'énergie produira telle quantité de travail. En d'autres mots, tel effort appliqué de telle manière entraînera le résultat anticipé. Dans la même veine, on croit que l'énergie de l'univers se tarira. Toutes ces conceptions présupposent «le fait» qu'aucune énergie nouvelle n'est injectée dans le monde. La source de l'univers semblerait donc disparue, s'étant elle-même usée dans son effort de production des phénomènes physiques. Selon cette conception, le **niveau 2** serait une impossibilité.

Au contraire, l'énergie de vie est constamment insufflée dans votre monde, selon des modes qui ne correspondent aucunement à vos soi-disant lois physiques. Comme je vous l'ai déjà dit (*il y a quatorze ans de cela*), l'univers se déploie comme se développe une idée, et c'est exactement ce que je veux dire.

La source vitale de chaque créature existe dans cette sphère qui, «originellement», lui a donné naissance; et selon une manière plus large de voir les choses, chaque créature, quel que soit son âge, renaît continuellement. J'écris tout ceci dans les termes de votre réalité courante, c'est-à-dire que je transige ici avec les propriétés locales du **niveau 2**, telles qu'elles concernent votre vécu.

Repose-toi les doigts... (*Pause à 22 h 39*)

Nous devrons probablement terminer notre session, car certains aspects de notre traduction s'avèrent difficiles à gérer. Vous êtes tous deux personnellement prêts à faire un nouveau pas en avant, car cette matière vous arrive au temps opportun; le moment est propice à de nouvelles poussées de connaissance, à des expériences oniriques et autres formes d'apprentissage.

Fin de la session.

(*«Merci, Seth.»*)

(*22 h 43. «C'était vraiment étrange, dit Jane à sa sortie de transe et manifestant une sensation de nausée. C'est la première fois qu'une telle chose m'arrive: je me suis sentie réellement malade, comme si la matière m'envahissait totalement... Vers la fin, il y a eu une tension concernant des choses que je ne pouvais traduire. Comme si, par ailleurs, j'étais sur le point de recevoir des messages fantastiques dont je n'ai jamais entendu parler auparavant. J'ai encore cette sensation...»*)

(*«Ces indispositions étaient sans doute causées que par une forme d'accélération vers un état inaccessible, plutôt que par un message bouleversant à dévoiler au monde... Mais à ce point-là, je me sentais vraiment malade.»*)

(*Ses commentaires concordent bien avec les difficultés de traduction de la matière que Seth mentionnait en terminant.*)

Session 821 – Le lundi 20 février 1978, à 21 h 30.

(*Après l'expédition des derniers manuscrits* James *et* Emir *chez l'éditeur, Jane trouve quelques moments de répit et se livre à la production de poésies et, à mon étonnement, elle me donne un coup de main dans mes annotations du livre* Psyché, *toujours en préparation. Jane pense se remettre à son deuxième roman,* The Education of Oversoul Seven [L'éducation de Sur-âme sept.])

(*Nous avons aussi décidé de revenir à notre ancienne routine et de tenir nos sessions les lundi et mercredi. Ceci donne plus de temps à Jane pour faire sa correspondance à la fin de la semaine. Ce changement ne perturbera pas mon propre travail. Il m'arrive de l'aider dans son courrier, mais j'y consacre moins de temps qu'elle.*)

Voici la dictée:

Vous faites, bien sûr, partie de la nature et de sa création.

Votre croissance de la petite enfance à l'âge adulte a peut-être été l'un des exploits les plus difficiles que vous ayez jamais entrepris. C'est pourtant l'étape de votre vie que vous aurez franchie avec le plus de facilité. Enfant, vous vous identifiiez à votre propre nature. Vous constatiez intuitivement que votre être était intimement lié à votre processus de croissance.

Aucun cumul de données intellectuelles, aucune accumulation de faits, aussi nombreux soient-ils, ne vous apporteraient les connaissances nécessaires pour franchir les différentes étapes de votre développement. Vous apprenez à lire, mais le fait de voir est infiniment plus impressionnant, un phénomène qui semble aller de soi. Cela se produit, je le répète, parce que vous faites partie, chacun de vous, de la nature et de son origine.

Vos religions ont toujours implicitement reconnu votre relation avec l'origine de la nature, tout en accordant rarement à celle-ci une place de choix. Elles ont habituellement perçu des choses fort valables qu'elles ont déformées par la suite, en excluant tout ce qui ne semblait pas pertinent. «Vous êtes les enfants de l'univers», voilà une phrase que l'on entend souvent... Et puis, le point central de l'**histoire**[1] du Christ ne fut pas sa mort, mais bien sa **naissance**. Et que de fois n'a-t-on pas répété que chaque personne est véritablement «enfant du père».

On retrouve de nombreux passages ajoutés tardivement dans la *Bible,* telle la parabole du figuier, qui rabaissent la nature. Le «père» du Christ était cependant le Dieu qui se souciait de l'oiseau tombé du nid, qui connaissait l'existence de chaque créature, de toute espèce et de tout genre. L'histoire du pasteur et de ses brebis se rapproche beaucoup plus de l'intention du Christ, où chaque créature prend soin des autres.

Les pairs de l'Église catholique romaine ont modifié certains documents; les épurant, selon leur vision, de tout ce qui pouvait faire allusion à des pratiques païennes ou à un culte de la nature. De son côté, votre civilisation a séparé la nature et l'esprit, de

1. J'ai souligné le mot **histoire** dans l'énoncé de Seth, tout simplement pour rappeler au lecteur que la figure du Christ «symbolise» notre idée de Dieu et de ses relations. Selon Seth, celui que nous appelons Jésus-Christ correspondait en fait à trois personnages historiques d'une même entité non physique: Jean le Baptiste, saint Paul et un homme historiquement connu comme le Christ. Aucun de ceux-ci ne fut crucifié. Leurs rôles auraient été confondus et déformés par l'histoire. Seth a décrit l'histoire du Christ en divers passages dans *The Seth Material* (*Le Livre de Seth*) et dans *Seth Speaks* (*L'Enseignement de Seth*), et il a effleuré le sujet dans chacun de ses livres suivants. (*Robert Butts*)

sorte que vos situations de vie vous placent face à ce dilemme. Alors, à des degrés divers, vous vous dissociez de votre corps et des événements de la nature. C'est donc dire que vous n'êtes pas nourris par les grands courants d'identification émotionnelle avec la nature. Vous en étudiez les mouvements comme si vous n'en faisiez pas partie.

(*Longue pause à 21 h 51*)

Dans un sens, les croyances de votre société vous laissent assez de latitude, ce qui permet à la plupart d'entre vous d'accorder à votre corps la confiance nécessaire à sa croissance jusqu'à l'état adulte. Ensuite, nombre d'entre vous ne se fient plus à leurs mécanismes vitaux. Certains traités scientifiques affirment même que l'état adulte n'a d'intérêt que pour la survie de l'espèce; passée l'étape de la procréation, la nature se trouve bien aise de vous remercier de vos services. **On dit tout simplement que c'est votre seule raison d'être**[1].

---

1. Seth se réfère ici aux idées scientifiques les plus récentes, concernant les soi-disant «gènes égoïstes», sujet dont Jane et moi parlions aujourd'hui. (Les gènes sont des unités que l'on retrouve sur les chromosomes du noyau de la cellule; ils portent des caractéristiques héréditaires et sont constitués principalement de protéines et d'acide désoxyribonucléique ou ADN.)
Des savants ont récemment publié des livres hautement appréciés, où ils prétendent montrer comment nos gènes déterminent notre comportement individuel, sans autre enjeu que leur propre survie, tout en reconnaissant que l'homme puisse faire montre de qualités subjectives, telles que l'altruisme. Jane et moi pensons que l'idée d'un tel comportement génétique égocentrique est beaucoup trop limitée, simpliste et «mécaniste», pour utiliser un autre mot à la mode chez les scientifiques. L'idée de gènes centrés sur soi sous-entend aussi un «plan» de la part de telles entités; ce qui frise dangereusement la contradiction avec certains principes fondamentaux de la science elle-même: à savoir que la vie est le produit du hasard, qu'elle se perpétue par mutations accidentelles et par des luttes pour la survie (c'est-à-dire par sélection naturelle) et que, fondamentalement, la vie n'a pas de signification.
Je parle peut-être moi-même de temps à autre de la science, discipline complexe, en termes simplistes, mais lorsqu'elle prétend connaître le fonctionnement d'une molécule d'ADN, par exemple, – la «molécule maîtresse» de la vie, comme on dit souvent –, il semble bien que la science affirme avoir résolu la totalité du mystère de l'ADN et qu'elle réduise, sans autre forme de procès, nos fonctions à de simples rapports mécanistes facilement saisissables. Mais Jane et moi maintenons que le fait de circonscrire le merveilleux fonctionnement de l'ADN devrait plutôt «accroître» notre sens de l'émerveillement et du mystère de la vie. L'ADN semble comprise dans toutes ses parties, mais les questions relatives à la vie qu'elle renferme demeurent sans réponses. Pourquoi la science voudrait-elle que nous vivions en pensant que nous sommes des créatures programmées pour la seule survie de nos gènes égoïstes? Même les biologistes (et autres scientifiques), qui insistent sur nos fondements mécanistes, le font avec **émotion**! (*Robert Butts*)

L'espèce elle-même n'aurait donc aucun autre but qu'une insouciante détermination d'exister. Les religions, quant à elles, insistent sur le fait que l'homme a un but; mais, dans leur propre confusion, elles parlent souvent comme si cet objectif devait être atteint par la négation du corps où réside sa vie, ou encore en «s'élevant au-dessus» de certaines caractéristiques terrestres «grossières et affaiblies». Dans les deux cas, la nature humaine et la nature en général sont vite expédiées.

De telles affirmations sont des mythes qui détiennent une force et un pouvoir. Dans ce sens, ils se montrent sur un jour plutôt terne. Néanmoins, c'est à la lumière de ces idées sur la réalité que vous interprétez les événements de votre vie ainsi que les faits marquants de l'histoire. Les mythes ne viennent donc pas seulement colorer votre vécu, mais vous **créez** les événements en conformité avec ces croyances.

Ceux qui «perdent» la vie lors de désastres naturels sont considérés comme des victimes de la nature. Vous trouvez leur mort absurde; cela vous confirme l'indifférence de la nature envers l'homme. Vous pouvez par ailleurs y voir la main vengeresse d'un Dieu courroucé qui, encore une fois, utilise la nature pour faire tomber l'homme à ses genoux. C'est le propre de l'homme de vivre et de mourir. La mort n'est pas un affront à la vie, elle en est la continuation; non seulement **dans votre cadre** naturel, mais dans la source même de la nature. Il est donc bien naturel de mourir.

Votre psyché, dans ses limites naturelles, perçoit intimement le grand souffle et le courant intérieur de votre vie, ainsi que la relation de celle-ci avec chacune des autres créatures vivantes. Chaque personne naît avec la connaissance intuitive de sa propre valeur et de son agencement précis et merveilleux dans le contexte de l'univers. La naissance et la mort d'un être humain se produisent avec une précision quasi parfaite. L'action délicate de votre propre nature vous permet de vous identifier intrinsèquement avec la nature dans toutes ses composantes; cette identification vous mène à une plus grande connaissance de votre propre rôle dans le principe agissant de la nature.

(*22 h 19*) Les mythes sur lesquels vous vous appuyez programment votre existence de façon telle qu'il vous arrive de nier ce que vous connaissez intérieurement. C'est ainsi que vous rencontrerez des gens qui, frappés par un désastre naturel, déclareront n'avoir aucune idée de la raison de leur engagement dans cette fâcheuse aventure. Ils ignoreront ou même nieront leurs sensations intérieures, qui seules pourraient les guider dans la compréhension de cet événement de leur vie. Les raisons d'un tel engagement sont innombrables, mais toutes valides. Dans tous les cas, l'homme et la nature en arrivent à un engagement plein de signification, autant par ses conséquences globales que par ses effets sur la vie intime des gens en cause. De par vos mythes, vous avez créé des cloisonnements qui rendent difficile, mais combien nécessaire, ce genre d'explications. Par exemple, vous considérez la pluie ou les tremblements de terre comme des événements naturels, alors que vous ne parlez pas dans les mêmes termes des pensées ou des émotions. C'est pourquoi il vous est malaisé de trouver un lien valable, disons, entre les états émotionnels et les phénomènes physiques.

Vous dites: «C'est évident que le temps influence mon moral», mais peu de gens affirment que leurs humeurs ont quelque effet sur le climat. Vous vous êtes tellement rivés sur la catégorisation, la délimitation et l'exploration du monde objectif, qu'il vous semble être «le seul monde réel» possible. Il vous semble que le monde exerce sur vous une force, une pression, et qu'il se heurte à vous, ou tout au moins qu'il impose sa présence; ce qui vous laisse parfois une impression d'impuissance. Vos mythes ont accordé une grande puissance à l'**extériorité** des choses.

(*Avec une ironie contenue*) Exaspérés, certains parmi vous trouvent la nature bonne et patiente, remplie d'innocence et de joie, alors que les humains seraient perçus comme une race bâtarde, une sorte de fléau infestant la surface de la terre. Tout ce que l'homme touche serait voué à l'échec, quelque bonnes et déterminées que soient ses intentions. Vous ne vous fiez donc pas non plus à la nature de l'homme.

Ce mythe attribue une grande valeur au processus global de la nature, mais il considère néanmoins l'individu comme l'infâme dans un récit par ailleurs édifiant. S'il s'identifiait véritablement à la nature, l'homme pourrait entrevoir sa place dans le contexte de sa planète et il se rendrait compte des réalisations qu'il a accomplies presque à son insu.

(*Pause entre 22 h 40 et 22 h 51*)

Je reviendrai un peu plus loin sur ces performances. Pour le moment, je voudrais m'attarder à certaines autres questions concernant l'homme et sa relation avec les désastres naturels ou avec les épidémies de toute sorte; circonstances qui, par définition, impliquent un grand nombre de personnes.

Vous formez votre propre réalité. Si vous êtes fatigué de me voir appuyer sur ce point, c'est que je souhaite vous faire comprendre, par la répétition, que cet énoncé s'applique aux plus petits comme aux plus grands événements de votre vie.

Certaines personnes croient devoir être punies; elles recherchent donc des circonstances malencontreuses. Elles attirent les incidents qui, les uns après les autres, leur apporteront le châtiment voulu. Elles peuvent rechercher des régions du pays où les désastres naturels sont fréquents ou, par leur propre comportement, provoquer de la part d'autres personnes des réactions plutôt explosives. Il arrive souvent que des gens se servent des désastres à leur propre avantage, comme d'une force extérieure qui les amène à voir clair dans leur vie.

Certains peuvent jouer avec la mort et choisir un affrontement tragique avec les éléments de la nature comme dernier épisode de leur vie. D'autres, par ailleurs, changeront d'idée à la dernière minute.

Ceux qui sont engagés dans de tels cataclysmes – les survivants j'entends – utilisent souvent ces situations «débordant-la-vie» dans le but de participer à un mouvement d'une plus grande portée que les actes banals de leur existence antérieure. Ils sont à la poursuite de sensations fortes, quelles qu'en soient les conséquences. Selon leur degré d'engagement, ils passent à l'histoire. Pour une fois, leur vie personnelle s'est identifiée à une plus grande source et bon nombre d'entre eux en tirent une force et une vitalité nouvelles. On laisse alors tomber les barrières sociales et on oublie les différences économiques. On laisse une plus grande place aux courants émotionnels individuels.

Dans une certaine mesure, les désirs et les émotions de l'homme se confondent avec les conditions physiques de la nature. C'est ainsi que les tempêtes ou les désastres sont autant le résultat de l'activité psychologique que des conditions climatiques.

Objectivement, les tempêtes, les tremblements de terre, les inondations, et cætera sont, malgré les apparences, absolument nécessaires à l'équilibre terrestre. Ces phénomènes servent les fins de l'homme tout autant que celles de la nature, quoique, en général, les mythes entretenus par l'homme lui masquent ces interactions. Lorsque la maladie frappe une personne, elle pourra toujours en retracer les signes dans ses pensées et émotions; pourtant, la plupart des gens ignorent ces données. Ils censurent leurs propres pensées. De nombreuses personnes sont donc volontairement la «proie» d'un type ou l'autre d'épidémie, bien qu'elles puissent nier vigoureusement ce fait.

Je parle ici particulièrement des épidémies qui ne sont pas mortelles, mais qui comportent certains dangers. À votre époque, vous le constatez bien, les hôpitaux sont des institutions importantes dans vos communautés. Elles offrent un service à la fois social et médical. Il arrive que les gens soient tout simplement esseulés ou exténués par le travail; d'autres se rebellent contre les idées de compétition qui prévalent dans votre société; alors les épidémies de grippe deviennent des raisons sociales pour prendre un repos nécessaire. Ces épidémies servent également de mécanisme pour sauver la face de ceux qui utilisent ce subterfuge pour se cacher à **eux-mêmes** leurs difficultés intérieures. Dans un sens, les épidémies nouent les relations; elles fournissent des points de rencontre à des personnes de toute provenance. Elles offrent un motif acceptable de maladie, où il est permis aux gens de se reposer ou de s'allouer un temps d'auto-examen indispensable, mais qu'ils ne se sentiraient pas autorisés à prendre en d'autres moments.

(*Longue pause à 23 h 21*)

Je n'entends pas vous fournir des raisons pour accuser ceux qui souffrent de ces maux, mais je veux seulement appuyer sur certaines raisons d'un tel comportement. Si vous n'avez pas confiance en votre nature, vous interpréterez alors toute maladie ou indisposition comme un assaut à votre santé. Votre corps reflète fidèlement votre réalité psychologique intérieure. Selon la nature même des émotions, vous expérimenterez, au cours d'une vie, la gamme complète des sentiments. Votre état subjectif fluctue. Parfois, il vous vient des idées sombres et déprimantes qui provoquent chez vous un changement de rythme revitalisant; elles amènent des périodes de réflexion et favorisent le calme nécessaire au repos corporel.

Il arrive que des craintes, même irrationnelles, servent à réveiller le corps d'une trop grande léthargie ou à secouer un état d'apathie psychologique ou physique dans lequel vous étiez encroûté. Si vous vous fiez à votre nature, vous vous fierez également à de tels sentiments. En suivant leurs propres rythmes et directions, ils se transformeront.

Normalement, même les maladies servent à la santé du corps, car elles signalent les ajustements nécessaires, selon les besoins subjectifs de la personne. Les maladies font partie de l'action, dans ce jeu entre le corps et la pensée ou l'esprit.

La plupart de mes lecteurs ont été affectés par l'une ou l'autre de ces maladies que l'on considère généralement comme dangereuses, et cela sans jamais s'en rendre compte, tout simplement parce que le corps s'est guéri lui-même naturellement. Le mal ne fut pas étiqueté. On ne l'a pas reconnu comme maladie. Ni soucis ni craintes ne furent soulevés. Pourtant, la maladie est apparue et s'est dissipée.

Dans ces cas, le corps a déclenché un processus naturel de guérison, mais on lui en attribue rarement le mérite. Cependant, ces guérisons ne sont pas toutes attribuables à des changements corporels, car un rétablissement physique peut tout aussi bien se produire grâce à des événements qui semblent totalement dissociés de l'affection en cause.

Chaque être humain est en contact direct avec la source même de son existence. Il est donc conscient qu'une aide est disponible en chaque situation et il sait que l'information dont il a besoin ne lui vient pas forcément par l'intermédiaire des seuls sens. Certains maux sont donc apaisés par des méthodes fort naturelles qui ne comportent pas seulement des mécanismes physiques de guérison, mais qui mettent en branle d'autres événements; événements ayant une grande influence sur les éléments psychologiques qui jouent derrière la scène. Pour comprendre ces interactions, nous nous tournerons vers le niveau 2.

Fin de la session.

(*«Très bon texte.»*)

Merci. Je vous souhaite une bonne nuit.

(*«Bonne nuit, Seth.»*)

(*23 h 47. Le débit de Jane avait ralenti vers la fin de la séance.*)

Session 822 – Le mercredi 22 février 1978, à 21 h 27.

Bonsoir.

(*«Bonsoir, Seth.»*)

Dictée. Ainsi, le **niveau 2** est le véhicule de votre monde. C'est cette réalité psychologique plus vaste où réside votre propre vie subjective.

Certaines personnes à travers l'histoire ont entrevu cette sphère et lui ont même donné des noms. Lorsque vous visitez un pays étranger, vous avez cette tendance bien naturelle de décrire la nation entière en fonction du petit patelin que vous avez visité, bien que d'autres parties de ce pays peuvent être fort différentes du point de vue géographique, culturel et climatique.

Ceux qui, dans une certaine mesure, ont perçu le **niveau 2** l'ont alors décrit selon la brève vision qu'ils en ont eu, tenant pour acquis que «**la partie représentait un échantillon valable du tout**». Platon l'a conçue comme le monde des idéaux, y voyant le modèle parfait de chaque phénomène imparfait.

Il concevait ce royaume comme éternel et immuable, un composé parfait mais figé qui, d'une part, devait inspirer les hommes vers un idéal et qui, d'autre part, était toujours là comme un reproche devant l'échec, puisque leurs réalisations faisaient forcément piètre figure face au modèle. Platon voyait donc le **niveau 2** comme ce modèle splendide et absolu, d'où émanaient toutes les œuvres de l'homme. L'homme lui-même, selon cette conception, ne pouvait changer un seul *iota* de ce monde parfait. Il pouvait par contre s'en servir comme source d'inspiration.

Certaines religions anciennes y voyaient le siège des dieux et elles considéraient que l'esprit de chaque être vivant existait principalement dans cette sphère invisible de réalité. De sorte que le **niveau 2** a toujours été représenté, d'une manière ou d'une autre, comme une source de votre **univers**. Le christianisme y voyait le ciel, habité par Dieu le Père, Ses anges, les saints et tous les justes décédés.

À une certaine époque, les savants ont avancé la théorie de l'éther, ce milieu subtil qui imprégnait l'univers physique[1]. Le **niveau 2** constitue cet environnement psychologique où baigne la conscience de l'univers. Le mot *ego* est un terme passablement galvaudé; il a mauvaise presse dans plusieurs milieux. Ce terme, tel que je l'emploie, veut exprimer la partie directrice consciente de ce que vous êtes; ce que je considère comme une excellente définition, puisqu'elle est de moi (*amusé*). Il est orienté vers le monde physique. Par contre, il saisit certaines de vos activités «inconscientes». C'est le «moi» avec lequel vous vous identifiez, il a donc connaissance de vos rêves, par exemple, tout autant que vous, et il est très **conscient** que son existence repose sur une compréhension plus vaste que la sienne.

Tout comme vous avez un *ego* pleinement conscient et dirigé vers le monde physique, vous possédez aussi ce que j'appelle un *ego* intérieur, dirigé vers la réalité intérieure. En d'autres termes, une portion de vous-même est totalement consciente au **niveau 2**. L'*ego*, axé sur le monde extérieur – votre **niveau 1** – n'est équipé que pour faire face à cet environnement. Il fonctionne selon la règle de cause à effet, et par étapes successives. Il transige avec la réalité objective. Il peut développer ses capacités et devenir beaucoup plus conscient des événements intérieurs qu'on pourrait se l'imaginer, mais son champ d'action principal

---

1. Jane m'a surpris. Je savais bien qu'elle avait une idée générale de cette vieille théorie de l'éther (ou éther luminescent), mais elle ne la connaissait pas au point de pouvoir en verbaliser le contenu d'une façon aussi succincte. Il se peut que nous en ayons déjà discuté...
L'idée de l'éther remonte à la Grèce antique. Durant les dernières décennies du XIXe siècle, et dans la veine de la physique newtonienne, l'éther était considéré comme une substance invisible, sans saveur et sans odeur, qui pénétrait tout espace inoccupé, servant d'intermédiaire au passage d'ondes électromagnétiques lumineuses ou autres formes d'énergie radiante, comme la chaleur, tout comme la terre elle-même sert d'agent de transmission des vibrations sismiques.
À la toute fin du siècle dernier, des expériences très ingénieuses n'ont pu démontrer scientifiquement l'existence de l'éther, mais on rejeta définitivement cette hypothèse avec la publication, en 1905, de la théorie de la relativité d'Albert Einstein.
Je pense que l'idée de l'éther est un excellent exemple de la tentative de l'homme de transposer ou de visualiser, en termes physiques, cette connaissance innée qu'il a du **niveau 2**. (*Robert Butts*)

demeure le monde des effets, il est là pour affronter les événements.

L'*ego* intérieur est pleinement conscient. C'est la partie de vous qui est affectée à la formation des événements et qui se plaît dans cette activité créatrice, pour le moins exubérante, que vos caractéristiques spatio-temporelles vous empêchent de saisir. Le soi-disant inconscient – et je l'ai déjà dit auparavant[1] – est fort conscient, mais dans un autre royaume d'activités. Pour faire le lien entre ces deux parties du moi, il doit y avoir une chambre psychologique, une zone apparemment non différenciée où s'effectuent les traductions bidirectionnelles. Les périodes de rêve fournissent pour leur part une occasion d'échange, les deux *egos* s'y contactant et se fusionnant jusqu'à un certain point, comparant leurs notes; un peu comme des étrangers qui, se rencontrant la nuit dans un train, découvrent tout ébahis, après une courte conversation, qu'ils sont proches parents. Tous deux poursuivent le même itinéraire, même si, semble-t-il, ils voyagent seuls.

(22 h 14) Pour préciser notre pensée, c'est dans cette aire de transition non différenciée, pleine de mouvement, que se font les traductions psychologiques nécessaires, jusqu'à ce qu'en rêve, il y ait rapprochement. On assiste à une forme d'union des deux *egos;* ce qui explique parfois, lors d'un réveil momentané, une sensation d'exubérance, comme si vous veniez de rencontrer en rêve un vieil ami que vous estimez beaucoup.

Les habitants de votre planète se concentrent sur des activités physiques et transigent, pour ainsi dire, avec des «produits finis», en termes habituels tout au moins. Vos «*egos* intérieurs», pour leur part, peuplent le niveau 2. Ils s'emploient à la création des événements que vous connaissez. Le niveau 2 n'est aucunement soumis aux postulats de votre réalité physique, car il répond à des «règles» tout à fait différentes. Cette sphère englobe donc les «*egos* intérieurs» de toutes les personnes qui vivent ou qui vivront jamais sur terre.

---

1. Voir le tome II de *Unknown Reality* (*La Réalité inconnue*) qui contient des extraits d'une session que Seth a consacrée au moi intérieur conscient. (*Robert Butts*)

Je parle ici de cette sphère dans ses fonctions qui concernent votre monde, et non dans ses relations avec d'autres réalités. Ruburt, selon sa propre perception, l'a déjà décrite (*dans Psychic Politics*) comme la dimension héroïque. Il voyait très justement ce jeu entre les deux niveaux, c'est-à-dire votre contexte habituel ou le **niveau 1** et cette réalité plus englobante dont nous venons de parler. Ruburt ne comprenait cependant pas complètement toutes les ramifications créatrices de ces échanges, car il n'avait pas encore saisi que le premier travail concernant votre réalité était assumé par vous-même dans cette plus grande dimension de votre existence.

Vous possédez de nombreuses données consignées dans des livres et archivées; des connaissances qui ont été glanées au cours des âges, venant de la tradition orale, et qui maintenant sont aussi transmises par la télévision. Vous utilisez également les ordinateurs pour vous aider à traiter les données; c'est ainsi que vous avez accès, plus ou moins directement, à la connaissance «physique». C'est un savoir que vous avez acquis par les sens. Par une accumulation de faits dans un champ particulier et par un traitement approprié, l'homme peut avoir systématisé ses connaissances. Vos sens vous apportent chaque instant des renseignements; ceux-ci, **d'une certaine manière**, sont déjà filtrés conformément à vos croyances, vos désirs et vos intentions.

Vous ignorerez, par exemple, certains stimuli qu'une autre personne saisira immédiatement. Même dans votre propre monde, vos intérêts et vos désirs sont des mécanismes organisateurs qui écartent certaines données. L'information disponible au **niveau 2, en ce qui vous concerne**, est infinie.

(*Longue pause à 22 h 28*) En tant que source de votre univers, cette sphère contient toute la connaissance physiquement accessible et plus encore... Je m'en voudrais de comparer l'*ego* intérieur à un ordinateur, car ce dernier n'est ni créateur ni vivant. Vous croyez bien entendu que la vie telle que vous la connaissez est la VIE, avec un grand «V». Pourtant, elle n'est que la manifestation de ce qui, dans vos termes, pourrait être qualifié de «la plus grande vie» de laquelle surgit votre vie. Je ne veux pas rabaisser votre réalité en la comparant avec cette autre existence «mère», car votre propre monde possède, comme tous les autres, quelque chose d'unique, une originalité qui n'existe nulle part ailleurs; car aucune existence, aucun monde, n'est **semblable** à aucun autre.

L'*ego* intérieur est une portion du soi, il est cette partie de vous-même qui a connaissance de vos activités touchant à la réincarnation. C'est la partie de vous qui existe hors du temps, encore que vivant simultanément dans le temps. Vous formez votre propre réalité. L'*ego* dont vous êtes conscient ne pourrait certes pas former pour vous votre corps ou faire croître ses os. Il sait, cependant, évaluer les conditions de votre monde. Il fait également des déductions. Votre raisonnement s'avère grandement important; pourtant, à lui seul, il ne peut faire circuler votre sang, ni enseigner à vos yeux comment voir.

C'est l'*ego* intérieur qui met en œuvre ce qui est requis pour que se produisent les événements de votre choix. En termes très simples, si vous voulez prendre un livre, par exemple, et que vous le faites, vous serez bien conscient de cet événement, tout en étant, par ailleurs, parfaitement ignorant des étapes internes qui ont amené ce mouvement. L'*ego* intérieur dirige ce genre d'activités.

Si vous voulez changer d'emploi et maintenez ce projet, une nouvelle occasion se présentera à vous exactement de la même manière. Pour ce faire, l'*ego* intérieur organisera les conditions internes en conséquence. Un mouvement corporel requiert la mise en action de nombreux muscles, jointures et autres éléments. Ainsi, un changement de travail suppose le déplacement de plusieurs personnes et nécessite une mise en communication de tous les «*egos*» intérieurs intéressés. Il est donc manifeste qu'une multitude d'événements physiques présuppose un système intérieur de communication d'une envergure à confondre vos propres techniques de communication.

(*Pause de 22 h 47 à 23 h 02*)

Vous pouvez alors, encore une fois, contracter une maladie et recouvrer la santé, sans jamais le savoir; être guéri par une série d'événements qui, apparemment, n'ont rien à voir avec la maladie elle-même. Au niveau 2, l'*ego* intérieur connaît à la fois le pourquoi de la maladie et le motif de sa guérison et fait surgir les situations précises nécessaires à votre remise en équilibre. De telles étapes se produisent automatiquement, lorsque rien de votre côte ne vient entraver le rétablissement.

La communication entre l'*ego* intérieur et l'*ego* extérieur devrait être évidemment la plus limpide et la plus ouverte possible. En général, l'*ego* intérieur se fie à votre évaluation des événements physiques. Votre appréciation de la situation physique, vos croyances et vos désirs à son égard, conditionnent fortement votre vie dans vos engagements personnels, ainsi que votre participation dans les événements collectifs. En voici un simple exemple: si vous voulez écrire une lettre, vous le faites. Il n'existe aucun conflit entre vos désirs, vos croyances et l'exécution de l'acte, de sorte qu'il se déroule harmonieusement. Si, pour une raison ou pour une autre, par une mauvaise évaluation de votre réalité, vous croyez que cette entreprise est dangereuse, vous venez gêner l'exécution de ce désir. Le flux créateur initié par l'*ego* intérieur sera inhibé.

Fin de la dictée. Un moment s'il vous plaît...

(*23 h 13. La session prit fin avec quelques remarques de Seth à l'égard de Jane et d'un ami en visite. Il était 23 h 42.*)

Session 823 – Le lundi 27 février 1978, à 21 h 43.

(*Depuis peu, je suis dans une impasse au sujet de mes notes pour l'introduction et l'épilogue du tome II de* Réalité inconnue, *amassées depuis la fin du tome I, en septembre 1976. Il y a maintenant quatre ans que je suis engagé dans cette œuvre...*[1] *Pendant ce temps, j'ai eu aussi de nombreuses activités; mais les travaux en rapport avec ces deux livres me demandent une intense concentration; cette même concentration que je recherche d'ailleurs dans ma vie artistique, sans laquelle je me sens incomplet. Jane me comprend trop bien, puisque sa propre attitude en cela s'apparente beaucoup à la mienne.*)

Bonsoir.

(*«Bonsoir, Seth.»*)

Le mythe principal, dont vous vous servez pour interpréter votre expérience, vous dit que toute perception et toute connaissance doit vous venir de vos sens physiques.

C'est le mythe de la conscience extériorisée; une conscience que l'on qualifie d'ouverte, mais ouverte seulement en ce qui a trait à la réalité objective. Elle semble bien fermée «à l'autre bout», le côté de votre origine.

---

1. Le grand intérêt que Jane manifeste ainsi que l'aide très efficace qu'elle m'apporte dans ses ouvrages en cours (*Psyche* et *Unknown Reality*) me surprend agréablement. Ce travail donne à Jane l'occasion de goûter les défis que comporte la rédaction des livres qu'elle dicte si allégrement; c'est le revers de la médaille, le point de vue du scribe qui œuvre dans l'ombre... (*Robert Butts*)

La conscience que préconise ce mythe pourrait en fait avoir été tirée du néant, car il n'accepte aucune conscience qui ne soit pas «physiquement orientée» ou mécaniste. Non seulement est-il impossible à cette conscience d'exister avant ou après la mort, mais elle ne peut évidemment pas avoir accès à une connaissance qui ne serait pas acquise physiquement. C'est précisément ce mythe qui bloque votre compréhension et vous dissocie de l'essence même de ces événements qui vous concernent. Le fait que votre engagement dans des événements collectifs vous semble incompréhensible est également un résultat de ce mythe.

Certaines de ces situations paraissent n'avoir aucune raison d'être, tout simplement parce que, d'une manière générale, on méconnaît complètement les systèmes intérieurs fort complexes de communication de la conscience.

Comme j'ai affaire en majorité à un public de culture occidentale, j'utilise les termes les plus susceptibles de faire comprendre les concepts que j'avance. Le terme d'*ego* intérieur (se reporter à la dernière session) est tout à fait approprié au but que je poursuis. Permettez-moi de vous répéter que «l'inconscient» est en fait conscient et, j'insiste, il est pourvu d'un raisonnement rationnel. Les procédés de l'*ego* intérieur ne sont pas chaotiques. Non seulement il possède les caractéristiques de l'*ego* que vous connaissez, mais il démontre une plus grande capacité d'adaptation au changement et une plus grande intelligence.

Il devient donc évident que les niveaux 1 et 2 ne représentent pas seulement différentes réalités, au sens habituel du terme, mais deux espèces de conscience. Pour ne pas compliquer cet exposé, pensez à ces deux sphères ou états de conscience comme reliées par des «aires indifférenciées» où prennent place les activités du sommeil, des rêves et de certains états dissociés. Ces zones indifférenciées sont le siège de continuelles traductions d'une forme de conscience à une autre et le lieu des transferts d'énergie. Vous faites un traitement continuel des données de votre vie privée, y compris l'information des bulletins de nouvelles du monde entier et autres signaux.

L'*ego* intérieur, je le répète, a accès à un plus grand éventail de connaissances. Non seulement est-il comme vous au courant de sa situation personnelle, mais il est familier avec les événements de masse de sa propre réalité. Il est aussi intimement engagé dans la création de votre expérience individuelle.

J'ai bien dit que l'*ego* intérieur raisonnait, mais il faut bien comprendre que son raisonnement n'est pas contraint dans les limites de «cause à effet» de votre logique. L'action de l'*ego* intérieur, dans cette sphère plus étendue du **niveau 2**, fournit une explication à certains événements ou soi-disant coïncidences qui, dans votre monde, semblent n'avoir aucun sens. Diverses réalités du **niveau 2** ne peuvent convenablement être représentées sous les décors du **niveau 1**, tout simplement parce qu'elles comportent une sorte d'**épaisseur** psychologique non transposable en faits concrets, tels que vous les saisissez. Ces réalités apparaissent donc souvent dans le langage symbolique de l'art. Par ailleurs, bon nombre de vos rêves sont des traductions figurées d'événements du **niveau 2**.

Donnons-nous quelques instants...

(*22 h 14, pause d'une minute*)

Chaque jour, les événements de votre vie s'agencent dans le scénario plus global des actes du monde, théâtre de leur apparition. Chaque nuit, les événements intimes de votre vie de rêve existent dans le plus grand contexte du monde des rêves, où ils jouissent de leur existence propre.

Votre conscience, telle qu'elle est décrite généralement par la psychologie, se présente d'une façon étrange comme la pelure étincelante d'un fruit, mais sans pulpe à l'intérieur; une conscience à la surface brillante, sensible au soleil, à la pluie, au climat et à son environnement naturel; mais un fruit psychologique n'ayant pas pour autant de chair et de pépins, et dont le cœur est vide. Dans ces termes, vous n'expérimentez qu'une moitié de votre conscience: la partie «physiquement appariée». Les arbres fruitiers ont des racines, mais vous ne permettez aucun enracinement à cette conscience.

Jung[1] a tenté, avec son inconscient collectif, de rendre à votre monde ses racines psychologiques, mais il ne pouvait pas percevoir avec clarté l'organisation et le contexte plus profond dans lequel cet inconscient collectif avait sa propre existence. La réa-

1. Le tome II de *Unknown Reality* (*La Réalité inconnue*) contient un certain nombre de références à Carl Jung, ce psychologue et psychiatre suisse, qui vécut de 1875 à 1961. (*Robert Butts*)

lité du niveau 2 est agencée d'une manière différente de celle du niveau 1 et ses processus de raisonnement sont beaucoup plus rapides. Dans votre sphère physique, vous fonctionnez par déduction, et dans votre logique, vous devez continuellement comparer vos conclusions avec l'expérience soi-disant concrète des événements physiques. La logique de l'*ego* intérieur est cependant mise à contribution dans l'invention créative des expériences que vous vivez. Il traite des événements sous un autre angle, car il joue avec les probabilités.

(*Longue pause*) Chacun de vous dicte à son *ego* intérieur, selon ses croyances et ses intentions, lequel, parmi une infinité d'événements probables, il veut vivre. Et c'est en rêve que les événements des deux niveaux sont organisés. Il faut saisir que l'état de rêve est en soi une réalité d'interliaison, fournissant un milieu favorable à l'échange entre les deux sphères de réalité.

Je voudrais appuyer ici sur le fait que toutes les espèces de plantes et d'animaux «rêvent», jusqu'à un certain degré. Ceci s'applique également à «l'activité psychologique» des atomes et des molécules et de toute autre «particule»[1].

---

1. Lorsque Seth a mentionné «l'activité psychologique» des atomes et des molécules, j'étais intuitivement conscient de la relation entre cette affirmation et deux principes de la physique moderne: celui de l'**incertitude** et celui de la **complémentarité**.
Le principe de l'incertitude ou de l'indétermination (mis de l'avant par Heisenberg en 1927, et partie de la théorie des quanta, soit la mécanique quantique), met des limites à la précision dans l'évaluation du mouvement et de la position des atomes, ainsi que des particules élémentaires. Plus important encore ce principe soutient qu'il y a une interaction entre l'observateur (et ses instruments) et l'objet ou la qualité qu'il mesure.
Le principe de complémentarité (proposé par Bohr en 1928) – mis en lumière par deux expériences contradictoires – vient résoudre le paradoxe apparent et montre comment, par exemple, la lumière peut être considérée comme émanant d'ondes ou de particules. Les expériences et les conclusions sont bonnes et mutuellement exclusives; le résultat obtenu, quel qu'il soit, est causé par la nature de l'expérience en question.
Je doute que les physiciens, en 1920, se soient préoccupés de l'activité psychologique des atomes, des molécules ou des particules. Cependant, Heisenberg se rapprochait, semble-t-il, des idées de Seth lorsqu'il envisageait le libre comportement d'un électron émis par un rayon de lumière. Albert Einstein, dont les travaux se basaient sur la causalité, considérait qu'une notion comme la libre volonté d'un électron était insoutenable, même s'il avait, beaucoup plus tôt (en 1905), posé les fondements de la mécanique quantique, dans sa théorie bien particulière de la relativité.
Jane est très peu familière avec ces deux principes, quoique leur idée globale la fascine. La connaissance qu'elle a de ces travaux scientifiques sont donc du même ordre que celle qu'elle possède sur l'éther. Voir la note de la page 118 de la session 822. (*Robert Butts*)

(*22 h 40*) Il existe une activité d'intensité variable, interne à chaque être ou particule, mobilisée en une force coopérative nécessaire à l'éclosion de votre réalité. Cette activité prend cependant une autre coloration quand au contraire elle se porte vers la réalité intérieure.

Vous possédez donc un système de communication par lequel les cellules de tous les êtres vivants sont reliées. Dans ce sens, il existe une continuité de conscience.

(*Pause de 22 h 45 à 23 h 01*)

Afin de comprendre le lien entre les événements de votre vie personnelle et les autres événements, vous devez vous familiariser avec le milieu dans lequel ils sont formés.

Ainsi, quelle est la part de la chance dans votre vie? Est-ce par chance que, par exemple, vous arrivez trop tard pour prendre l'avion, dont vous apprenez l'écrasement par la suite? Peut-être votre retard a-t-il été causé par la «rencontre fortuite» d'un ami au dernier moment, à la perte de votre billet ou encore par un retard dû à un bouchon de la circulation qui, apparemment, n'avait aucun rapport avec vous.

Il se peut que vous ayez été engagés dans un désastre naturel, ou que vous l'ayez évité, semble-t-il, par hasard. Pourtant, tout ce qui vous paraît provenir de la chance ou arriver par pure coïncidence est le résultat d'une organisation et de communications étonnantes, mises en branle dans la réalité psychologique du niveau 2. Vous formez votre réalité, mais comment? Et de quelle façon les expériences personnelles se rejoignent-elles pour former les événements mondiaux? Avant d'approfondir ces questions, nous devons regarder la nature du niveau 2.

Ceci ne sera pas un simple examen intellectuel, car l'intention elle-même d'explorer cette sphère de réalité favorisera en vos vies l'émergence de signes et d'indices de votre propre participation à son processus créateur.

Fin du chapitre.

Chapitre 4

LES CARACTÉRISTIQUES DU NIVEAU 2; UNE ANALYSE CRÉATRICE DE LA SOURCE DES ÉVÉNEMENTS ET DU MILIEU OÙ RÉSIDE LA CONSCIENCE PHYSIQUEMENT ORIENTÉE

Session 823 (suite)

(*23 h 13*) Le prochain chapitre s'intitulera: «Les caractéristiques du niveau 2. Une analyse créatrice de la source des événements et du milieu où réside la conscience physiquement orientée».

Aucun rapprochement accidentel des seuls éléments physiques ne pourrait faire éveiller la conscience, ni mettre en place les conditions qui rendraient possible l'éclosion de celle-ci.

Si vous pensez que votre monde, avec toutes ses splendeurs naturelles, est le fruit du hasard – à la suite d'un accident d'envergure cosmique – il vous apparaîtra alors sans grande signification. Sa vitalité semblera n'avoir aucune source hors de lui-même. Le mythe de la grande rencontre accidentelle, à l'origine de la vie sur votre planète, présuppose que la conscience individuelle est le fruit du hasard.

Il serait étonnant qu'une telle conscience remplie de vitalité puisse se croire le produit d'éléments inertes qui, on ne sait trop comment, se seraient combinés pour que votre espèce atteigne le stade imaginatif et logique. Il serait étonnant que cette conscience parvienne à un grand pouvoir organisationnel et technologique et puisse construire ses civilisations. Vos mythes vous disent que la nature elle-même n'a d'autre intention que la survie. Elle se préoccupe peu de la personne, sauf en ce qui a trait à la procréation. La nature apparaît donc impersonnelle dans son fonctionnement, même si, de toute évidence, elle n'est constituée que d'individus.

La nature n'a, en effet, aucune signification sans les plantes, les animaux, les personnes et même les cellules et les virus pris individuellement. Votre univers physique a donc une origine non physique et il est toujours immergé dans cette réalité spirituelle. De la même manière, votre conscience individuelle possède une source dans laquelle **elle baigne** continuellement.

(*23 h 35*) Le **niveau 2** représente la sphère ou les dimensions intérieures de l'existence qui confèrent à votre monde ses caractéristiques particulières. L'énergie, la puissance qui vous garde en vie et alimente vos pensées – tout autant que l'énergie qui illumine vos cités – tire son origine du **niveau 2**. Cette même énergie qui se transforme pour vous permettre de regarder un programme de télévision vous permet d'expérimenter les événements journaliers de votre vie.

Fin de la session.

(*Je me suis arrêté, fatigué. «Je ne sais que dire....»*)

Je vous conseillerais tous les deux de penser au **niveau 2** et de l'utiliser avec un peu plus de confiance. Soyez à l'affût de ces «coïncidences» qui se présentent régulièrement dans votre quotidien.

Je vous souhaite une bonne nuit.

(*«Grand merci, Seth.»*)

(*Il était 23 h 42.*)

Session 824 – Le mercredi 1er mars 1978, à 21 h 40.

(*Jane et moi avons discuté en début de soirée de la théorie de l'évolution.*)

Bonsoir.

(*«Bonsoir, Seth.»*)

Attardons-nous maintenant sur un autre type de mythe, en lien celui-là avec la création de l'univers et avec la formation des événements publics tout autant que privés.

Ce soir, pendant un agréable repas, Ruburt et Joseph ont regardé une adaptation télévisée de *Cendrillon*. Selon la définition que j'ai donnée précédemment, ce conte **est un mythe**. Un tel conte pour enfants semblera n'avoir aucune relation avec toute discussion d'adultes concernant des choses aussi profondes que la création du monde. Et l'on ne voudra certainement pas reconnaître que d'une source aussi peu rationnelle puisse ressortir quelques données scientifiques valables sur la nature des événements.

Tout d'abord, l'histoire de *Cendrillon* a une fin heureuse, il n'est donc pas réaliste (*avec une pointe d'ironie*) au dire de nombreux éducateurs, puisqu'il ne prépare pas convenablement les enfants aux inévitables déceptions de la vie. Les marraines fées sont indubitablement le fruit de l'imagination du conteur d'histoires, et beaucoup d'adultes sérieux et consciencieux vous diront que les rêvasseries ou les souhaits ne mènent nulle part.

Pourtant, dans cette histoire, Cendrillon, l'héroïne du conte, pauvre et de basse condition, réussit à combler un souhait de toute évidence impossible à réaliser. Son désir d'assister à un bal spectaculaire et de rencontrer le prince déclenche une série d'événements magiques, défiant toutes les règles de la logique.

Sa marraine fée, apparaissant soudain, transforme en un tournemain des objets courants: d'une citrouille elle fait un carrosse et autres métamorphoses du même genre.

Le conte a toujours attiré les enfants, car ils en reconnaissent la validité intrinsèque[1]. La marraine fée est la personnification d'éléments créateurs du **niveau 2**; celle de l'*ego* intérieur qui vient accorder au moi mortel ce qu'il désire, même si ses aspirations ne semblent pas correspondre au cadre de la vie normale. Avec une telle réponse de l'*ego* intérieur, même les circonstances ordinaires se chargent d'une nouvelle vitalité et semblent «travailler» au service de la personne concernée. Si vous lisez ce livre, vous êtes déjà trop âgé pour vous rappeler clairement les imaginations fantaisistes de votre tendre enfance. Les enfants savent cependant très bien, et naturellement, qu'ils ont une gran-

1. Jane et moi avons regardé une adaptation occidentale du conte *Cendrillon*. Nous avons appris que ce conte avait une influence prolongée et qu'il était plus répandu que nous le supposions. Ainsi, l'histoire de *Cendrillon* remonte à la Chine du IXe siècle et se retrouve dans des centaines de versions différentes à travers le monde. (*Robert Butts*)

de part de responsabilité dans la création des événements qui leur arrivent.

Ils font de nombreuses expériences, en secret, puisque leurs aînés cherchent parallèlement à les conditionner à une réalité concrète déjà plus ou moins normalisée pour eux.

Les enfants expérimentent la création d'événements joyeux mais aussi de situations éprouvantes, afin d'évaluer **la maîtrise qu'ils peuvent avoir sur leur vie.** Ils imaginent des circonstances joyeuses et des expériences terrifiantes. Ils sont fascinés par les effets que leurs pensées, leurs sentiments et leurs intentions peuvent avoir sur les événements journaliers. C'est un processus naturel d'apprentissage. S'ils peuvent créer des «croquemitaines», ils peuvent aussi bien les faire disparaître. Si par leurs pensées, ils peuvent tomber malades, alors il n'y a vraiment aucune raison de craindre la maladie, car elle provient de leur propre création. Ce mode naturel d'apprentissage est cependant étouffé dès son éclosion. Adulte, il semble bien que vous soyez un être subjectif plongé dans un univers objectif, à la merci des autres, sans une véritable maîtrise des événements de votre propre vie[1].

(*22 h 02*) Le conte *Cendrillon* est devenu une fantaisie, une illusion ou même, en termes freudiens, une histoire de l'éveil sexuel. Les déboires que vous avez connus vous font voir ce conte en contradiction directe avec les réalités de la vie. À un degré ou l'autre, l'enfant en vous se souvient d'un pouvoir presque maîtrisé, puis volatilisé semble-t-il, et de cette dimension de l'existence où les rêves devenaient littéralement réalité. Bien plus, l'enfant en vous comprenait l'existence de sa plus grande réalité en une sphère complètement différente, de laquelle il venait tout juste d'émerger et avec laquelle il était encore intime-

1. Lors de la session 806, que l'on retrouve au chapitre 2, dans une partie qui n'a pas été retenue pour le volume, Seth fait les commentaires suivants au sujet des enfants; commentaires qui cadrent bien avec les propos de ce soir: «Votre **point de pouvoir** est dans le présent. Toutes les fois que cela vous sera possible, tâchez de minimiser l'importance d'un problème. Oubliez-le et il disparaîtra. Discours irréaliste, direz-vous. Pourtant, les enfants en connaissent la vérité. Si vous minimisez les obstacles en votre esprit, alors ils seront diminués. Exagérez ce qui vous entrave et, dans la réalité, cela prendra rapidement des dimensions gigantesques.» (*Robert Butts*)

ment lié. Il se sentait donc entouré des plus vastes réalités du **niveau 2**.

L'enfant savait «qu'il venait d'ailleurs»; non pas par hasard, mais à dessein. L'enfant savait que d'une manière ou d'une autre, ses pensées les plus intimes, ses rêves et ses gestes étaient tout autant reliés au monde naturel que l'herbe des champs. L'enfant savait qu'il était un être unique et tout à fait original, centré sur lui-même d'abord, mais appartenant aussi à une époque et en un lieu donné. En fait, à peu près rien n'échappe aux enfants qui, encore une fois, font de continuelles expériences afin de découvrir, d'une part, l'effet de **leurs pensées**, de leurs intentions et de leurs souhaits sur les autres et, d'autre part, pour connaître jusqu'à quel point les autres peuvent influencer leur propre comportement. Pour ce faire, ils traitent directement avec les probabilités et d'une manière bien différente de l'adulte.

Dans un sens, ils arrivent, plus rapidement que les adultes, à de meilleures conclusions, tout simplement parce qu'ils ne sont pas conditionnés par un passé structuré. Leur expérience subjective les met directement en contact avec les processus de formation des événements...

Ouvrirais-tu cette (*bière*) pour notre ami. Veux-tu te reposer la main?

(*22 h 28. «Non...»*)

Les enfants comprennent l'importance des symboles. Ils les utilisent continuellement pour se protéger, non de leur propre réalité, mais bien du monde des adultes. Ils feignent continuellement; ils apprennent ainsi rapidement que cette simulation constante, dans n'importe quel domaine, leur apportera une **version physique** expérimentale de ce qu'ils ont imaginé. Ils s'aperçoivent aussi qu'ils n'ont pas une entière liberté, car certaines situations se présentent en des variantes moins conformes aux prévisions. D'autres désirs sembleront presque complètement bloqués et impossibles à matérialiser.

Avant de connaître les notions de culpabilité et de punition, les enfants constatent qu'il est plus facile de concrétiser des événements heureux que de provoquer la réalisation de choses funestes. L'enfant porte avec lui l'énergie et l'élan reçus du **niveau 2** à sa naissance. Il sait intuitivement que les désirs favorables à son développement se réalisent plus facilement que ceux qui ne le sont pas. Ses impulsions naturelles ont un effet direct sur le développement de son corps et de son esprit. Il sent un appui et un support lorsqu'il agit en conformité avec ces mouvements spontanés intérieurs. L'enfant est foncièrement honnête. Lorsqu'il tombe malade, il en connaît intuitivement les raisons et il sait fort bien qu'il a provoqué la maladie.

Les parents et les médecins croient, au contraire, que l'enfant est une victime, que l'indisposition est causée par divers éléments et donc **qu'il n'y a aucune raison personnelle à sa maladie.** Il s'agit plutôt d'un assaut de l'environnement extérieur ou de quelque affection interne. Ainsi, on pourra dire à l'enfant: «Tu as pris un rhume parce que tu t'es mouillé les pieds.» ou encore: «Tu as attrapé la grippe de Jeannot ou de Suzie.» On peut lui dire qu'il a contracté un virus, de sorte que son corps semblera avoir été envahi malgré lui. Il apprend que de telles croyances sont acceptables. Il est plus facile pour lui de s'y conformer que d'être fidèle à sa nature; car cette forme d'honnêteté lui ferait tenir des propos que ses parents n'approuveraient pas ou provoqueraient chez eux l'expression d'émotions qu'il ne peut tolérer.

Le cher petit garçon ou la brave petite fille peut alors rester à la maison, par exemple, supportant courageusement la maladie, devant une maman indulgente. L'enfant sait que la maladie est le résultat de sentiments que les parents ridiculiseraient ou qu'elle met en cause des réalités émotionnelles que les parents ne comprendraient tout simplement pas. Il devient graduellement plus facile pour l'enfant d'accepter l'opinion des parents dans une situation donnée. Petit à petit, la relation étroite, cette connexion précise entre les sentiments psychologiques et la réalité corporelle, s'effrite.

Je ne veux pas trop simplifier les choses ici; c'est pourquoi, tout au long du présent ouvrage, nous ajouterons d'autres considérations sur ce type de comportement.

L'enfant qui, avec nombre de ses compagnons d'école, contracte les oreillons sait qu'il a des raisons personnelles pour accepter une telle réalité biologique collective. L'adulte «en proie» à une épidémie de grippe est peu conscient des motifs personnels qui l'animent. Il ne comprend ni les suggestions collectives qui s'y rattachent ni ses propres raisons de les accepter. Il est habituellement convaincu que son corps a été pris d'assaut **malgré lui** par un virus, sans son approbation ou sa désapprobation (*dit d'une manière la plus énergique*). Il est donc une victime. Le sens de son pouvoir personnel en est d'autant plus érodé.

Lorsqu'une personne recouvre la santé après une telle épreuve, elle considère normalement sa guérison comme le résultat de la médication prescrite ou encore, elle pense tout simplement avoir eu de la chance. Jamais elle n'oserait s'attribuer quelque pouvoir réel dans cette affaire. Le rétablissement semble **lui arriver**, tout comme la maladie semblait **lui tomber dessus**. Généralement, le patient ne se rend pas compte qu'il a provoqué son propre recouvrement et qu'il en est responsable, car il ne peut admettre en premier lieu que sa maladie lui était imputable. Il ne peut donc pas apprendre à la lumière de son expérience; chaque crise lui paraîtra assez incompréhensible.

(*Pause de 23 h à 23 h 10*)

Il y a quelques années, avant que ne commencent nos sessions (*fin 1963*), tout juste avant leur éclosion, Ruburt (*Jane*) fit une expérience qu'il décrivit dans ses propres livres.

L'ébauche d'un texte non publié s'intitulait *L'univers physique, construction de la pensée.* Son désir et sa volonté intense d'approfondir sa compréhension de la nature de la réalité provoquèrent la production, par écriture automatique, de ce fragment de manuscrit. À l'époque de l'assassinat du président Kennedy, Ruburt se voyait, jeune adulte, dans un monde qui **semblait** n'avoir aucun sens. Mais, en même temps, quoique conditionné par les croyances de sa génération – croyances qui imprègnent encore votre époque – il s'accrochait à une croyance encourageante de son enfance qu'il n'avait jamais complètement perdue.

Cette conviction, illogique et contradictoire **semble-t-il**, lorsque énoncée ou appliquée à la vie courante, lui rappelait que l'être humain pouvait d'une certaine manière percevoir la nature de la réalité grâce à des capacités innées **qui lui appartenaient de droit**, capacités qui faisaient partie de l'héritage de l'homme. En d'autres mots, Ruburt pressentait cette possibilité, si minime fut-elle, d'ouvrir ces portes de la connaissance qui avaient été fermées et décida de saisir cette occasion.

Ce texte griffonné sur du papier maintenant jauni en fut le résultat. Cette première expérience lui fit immédiatement comprendre qu'il avait choisi, à sa manière, les événements de sa vie. Il saisit que chaque individu, loin d'être victime des événements personnels ou collectifs, en était le créateur.

Dans ces quelques heures chargées d'énergie, il sut que les sens physiques n'existaient pas principalement pour percevoir les phénomènes extérieurs, mais bien pour contribuer à la création même de ces événements qui, après coup, étaient appréhendés comme actuels.

Fin de la dictée.

(*23 h 26. Seth nous adresse quelques mots en guise de conclusion.*)

Pardonnez-moi cette terminologie, mais vous croyiez, tous les deux, à la «magie», et sans cela les sessions n'auraient jamais eu lieu. Vous étiez persuadés que, ensemble, vous **pouviez réussir** ce qui n'avait pas été réussi plus tôt: que vous pouviez, peu importe de quelle façon, offrir des solutions concrètes et significatives aux problèmes du monde...

(*Fin à 23 h 34*)

Session 825 – Le lundi 6 mars 1978, à 21 h 31.

(*Nous avons pris quelques jours de repos et me voilà revenu à mes notes pour le tome II de* Unknown Reality. *Jane commença de son côté à transcrire mes commentaires d'introduction de cet ouvrage et s'attaquera bientôt à l'épilogue.*)

Bonsoir.

(*«Bonsoir, Seth.»*)

Dictée. L'univers physique est effectivement le résultat d'une construction de la pensée, comme Ruburt l'a perçu dans l'expérience mentionnée à la dernière session (*à 23 h 10*).

Ce qu'il a perçu n'a rien de commun avec les données des sens que la science reconnaît. Cette appréhension de la source psychique du monde n'est pas le fruit d'un raisonnement de la part de Ruburt. Aucune perception physique n'aurait d'ailleurs pu lui donner cette information. De fait, sa conscience s'était détachée de son corps, un état que maintes personnes cultivées ne considèrent pas comme possible. Tout en gardant son individualité, sa conscience s'est fusionnée à celle des feuilles qui pendaient juste au-dehors et à celle d'un clou au cadre de sa fenêtre. Il voyageait extérieurement et intérieurement à la fois, et comme un vent mental, sa conscience passait au travers d'autres environnements psychologiques.

Votre univers a une origine non physique et chaque événement, si minime soit-il, naît dans le champ d'action du niveau 2. Votre univers physique est donc sorti de cette sphère intérieure et ce processus se perpétue continuellement.

Le pouvoir qui alimente vos pensées provient de cette même source. Votre monde, avec tout ce qu'il comporte, fonctionne, pour ainsi dire, «automatiquement» dans ses principaux processus, comme le fait votre propre corps. Vos désirs et vos intentions dirigent l'activité spontanée de votre corps. Ainsi, à votre commandement, votre corps traversera la pièce, suivant un processus machinal.

Vos intentions ont une grande influence sur la santé de votre corps. De la même manière, et conjointement, tous les individus d'une époque «orientent» le comportement des événements de l'univers, même si les mécanismes internes fonctionnent par eux-mêmes ou de façon automatique. Par ailleurs, les autres espèces ont également leur part à jouer. Ensemble, vous dirigez l'activité du corps physique de la planète, à peu près de la même manière que chacun de vous guide le comportement de son corps.

(*21 h 50*) Vous naissez avec un élan de croissance vers l'état adulte; cette capacité faisant partie intégrante de votre modèle intérieur de développement. Les cellules, et même les atomes et les molécules qui les composent, sont dotées d'un désir de coopérer à la formation du corps, tout en recherchant leur propre épanouissement. Elles ne sont donc pas seulement prédisposées à survivre, mais entretiennent un idéal les poussant à atteindre la plus grande maturité possible.

La source de toutes ces caractéristiques se trouve au niveau 2, milieu psychologique favorable à la créativité. Ce n'est donc pas un milieu neutre, car il englobe les mécanismes mêmes d'exécution de tous les motifs qu'il contient. Comme James le dit dans le livre que Ruburt lui a consacré: «L'univers est bien intentionné.» Il est, je le répète, prédisposé à la création de «bons» événements. J'ai délibérément placé le mot «bon» entre guillemets, pour la simple raison que vous vous faites une fausse idée de la nature du bien et du mal, sujet dont j'aimerais vous entretenir plus tard[1].

Dans ce sens, l'univers physique, comme chaque corps physique, est «magique». J'utilise ce terme à dessein, car il bouleverse les lois de votre raisonnement adulte. En ébranlant ainsi l'idée que vous vous faites de la **raison**, j'espère vous faire comprendre ce que j'entends par **intelligence supérieure**.

L'intellect fait ses déductions à partir du monde connu. Il ne peut accepter une connaissance venant «d'ailleurs», car une telle information ne cadre pas avec les catégories de la raison et, partant, confond son modèle de fonctionnement de cause à effet. Votre **capacité** de raisonner vous vient du **niveau** 2. Dans mon vocabulaire, le raisonnement vous est accessible grâce aux événements «magiques» qui rendent possible la raison elle-même. En quelque sorte, le terme «magique» a toujours été employé pour qualifier des événements que la raison ne peut expliquer; des événements qui ne cadrent pas avec la raison.

Vos scientifiques se disent rationnels. Cependant, beaucoup d'entre eux auraient été à tout le moins plus honnêtes, lorsqu'ils essayaient de décrire le but de l'univers, s'ils avaient admis que la raison seule n'est pas en mesure de le faire. Vous êtes tous aussi familiers avec la soi-disant naissance de l'univers, aussi proches ou aussi distants que votre conscience normale l'est de votre propre naissance physique; car l'éclosion de la connaissance et de la sensation chez un enfant est aussi énigmatique que la naissance de l'univers.

La mère ne peut pas diriger consciemment les processus corporels devant aboutir à la naissance d'un enfant. Au sens strict, la naissance arrive par magie, et tout aussi miraculeusement que l'émergence de la vie sur la planète elle-même. Vous ne pourrez jamais, par l'analyse scientifique du cerveau, comprendre la force qui meut vos pensées, ni tirer la moindre indication sur la

---

1. Jane et moi avons bien hâte que Seth aborde ce propos «des fausses conceptions de l'homme sur la nature du bien et du mal». À en juger par notre courrier, certains lecteurs seront également intéressés à connaître ce qu'il a à nous livrer sur le sujet. (*Robert Butts*)

source de ses capacités. Cependant, l'activité incessante entre les **niveaux 1** et **2** ressort de l'existence même de votre monde et des relations qui existent entre votre imagination, vos sentiments et vos croyances, et ces événements personnels et collectifs qui composent votre expérience.

(*22 h 13*) Faisons une pause[1].

(*22 h 25*) Je n'entends pas rabaisser ici la raison, car elle exerce une fonction vitale dans votre contexte. Il est également vrai de dire que, fondamentalement, vous n'avez pas véritablement **développé** cette faculté, de sorte que votre version de celle-ci n'est pas sans biaiser la réalité.

Je ne suis pourtant pas plus d'accord avec ceux qui vous incitent à utiliser vos intuitions et vos sentiments au **détriment** de votre raison. Je vous suggérerai plutôt d'autres avenues. Cependant, votre manière de raisonner vous porte à diviser la réalité en catégories et à y mettre des distinctions selon les «lois» de cause et d'effet, son champ d'expertise étant limité à l'examen des événements déjà perçus. En d'autres mots, votre raison se porte sur la nature concrète des événements de votre univers.

Votre intuition, de son côté, suit une autre forme d'organisation, tout comme votre imagination d'ailleurs; une organisation qui, par le jeu d'associations, unifie divers éléments et rapproche des faits connus de manière cohésive, ignorant les limites imposées par votre schème de cause à effet. C'est donc au **niveau 2** que les événements de votre monde physique peuvent être assemblés en une infinité de formes. Ils entrent ensuite dans votre expérience **selon l'orientation mentale que vous leur avez donnée**.

Ces événements que vous appelez des **coïncidences**, les rencontres fortuites et les événements inattendus, vous les avez,

1. Ici prit fin la première partie de cette séance. Au sortir de sa transe, Jane s'exprima ainsi: «Je ne me sentais pas prête avant la session. Peut-être m'étais-je fatiguée cet après-midi à travailler à l'introduction de *Unknown Reality*. J'ai eu des messages de Seth ces derniers jours sur la matière de la présente communication, mais ce que nous venons de recevoir ne cadre pas avec eux... Et j'ai encore senti que le temps avait été plus long qu'en réalité. Lorsque les propos sont particulièrement intéressants, c'est comme si je m'attendais à ce qu'il s'écoule plus de temps, ou quelque chose du genre... Mais voilà que soudain le flot s'est arrêté, et alors ce fut la pause.» (*Robert Butts*)

d'une certaine façon, attirés, malgré toutes les probabilités contraires. Ces obstacles à leur manifestation n'existent pas au **niveau 2**.

(*22 h 40*) Jusqu'à un certain point, vous avez déjà, intuitivement, une idée de votre place dans l'univers, et vous comprenez son penchant pour vous. Vos intuitions affirment votre participation unique et vitale dans ce tissus de l'univers. Par intuition, vous savez que l'univers **se porte** dans votre direction. Par ailleurs, votre raison ne peut s'attarder qu'aux résultats de votre perception physique, du moins avec l'apprentissage que vous lui avez donné dans vos sociétés. En fait, vous lui avez refusé l'accès à d'importantes données, lui ayant enseigné à se méfier des facultés psychiques. Les contes de fées pour enfants portent encore des traces de cette ancienne connaissance.

Jusqu'à maintenant, j'ai parlé séparément des **niveaux 1** et **2**; je continuerai ainsi par commodité et pour votre compréhension. En pratique, ces deux sphères se confondent, car votre vie au **niveau 1** est immergée dans celle du **niveau 2**. Encore une fois, votre corps lui-même est continuellement entretenu au **niveau 1** grâce à son existence simultanée dans le **niveau 2**. Cette sphère de réalité s'extériorise continuellement et se manifeste au **niveau 1**. Cependant, à cause de votre grande concentration sur votre réalité extérieure, vous ignorez souvent les sources plus profondes et très apparentes de votre propre existence physique. En conséquence, vous divisez et catégorisez les choses de manière si absolue que vous perdez de vue l'organisation par association même si vous vous servez continuellement de ce processus dans le traitement de vos pensées les plus intimes.

Fin de la session, à moins que vous n'ayez des questions.

(*«Est-ce profitable pour Jane de m'aider dans mes notes d'introduction au tome II de* Unknown Reality?»)

(*Résolument*) **Je pense que c'est une excellente idée**. Je laisse les événements émerger **magiquement**, comme ils croissent sous la surface de votre vie, puisque Ruburt aime les surprises agréables. Il est actuellement très actif à d'autres niveaux et il met nos enseignements à bon usage.

(*«Merci, Seth, et bonne nuit.»*) (*23 h 56*)

Session 826 – Le mercredi 8 mars 1978, à 21 h 35.

Bonsoir.

(*«Bonsoir, Seth.»*)

Vous devez comprendre que le **niveau 2** est comme la version invisible de l'univers physique. Mais il y a plus que cela, car il contient en lui-même toutes les variantes probables de cet univers; des versions aux dimensions cosmiques jusqu'aux plus petits événements probables de n'importe quelle journée.

Dit plus simplement, votre corps possède sa contrepartie au **niveau 2**. Au cours de la vie, cette contrepartie est cependant si intimement liée à votre tissu physique qu'il peut être trompeur d'affirmer que les deux corps – le visible et l'invisible – sont séparés. Dans le même sens, vos pensées ont une réalité au **niveau 2** et l'on peut dire, pour fins de comparaison seulement, qu'elles **équivalent** à des objets. Cependant, au **niveau 2**, les pensées et les sentiments sont beaucoup plus importants que ne le sont les objets dans la réalité physique.

Au **niveau 2**, les pensées forment instantanément des structures modelantes. Dans cet environnement psychologique, elles constituent les «éléments naturels» qui se combinent et se fusionnent pour former, si vous voulez, les cellules psychologiques, les atomes et les molécules qui composent les événements. Dans cette même veine, on peut comparer les événements de votre vie à des «objets psychologiques» existant dans le contexte spatio-temporel de la réalité physique. Ces événements vous semblent tirer leur origine quelque part dans l'espace et dans le temps et prendre fin dans ces mêmes limites.

Il vous est possible de voir la définition d'un objet dans l'espace, une table par exemple. Dans un sens, vous êtes trop proches des événements psychologiques pour les percevoir de cette manière. Il vous semble bien, malgré tout, que vos expériences aient un point de départ et une conclusion. Pourtant, vous ne percevez les choses de la vie que superficiellement. Ainsi, vous observez la surface lisse et solide d'une table, en sachant bien qu'elle est composée d'atomes et de molécules en mouvement.

De la même manière, vous percevez comme **psychologiquement solides** des situations auxquelles vous participez, tels un anniversaire, un accident d'automobile, une partie de bridge ou tout autre événement. Ces événements se présentent à vous comme un ensemble se maintenant dans l'espace et dans le temps. Cependant, ils sont constitués de «particules» invisibles **plus rapides que la lumière**[1]. En d'autres mots, ces événements contiennent des éléments de nature psychique, qui passent du **niveau 2** au **niveau 1**.

Tout événement possède donc une **épaisseur** invisible, un fondement multidimensionnel. La voûte céleste est chargée de courants aériens, de nuages, de lumière solaire, de particules de poussière et autres; elle recouvre complètement votre planète. C'est ainsi que le firmament invisible du **niveau 2** renferme d'infinis motifs qui changent comme les nuages; ces motifs se mélangent et se fusionnent pour former votre climat psychologique. Les pensées possèdent ce que nous pouvons appeler des **propriétés électromagnétiques**. Dans ces termes, vos pensées se combinent et s'assortissent aux autres au **niveau 2**, créant les motifs psychologiques fondamentaux des événements de votre monde. Encore une fois, le **niveau 2** n'est pas neutre, il a une propension pour tout développement bénéfique et constructif. C'est un milieu de croissance. Les pensées ou les sentiments constructifs ou «positifs» se réalisent plus facilement que leurs pendants «négatifs», car ils concordent avec les tendances du **niveau 2**[2].

(*22 h 05*) N'eût été de ce fait, votre espèce n'aurait pu tenir aussi longtemps. Les réalisations de votre civilisation – l'art, le commerce ou même la technologie – n'auraient pas été possibles. Le **niveau 2** associe ordre et spontanéité, mais son ordre est d'une nature bien particulière. C'est un «processus d'agencement naturel» circulaire et associatif, où sera spontanément entrepris tout ce qui favorisera la meilleure expression des possibilités de la conscience.

---

1. Voir la note de la page 51, session 803, sur les particules plus-rapides-que-la-lumière.

2. Je pense qu'en abordant ce soir le sujet de la propension du **niveau 2** vers tout développement bénéfique et constructif, Seth vient préciser l'affirmation qu'il fit, lors de son dernier entretien, que l'univers «est automatiquement enclin à la création de **bons** événements».
Je crois également que ces passages de Seth s'appuient sur ses commentaires de la session 821, au sujet de la «vraie identification de l'homme avec la nature», et de sa «place dans le contexte de la planète physique». (*Robert Butts*)

Chaque personne, à sa naissance, est naturellement dotée de cette capacité de croissance qui lui permettra de réaliser ses aspirations le plus adéquatement possible, non pas au détriment des autres, mais bien dans ce contexte global dans lequel le développement de chaque individu assure celui de chacun de ses semblables.

Dans ces termes, il existe un modèle psychologique «idéal» auquel vous êtes intimement lié. Le moi intérieur vous incite continuellement dans cette direction. Par ailleurs, ce modèle n'est pas rigide, mais assez flexible pour tirer avantage des circonstances changeantes, comme le fera une plante d'intérieur que l'on change de pièce; elle se tournera vers le soleil selon sa position. Comme le moi intérieur n'a pas de prise dans le temps, il se fie à votre raison pour évaluer les diverses situations qui se présentent.

Il existe évidemment des objets de toute dimension, de durabilité diverse et de poids varié. Certains de ces objets sont personnels, d'autres de propriété publique. D'une manière semblable, il existe de «vastes objets psychologiques», d'impétueux événements de masse, pouvant englober des pays entiers. Il y a aussi des événements naturels, d'intensité diverse, comme l'inondation de grandes étendues. Dans ces situations, les gens qui sont touchés sont pour ainsi dire reliés en des configurations psychologiques. Les motifs intérieurs des personnes engagées dans un événement de ce genre se rejoignent en un but commun, tout en servant les besoins de l'ensemble de la planète. Afin de se maintenir, la terre doit elle-même se transformer continuellement et passer par des états d'instabilité. Je sais que ceci est difficile à comprendre, mais chaque objet que vous percevez – herbe, cailloux ou rocher et même les vagues de l'océan ou les nuages, bref tout phénomène physique – possède sa propre conscience individuelle, son intention et sa coloration émotionnelle. Chaque objet est pourvu et se développe en fonction d'un modèle de croissance et de réalisation; non pas au détriment du reste de la nature, mais bien pour que chaque autre élément puisse également s'épanouir. (*Le tout affirmé avec beaucoup d'insistance.*)

À certains moments, les intentions de l'homme et de la nature convergent. Je parle maintenant en termes très simples; ainsi par exemple, les gens qui sont pris dans une inondation peuvent vouloir effacer leur passé de quelque façon ou encore être envahis par le débordement d'émotions vitales que de tels désastres provoquent. Ils veulent éprouver un nouveau sens du pouvoir de la nature et, bien que dépouillés de leurs biens, ils profitent de l'expérience pour recommencer leur vie.

Les personnes dont les vues ne concordent pas avec l'événement trouveront les moyens de fuir de tels endroits. Elles feront peut-être une rencontre qui déclenchera un départ rapide. Sous une poussée intuitive, quelqu'un pourra décider de quitter les lieux en quête d'un nouvel emploi ou de rendre visite à un ami dans une autre région. Les personnes dont les intentions à cet égard ne correspondent pas à celles de la nature ne feront pas partie de cet événement collectif. Elles réagiront en fait à une intuition du niveau 2. Celles qui restent sur les lieux le font aussi en vertu de la même connaissance, mais elles choisissent tout simplement d'y participer.

Lorsque vous entrez dans la réalité temporelle, que vous endossez la vie physique, vous connaissez déjà ces conditions. Vous êtes prédisposé, biologiquement et psychologiquement, à croître dans ce riche environnement et à contribuer sur tous les plans au développement de votre espèce. Bien plus, vous êtes là pour ajouter votre touche personnelle et votre expérience unique à ces plus grands motifs de conscience dont vous faites partie.

Vous commencez maintenant à comprendre les interrelations intimes qui existent dans votre environnement physique. Les liens psychologiques sont cependant beaucoup plus complexes. Ainsi, les pensées et les rêves d'une personne s'entrelacent avec ceux de chaque autre personne, formant des motifs psychiques en continuelle transformation. Certains de ces motifs forment des événements physiques, d'autres pas.

Prenez une pause.

(*De 22 h 37 à 22 h 55*)

Fin de la dictée.

(*Le premier sujet dont Seth discuta ici – mon rêve d'hier matin – avait certainement un rapport avec l'énoncé qu'il fit juste avant la pause: «Lorsque vous entrez dans la réalité temporelle, que vous endossez la vie physique, vous connaissez déjà ses conditions.» Je pense que mon rêve est un excellent exemple de cette philosophie; j'avais discuté de ce rêve avec Jane hier et je voulais demander à Seth de le commenter. Voici mon rêve du 7 mars 1978:*

»Très éclatant et coloré, comme à l'accoutumée, la scène se passait dans la cuisine de notre maison sur la colline à Elmira. Je me préparais à sortir dans la cour arrière. Ma mère, morte il y a cinq ans à l'âge de 81 ans, était avec moi. Tout comme moi, elle paraissait d'un âge indéterminé. Elle m'expliquait, je crois, ce à quoi je devais m'attendre de ce côté. Cependant, je savais aussi ce que j'y trouverais.

»Au-dehors sur la pelouse, je vis feu mon père et ***sa propre mère;*** *mon père aussi avait 81 ans à sa mort, il y a sept ans. J'ai déduit que sa mère, beaucoup plus âgée que lui, était morte en 1926; j'avais alors sept ans. [Je vais bientôt avoir 59 ans.]*

»Un rêve tout à fait inusité. Mon père et sa mère m'attendaient. Chose étrange, ma grand-mère Butts paraissait considérablement ***plus jeune*** *que mon père, son fils. Elle devait avoir entre 30 et 40 ans, jolie avec ses cheveux bruns, tombants, et ses yeux pers pénétrants et magnétiques.*

»Elle était agenouillée sur l'herbe, le corps bien droit. Je tombai à genoux devant elle. Nous nous sommes accueillis comme de vieux amis, nous serrant dans les bras l'un de l'autre, tout en parlant et en nous donnant des baisers avec animation. Nous étions si heureux de nous voir! Je me rappelle avoir aperçu les jambes de mon père, qui se tenait à nos côtés. Ma vision de lui était floue. Tout au long de mon rêve, il paraissait moins substantiel et moins réel que sa mère. Quant à ma mère – sa femme – je ne la voyais pas plus distinctement. Nous parlions tous continuellement, mais je n'ai pas souvenance de nos propos, si ce n'est que cette rencontre venait souligner un heureux événement.

»Je ne me souviens pas de rêves semblables. Je me suis éveillé aussitôt après le rêve – ou du moins à l'évanouissement de la perception que j'en avais – avec ce sentiment qu'il avait une signification inhabituelle. Au lever, je décrivis ce rêve à Jane dans tous ses détails.»)

(*Voici maintenant ce que Seth nous livra à ce sujet:*)

Selon votre point de vue, la mère de ton père est prête à faire une nouvelle entrée dans le monde temporel. Ton père te la présentait et lui faisait rencontrer d'autres membres de la famille qui vivent encore dans le temps. Certaines personnes procèdent ainsi, faisant mentalement connaissance avec des parents qui habitent toujours la terre, même si dans la vie, ils ne les rencontrent pas.

Vous pouvez vous sentir seul dans la vie si, par exemple, tous vos parents sont morts. De la même façon, lorsque vous entrez dans la vie, il est fréquent que vous vous assuriez de la présence d'anciens amis ou de parents.

(*Mon rêve soulève de nombreux points que Seth n'a pas approfondis; je livre ceci au lecteur pour sa propre réflexion. Je pense, entre autres, à la réincarnation, à l'inversion des âges et à l'indépendance face au temps que peut avoir la mémoire en rêve.*)

(*Seth mit fin à la séance à 23 h 05.*)

Session 827 – Le lundi 13 mars 1978, à 21 h 59.

(*À midi nous avons reçu par la poste les épreuves préliminaires de la pochette du livre sur William James, de notre agent Tam Mossman...*[1])

Voici maintenant un pot-pourri. L'hérédité joue un rôle beaucoup moindre qu'on le croit généralement dans la soi-disant formation du caractère. D'ailleurs, il en est de même pour le **rôle**

1. En parlant de livres, je ne suis que trop conscient du travail qu'il me reste à faire pour achever les deux manuscrits en préparation, le deuxième tome de Réalité inconnue et Psyché. Je garde toujours cet engagement général au fond de mon esprit; une forme de pression qui semble liée à la réalisation de ce genre de projet à long terme. Ce sentiment m'obsède à l'occasion, et je me prends à tenter d'estimer le nombre de semaines qu'il me faudra pour terminer le tome II, ainsi que Psyché.
Mais naturellement, ai-je répété à Jane récemment, j'ai choisi de m'engager dans ce phénomène global de Seth, et cela de la façon la plus intime. Je l'ai fait parce que je savais, dès le début (fin 1963), que ces découvertes en compagnie de Seth en valaient plus que la peine. Je le pense encore. Et, ai-je ajouté, il est certain que je choisirais à nouveau de le faire si j'avais à revenir sur ma décision; j'espère être engagé indéfiniment dans la production des livres de Seth. Je concède que les propos de Seth peuvent n'être qu'**une** façon de nous approprier des connaissances que nous possédons déjà et que nous utilisons à d'autres niveaux, mais encore là, je considère que c'est déjà une excellente chose que cette matière nous **ouvre les yeux** sur cette compréhension intérieure. Ainsi, de nouvelles dimensions de la conscience nous sont disponibles. J'ai «fait l'ébauche» d'une analogie avec la peinture [*pour faire un jeu de mots*]: l'artiste peut commencer son travail avec une toile blanche, pourtant, chaque coup de pinceau qu'il exécute repose sur sa connaissance intérieure et sur son expérience. Ces qualités se voient projetées sur le tableau en de nouvelles combinaisons qui, en retour, ajoutent à la compréhension consciente de l'artiste. Et lorsque la peinture est terminée, l'artiste contemple une nouvelle réalité de sa création. (*Robert Butts*)

de l'environnement tel que vous le comprenez. Vos croyances culturelles vous portent à interpréter votre expérience en termes d'hérédité et en fonction de votre environnement. Vous considérez l'hérédité et l'environnement comme les causes principales de votre comportement. Il en résulte pour vous une expérience beaucoup plus structurée que nécessaire. Vous écartez les exceptions – les enfants qui, par exemple, ne semblent pas cadrer avec les caractéristiques de leur famille ou de leur environnement – vous ne faites donc aucun effort pour examiner ces types de comportement non conformes aux attentes.

En conséquence, il arrive que de vastes mouvements intérieurs derrière l'activité humaine vous échappent complètement. Vous entendez régulièrement parler de gens qui semblent avoir été plus inspirés par des personnages fictifs, des personnalités du passé ou par de parfaits étrangers que par leur famille immédiate. Or, ces situations sont considérées comme des cas de curiosité, sans plus.

La personnalité humaine est beaucoup plus ouverte à toute sorte de stimuli qu'on est porté à le croire. Si l'on pense que l'information ne vient que par les moyens physiques, c'est évident que l'hérédité et l'environnement seront considérés comme le fondement de la motivation humaine. Lorsque vous prenez conscience que la personnalité peut avoir, et a de fait, accès à d'autres données, vous devez vous interroger sur les effets de ces dernières sur la formation du caractère et sur la croissance individuelle. Les enfants possèdent déjà un caractère à la naissance. Ils connaissent le motif de leur vie en devenir, tout aussi certainement que le plan de développement de leur corps adulte.

La conscience forme les gènes, et non l'inverse. L'enfant à naître est l'agent même qui introduit de nouveaux éléments via la structure chromosomique[1]. À sa naissance, l'enfant est beaucoup plus conscient qu'on ne le pense des différents événements physiques. Cela mis à part, il utilise les années de sa tendre

1. Les chromosomes sont des corps en forme de bâtonnets à l'intérieur du noyau de la cellule, portant les gènes qui gouvernent les caractéristiques héréditaires. Ils se scindent en deux parties, doublant ainsi leur nombre au cours de la division cellulaire. Voir la note de la session 821, page 111. (*Robert Butts*)

jeunesse pour découvrir – et particulièrement en rêve – d'autres matériaux qui s'allient bien à ses propres fantaisies et qui cadrent avec ses intentions. Ainsi il reçoit sans cesse un flot de renseignements, tous indépendants de l'hérédité ou de l'environnement.

C'est ainsi qu'en ces autres sphères l'enfant connaît les autres enfants nés à peu près au même moment. Le **plan de vie** de chaque être humain s'ordonne en un point ou l'autre avec celui de ses contemporains. Ces plans sont mutuellement communiqués et dès lors, un ensemble de probabilités sont mises en action au **niveau 2**. Divers calculs y sont effectués pour que, par exemple, l'individu **A** rencontre l'individu **B** sur une place du marché, trente ans plus tard, si cela concorde avec les vues de chaque partenaire. Il se présentera dans la vie de chaque personne des rencontres majeures ou des occasions de s'inscrire dans une direction donnée, auxquelles de fortes probabilités étaient attachées.

Vous créez des **corps d'événements**, un peu à la manière de votre propre corps qui passe du fœtus à l'état adulte. Le corps a des propriétés physiques, mais ces dernières, comme nous en avons souvent parlé, ont leur propre conscience et réalité.

Évidemment, votre activité mentale transige avec des événements psychologiques; mais par delà la soi-disant conscience normale, l'enfant tend vers ce corps d'événements mentaux qui formera la trame de sa vie. Ces aspirations, uniques à chaque individu, prennent racine au **niveau 2**.

Avec la naissance, ces intentions commencent à imprégner le monde physique du **niveau 1**.

La naissance de chaque enfant vient forcément changer le monde, car elle imprime dès lors un élan psychologique qui influence à la fois l'action des **niveaux 1** et **2**.

(*22 h 26*) Prenons l'exemple d'un enfant qui naît avec un grand talent musical. Disons que cet enfant est surdoué. Avant même de commencer son entraînement, il pressentira, à d'autres niveaux, la direction probable que prendra la musique dans sa vie. Il fera connaissance en rêve avec d'autres jeunes musiciens en puissance. Encore ici, les probabilités joueront pour que l'intention de chaque enfant se réalise. Ce processus offre d'ailleurs une grande flexibilité; alors, selon leur orientation individuelle, certains de ces enfants se familiariseront avec la musique du passé. Ceci s'applique plus ou moins à tous les champs d'activités, chaque personne laissant son empreinte sur la scène du monde. C'est ainsi que se combinent les intentions d'un individu avec celles des autres personnes vivantes, de sorte que les réalisations de votre monde dépendent du développement de chaque individu[1]. Évidemment, le manque de développement chez certaines personnes entraîne aussi des lacunes bien apparentes.

Certains lecteurs ont des frères ou des sœurs ou les deux. D'autres sont des enfants uniques. Vos conceptions de l'individualité vous gênent énormément. Dans une certaine mesure, chaque parcelle de conscience, tout en étant elle-même, renferme les possibilités de toute conscience. Votre connaissance du monde n'est pas aussi privée que vous le supposez, car au-delà de l'expérience d'un événement, chacun de vous est instruit d'autres aspects de ce même événement, qui ne paraissent généralement pas extérieurement.

Si vous êtes mêlé à un événement collectif, que ce soit un concert ou une avalanche, vous êtes conscient à d'autres niveaux de toutes les actions ayant préparé cette participation bien précise. Comme un édifice est bâtit de nombreuses briques, ainsi les événements collectifs sont-ils formés d'infimes et invisibles manifestations, chacune s'imbriquant très précisément en une sorte de construction psychologique à laquelle vous mettez tous votre

---

1. L'énoncé de Seth sur la créativité individuelle m'a immédiatement fait penser à une remarque qu'il fit à la session 580, en un passage personnel. La partie régulière de cette communication se retrouve au chapitre 20 du livre *L'enseignement de Seth* (Éditions J'ai lu).

J'aime tellement cet extrait que j'en ai tiré des copies afin de pouvoir m'y reporter, au besoin... Cette petite trouvaille (faite à l'occasion d'une recherche sur d'autres sujets) est un exemple typique de ce qui peut se perdre dans la masse croissante des écrits de Seth. Malgré nos efforts pour répertorier cette matière, il demeure difficile de garder à vue des paragraphes isolés comme celui-ci:

«Ruburt possède, comme vous le savez, une grande créativité. Il existe une chose dont la plupart des artistes ne prennent pas conscience: le **moi est la première de leur création**. Ils ne se considèrent pas comme le produit de leur propre créativité. Grâce à son énergie et à sa créativité, Ruburt a toujours parfaitement reflété et même exagéré d'une certaine manière l'état de son moi intérieur, de ses activités et de ses attitudes intérieures.»

Les observations de Seth ne s'appliquent visiblement pas aux seuls artistes, mais bien à chacun d'entre nous. (*Robert Butts*) main «mentale». Cette démarche commune s'applique tout autant aux conversions de masse qu'aux désastres naturels.

C'était la dictée.

(22 h 43. L'extrait suivant se rapporte à un rêve très vif que fit Jane avant hier, le 11 mars 1978, et que Seth interprète ici. Nous présentons ce rêve à l'attention de nos lecteurs parce qu'il contient des éléments d'intérêt général et couvre des points que certains ont abordés dans leurs lettres à Jane et à Seth. Jane relate:

«Lors d'une sieste, je fis le rêve suivant: tout d'abord, j'étais dans une pièce et je m'informais auprès d'un groupe au sujet du "concile". Je voulais savoir s'il existait une telle chose. Au même moment, une lumière blanche, imprégnée de symboles, fut projetée du plancher au plafond, à la largeur d'une porte. Je me vis instantanément entraînée dans ce faisceau, m'élevant hors de la pièce à vive allure. J'ai été quelque peu effrayée et j'ai souhaité revenir. Je pense avoir eu peur d'être emportée trop loin. Je ne sais pas ce que j'y ai vu. Je suis revenue immédiatement dans la chambre, sans me rappeler comment ni dans quelles circonstances.

»Je me retrouve par la suite dans une sorte de salle de lecture spirituelle, racontant mon expérience à une dame. Lorsque je lui avoue être l'auteur de la documentation sur Seth, elle est bouleversée et déclare que son cercle ne les accepte pas. Ceci ne l'intéressait aucunement.»)

(Voici ce qu'en dit Seth:)

Ruburt, à ce que je comprends, était en quête du concile. Il recherchait conseil auprès de la plus haute instance, et c'est ainsi que lui vint le mot concile; un terme excellent d'ailleurs, signifiant le plus intime et malgré tout le plus noble des conseils auxquels une personne peut se référer.

Il était à la poursuite d'un état plus élevé de conscience qui représenterait une source unique et néanmoins universelle d'information et de révélation. Il existe une telle source pour chaque individu, peu importe l'interprétation. La lumière blanche est un symbole caractéristique dans de tels cas. Ruburt ne pouvait pas assimiler le message et il fut pris de peur devant l'ampleur de l'expérience. C'est comme si cette connaissance ancienne, mais renouvelée, qu'il recherchait pour des raisons personnelles, était tellement englobante qu'il ne pouvait la contenir dans son cadre habituel de référence. Une réaction bien naturelle, causée simplement par l'aspect inusité de ce type d'expérience.

Il a baigné dans cette lumière, il en a été rempli et rafraîchi. Il en a tiré une nouvelle compréhension qui **émergera** petit à petit dans son expérience et pourra être assimilée dans sa vie normale. Il se produit donc, dès à présent, une forme de transposition. Le contact sera d'ailleurs «ré-établi».

(*Sur ces mots, Seth se retira. Il était 23 h 10.*)

Session 828 – Le mercredi 15 mars 1978, à 21 h 53.

Bonsoir.

(*«Bonsoir, Seth.»*)

En termes historiques, l'homme primitif entretenait une relation plus consciente que vous avec le **niveau** 2.

Comme Ruburt le mentionnait dans son livre *Psychic Politics,* il existe plusieurs formes de conscience, et comme je l'indiquais moi-même dans *The Nature of The Psyche,* l'homme primitif utilisait sa conscience autrement que vous ne le faites. Ainsi percevait-il comme des objets saisissables par les sens ce que vous considéreriez aujourd'hui comme des produits de l'imagination.

L'imagination est toujours allée de pair avec la créativité; cependant, à mesure que l'homme s'est fixé sur un type de conscience axée sur la cause et l'effet, il cessa de percevoir immédiatement les produits de son imagination. Dans les temps anciens, il saisissait, par exemple, que la maladie, tout comme la bonne santé était le résultat de l'imagination, car il captait plus directement le vif caractère de son imagination. Les communications ont été brouillées entre l'imagination et l'expérience physique; leur lien s'est trouvé amoindri par les différentes croyances et les résultats que ces dernières ont elles-mêmes engendrés.

Je simplifie ici, car tout ceci est beaucoup plus complexe. Pourtant, l'homme de jadis comprenait que personne ne pouvait se blesser sans que cet événement n'ait été imaginé auparavant. De là, l'utilisation de méthodes imaginatives pour guérir des affections physiques; ces moyens étant, à cette époque, efficaces.

Peu importe ce qu'en dit l'histoire, ces femmes et ces hommes primitifs étaient en très bonne santé. Ils avaient une forte ossature et de solides dents. Ils transigeaient avec le monde physique à l'aide de moyens imaginatifs que vous auriez de la difficulté à comprendre aujourd'hui. Ils savaient qu'ils étaient mortels et qu'ils devaient mourir. Cependant, leur plus grande connaissance du niveau 2 leur permettait de s'y référer. Ainsi, ils comprenaient que la mort, de nécessité naturelle, leur ouvrait la porte à des expériences et à d'autres formes de développement[1].

(*Longue pause à 22 h 10*) Ils ressentaient très intimement leur lien avec la nature, vivant cette relation d'une manière bien différente, si on la compare à votre expérience. Ils voyaient la nature comme une plus grande expression de leur propre disposition et de leur tempérament. C'était pour eux la matérialisation d'événements de soi trop vastes pour être contenus en un seul individu ou même en un seul groupe. Ils se demandaient où allaient leurs pensées une fois engendrées. Ils imaginaient que, d'une manière ou d'une autre, elles se changeaient en oiseaux ou en rochers et qu'elles devenaient les animaux et les arbres, eux-mêmes en continuelle transformation.

Par ailleurs, ces hommes et ces femmes sentaient qu'ils avaient aussi leur personnalité propre. En tant qu'humains, ils étaient la manifestation de cette plus grande expression de la nature, elle-même trop splendide pour rester sans écho. Ils comprenaient donc que la nature avait besoin de l'homme pour accéder à une autre forme de langage. Lorsqu'ils parlaient, ils le faisaient bien sûr pour eux-mêmes; mais, ils sentaient tellement qu'ils faisaient partie intégrante de leur environnement qu'ils parlaient aussi au nom de la nature et de toutes ses créatures.

Il y a beaucoup de choses que vous ne saisissez pas dans votre interprétation des phénomènes naturels. Dans ce monde, l'homme savait que la nature était équilibrée. La mort des animaux et des hommes était une nécessité. Si un homme était pris et se faisait manger par un animal, comme il arrivait parfois, [*ses compagnons*] ne refusaient pas sa proie à l'animal, tout au moins dans leur compréhension la plus profonde. Et lorsque eux-mêmes tuaient des animaux et en mangeaient le cœur, par exemple, ce n'était pas seulement pour obtenir la vaillance ou la bravoure de ces animaux, mais aussi pour préserver ces caracté-

---

1. Voir la note de la page 47, session 803.

ristiques, de sorte qu'à travers l'expérience de l'homme chaque animal continuait de vivre.

En ces temps anciens, les hommes se protégeaient des orages, mais ils abandonnaient volontiers les victimes à la tempête. Ces personnes ne faisaient finalement que changer d'alliance, passant d'un «**moi fait chair**» à un «**moi fait orage**». Les intentions de l'homme et celles de la nature étaient passablement les mêmes et comprises comme tel. Contrairement à ce qu'on prétend, l'homme ne craignait pas les éléments.

(*22 h 25*) Certaines expériences de ces hommes primitifs vous sembleraient tout à fait étrangères. Pourtant, elles ont traversé les siècles sous d'autres formes. Je le répète, l'homme primitif, tout en étant conscient de son individualité, comprenait que la nature exprimait pour lui le pouvoir colossal de ses émotions. Il se projetait dans la nature et dans les cieux, imaginant d'immenses formes personnifiées qui devinrent, par exemple, les dieux de l'Olympe. Il percevait aussi la «**force de vie**» que possèdent les plus infimes parties de la nature. Avant que les données des sens ne soient à ce point normalisées, l'homme percevait à sa manière ces consciences individualisées qui, beaucoup plus tard, devinrent les âmes des éléments ou les «petits esprits». Mais il connaissait, par-dessus tout, la source de la nature.

Il était rempli d'émerveillement devant le renouvellement constant de sa propre conscience. Il n'avait pas encore masqué ce fonctionnement sous le couvert de cette continuité sans heurts à laquelle votre propre conscience est parvenue, de sorte que l'éveil d'une pensée le remplissait de curiosité. D'où venait-elle? Sa conscience était donc pour lui une source perpétuelle d'enchantement; ses qualités changeantes étaient aussi reconnaissables et apparentes que le mouvement des nuages. La stabilité relative de votre conscience fut acquise au détriment de certaines expériences que vous auriez pu accomplir. Vous ne pourriez pas vivre dans votre monde, où tout est fonction du temps, avec une conscience enjouée, curieuse et créative comme elle l'était à cette époque où le temps était perçu d'une tout autre manière.

Ceci n'est pas évident pour vous, mais les événements de votre réalité viennent tout autant du royaume de l'imagination que ces expériences réelles l'étaient aux yeux de l'homme primitif; expériences que vous considéreriez aujourd'hui comme hallucinatoires ou purement fantaisistes.

Il vous semble bien évident que le déchaînement des éléments naturels est totalement hors de votre domaine. Vous ne vous sentez pas partie prenante de la nature, si ce n'est pour la dominer par vos techniques ou pour l'abîmer avec cette même technologie. Vous admettez que le climat peut avoir une influence sur votre humeur, mais vous considérez comme peu probable une connexion psychique ou psychologique étroite entre vous et les éléments naturels.

(*22 h 40*) Vous employez des expressions telles que «être submergé d'émotion» et d'autres affirmations fort intuitives, montrant par là votre reconnaissance profonde de manifestations qui échappent à l'examen de votre raison. L'homme va au-devant des orages, il **les recherche**; car il comprend par le senti le rôle qu'ils jouent dans sa vie et leur nécessité au plan physique. C'est à travers ces manifestations de la nature, et plus précisément par la puissance qu'elle déploie, que l'humain reconnaît sa propre source. Il saisit que cette énergie peut le mener à des expériences émotionnelles nécessaires à sa croissance spirituelle et psychique.

La mort n'est pas une fin mais une transformation de la conscience. La nature, avec le changement des saisons, vous lance continuellement ce message. **Vu sous cet angle** et avec cette compréhension, les désastres naturels ne sont pas des monstres en quête de victimes; la nature et l'homme jouent respectivement un rôle indispensable dans ce plus grand cadre de la réalité.

Votre conception de la mort et de la nature vous force cependant à voir l'homme et la nature comme des adversaires. Elle conditionne votre expérience de façon telle que les situations sembleront tout simplement confirmer ce que vous croyez déjà. Comme je l'ai mentionné auparavant (*à la session 821*), toute personne qui se trouve impliquée dans une épidémie ou un désastre naturel choisit d'y participer pour des raisons qui lui sont personnelles. Ces circonstances déclenchent souvent chez ces personnes un plus grand sentiment d'appartenance et parfois même, elles donnent un sens à leur vie qui par ailleurs n'offrait que peu d'attraits.

(Il était 22 h 51. Après une demi-page de notes pour Jane, Seth mit fin à la session, à 22 h 58.)

Session 829 - Le mercredi 22 mars 1978, à 21 h 30.

(Jane jouit ces temps-ci d'une forme de détente qu'elle explique en ces termes:)

(«C'est comme une superrelaxation, une sorte de profondeur mentale et physique tout à la fois. Une chose bien différente de ce qui vous porte à bâiller, par exemple, même si cela a pu se produire. Elle vous donne une sensation bizarre de descente intérieure, vous portant doucement sous la réalité habituelle... Une telle relaxation va dans le sens d'une compréhension biologique.»)

(Toute remplie de cet état euphorique, Jane souhaitait tenir une session pour Seth. Elle dit: «Je crois connaître le sujet de ce soir, mais je ne sais pas si cela concerne le livre...» Elle enleva ses lunettes et partit en transe.)

Bonsoir.

(«Bonsoir, Seth.»)

Quoi que vous en pensiez, les animaux ont une imagination. De son côté, l'homme peut diriger son expérience et former en grande partie ses civilisations à l'aide de ses capacités imaginatives.

Cela ne vous paraît pas évident, mais vos organisations sociales et vos gouvernements sont fondés sur des principes imaginaires. Votre expérience la plus intime et toutes vos structures reposent sur une réalité que vos institutions mêmes qui en dépendent ne reconnaissent pas.

Nous approchons de la fête de Pâques (*le 26 mars*). C'est la commémoration annuelle de ce qui est considéré comme un fait historique: [*La résurrection et*] l'ascension du Christ[1]. Des millions

---

1. J'ai ajouté «la résurrection», car Seth ne semble pas se préoccuper des récits historiques. Seth rapproche les deux faits de la résurrection et de l'ascension du Christ. Après avoir procédé à une recherche approfondie des textes des évangélistes Marc, Matthieu, Luc et Jean, concernant ce point, j'ai relevé de nombreuses contradictions. Dans la session 586 de son livre *L'enseignement de Seth,* Seth a, par ailleurs, donné sa propre interprétation de la vie du Christ; et à la session 591 du même ouvrage, j'émets quelques commentaires personnels sur les origines des premiers Évangiles.

de personnes ont, d'une manière ou d'une autre, commémoré cet événement au cours des siècles. Les gens se sont unis dans un sentiment commun de ferveur religieuse. On a assisté à d'innombrables réunions familiales et autres festivités villageoises. On a célébré, les dimanches de Pâques, de nombreuses cérémonies religieuses maintenant oubliées. On s'est livré à des guerres meurtrières en son nom, et persécuté les individus qui n'adhéraient pas à l'un ou l'autre des dogmes religieux. Ces personnes étaient tout simplement exécutées «pour le bien de leur âme».

Selon l'interprétation, la fête de Pâques a favorisé des regains spirituels, tout autant que provoqué des massacres peu glorieux. Il y eut des effusions de sang et, dans ce contexte, le cours de nombreuses vies a été modifié. Toutes les structures religieuses et politiques, issues de cet «événement» de l'ascension du Christ, sont nées et subsistent encore grâce à une idée. Cette idée jaillit d'un acte spectaculaire de l'imagination qui a **marqué le cours de l'histoire**, rehaussant pour ainsi dire les événements d'une époque, les inondant d'une lumière bénie venue d'un autre monde.

L'idée de la survie après la mort n'était pas nouvelle et celle de la «descente» d'un dieu sur terre datait des temps les plus reculés. Les anciens mythes religieux, cependant, correspondaient à d'autres types de civilisations, et leur influence couvrit autant de siècles que le christianisme[1]. Ce lien miraculeux entre l'imaginé et sa réalisation historique s'était effrité, ne laissant place qu'à des **r-i-t-e-s** (épelé); les dieux anciens ne frappaient plus l'imagination. Les temps étaient mûrs pour le christianisme.

Dans le présent texte, Seth parle selon sa propre connaissance des faits bibliques; il ne voulait donc pas dire que le Christ était ressuscité d'entre les morts ni qu'il était monté aux cieux, mais il se référait à l'interprétation que les chrétiens eux-mêmes font de cette histoire du Christ. En effet, Seth a toujours maintenu pour sa part que le Christ n'avait même pas été crucifié.
Seth aurait d'ailleurs une histoire complète du Christ à nous raconter. Dans mes commentaires de mi-session, session 674 (chapitre 21 du livre *La réalité personnelle*), je cite une remarque de Seth à ce sujet: «Je puis vous donner plus de détails sur Jérusalem ou sur le Christ, et cela dès maintenant, ou quand vous le voudrez. Vous pouvez avoir le *Livre du Christ* si vous le désirez...» (*Robert Butts*)

1. On peut comprendre que Seth fait remonter ces vieux mythes religieux à environ vingt siècles, donc à l'an 2000, avant notre ère. (*Robert Butts*)

(*21 h 49*) N'ayant pas compris les caractéristiques du monde de l'imagination, l'homme, jusque-là, avait toujours cru essentiel de convertir ses mythes en faits historiques, ne considérant réel que le monde tangible. Il fallait donc que, littéralement, un homme fait de chair et de sang vienne prouver hors de tout doute que chaque être humain survivait après la mort, et cela en mourant, puis en s'élevant d'une façon perceptible vers le ciel. Chaque être humain **survit** à la mort (*dit d'une manière calme et enjouée*), mais seule une civilisation **attachée à la lettre** pouvait exiger la mise à mort physique d'un homme-dieu comme «preuve de l'évidence».

(*Avec insistance*) Encore une fois, le Christ n'a pas été crucifié. Le Christ historique[1], comme on l'a enseigné, était un homme imprégné des réalités psychiques et marqué par cette conception profonde que chaque individu, de par son existence même, fait le pont entre Tout Ce Qui Est et l'humanité.

Le Christ voyait en chaque personne la rencontre du divin et de l'humain; il savait que la survie de l'homme était liée à son existence dans le divin.

Toutes les cruautés, sans exception, commises au nom du christianisme sont une application de «la lettre plutôt que l'esprit de la loi» ou proviennent d'une interprétation littérale de celle-ci, par méconnaissance des concepts spirituels et imaginatifs sous-jacents.

Encore une fois, l'homme gouverne son existence par l'imagination, une prérogative qui le **distingue** des animaux. Les peuples s'unissent ou se séparent par le seul pouvoir de la pensée et la force de l'imagination. Les idées qui sous-tendent le patriotisme, la loyauté familiale et les affiliations politiques ont une répercussion des plus pratiques dans votre monde. Comme des enfants, vous vous projetez dans le temps en imaginant votre croissance en toute liberté. Vous colorez continuellement votre expérience et la nature elle-même des caractéristiques uniques de votre processus imaginatif. À moins de vous y attarder et d'y réfléchir profondément, vous ne saisirez pas l'importance de

1. Voir la note de la page 110, session 821.

l'imagination. Pourtant, elle forme littéralement votre réalité et l'ensemble du monde dans lequel vous vivez.

Ainsi la théorie de l'évolution[1] est une construction de l'imagination, et déjà quelques générations ont vu leur univers sous cet angle. Ce n'est pas une simple prise de conscience intellectuelle; cela vous touche d'une manière tangible. Vos institutions se modifient en conséquence, de sorte que votre expérience concorde avec les croyances à ce sujet. En quelque sorte, vous jouez un rôle. Vous voyez l'univers entier d'une tout autre façon, si bien que votre imagination et vos convictions structurent d'une manière subtile votre expérience subjective et les circonstances objectives qui l'entourent.

(*22 h 10*) Dans toutes les autres constructions imaginaires, quelle que soit leur valeur ou leur faiblesse, l'homme se considérait comme faisant partie d'un plan. Le grand organisateur pouvant être Dieu, la nature elle-même ou l'homme uni à la nature, ou encore la nature comprise dans l'homme. On pouvait y retrouver plusieurs dieux ou un seul, mais l'univers pour sa part avait toujours un sens. Même l'idée du destin donnait à l'homme une raison de lutter et mobilisait son action.

(*Avec insistance et ironie*) L'idée d'un univers sans signification est en elle-même un acte imaginatif de haute créativité. Les animaux, par exemple, ne pourraient pas concevoir une telle idiotie: qu'un esprit, un intellect manifestement ordonné, puisse avancer cette théorie tout à fait incroyable et s'imaginer lui-même comme le résultat du désordre ou du chaos. Nous voilà donc devant une créature capable de «dresser une carte» de son propre cerveau, en train d'imaginer que l'ordre de cet organe, dont la régularité est étonnante, pourrait bien émerger d'une réalité qui elle-même n'a pas de sens. Et c'est bien ce que la théorie affirme, que l'ordre de l'univers est venu comme par enchantement. Les évolutionnistes doivent certainement croire en un Dieu de la Chance caché quelque part, ou encore en la Coïncidence (*avec un C majuscule*), car autrement leurs théories seraient tout à fait insensées.

---

1. Le lecteur pourra se référer à mes commentaires de l'appendice 12, tome II de *Unknown Reality* pour de plus amples renseignements sur la théorie de l'évolution. Voir également la note de la page 111, session 821 du présent volume. (*Robert Butts*)

Le monde de l'imagination vous sert de contact avec votre propre source. Ses caractéristiques se rapprochent le plus de ce que vous pouvez saisir du **niveau 2**.

La trame de vos journées et le cours de votre histoire sont imperceptiblement formés par ces idées qui existent en imagination, avant d'être projetées dans le monde physique. Ceci s'applique à vos propres croyances et à la manière de vous voir en imagination. On assiste encore à des guerres entre juifs, arabes et chrétiens, parce que l'on s'obstine toujours à interpréter à la lettre les vérités spirituelles.

Le monde de l'imagination, avec sa force et sa puissance, passe, dans la réalité historique, par l'individu. C'est par l'intermédiaire de chaque personne que le pouvoir ultime, insaisissable et inextinguible de Tout Ce Qui Est prend forme dans le temps. L'imagination de l'homme peut le porter vers ces royaumes intérieurs, mais lorsqu'il tente de renfermer leurs vérités dans des cadres trop étroits, il introduit des distorsions et en fausse la réalité; ces réalités de **niveau 2** se transforment ainsi en dogmes inconsistants.

Prenez une pause.

(*De 22 h 26 à 22 h 40*)

La dernière vague religieuse fondamentaliste venait s'inscrire en faux contre les théories de l'évolution. Ce fut une surcompensation face à l'univers darwinien[1] absurde et sans **lois**. N'y retrouvant aucune norme régissant le vrai ou le faux, une grande partie de la population se sentait sans racines.

Les **fondamentalistes** se sont tournés vers une religion autoritaire, régissant les moindres actes humains. Ils ont, par ailleurs, fait place aux émotions et s'opposèrent ainsi aux rigueurs d'un intellectualisme scientifique. Ils revinrent à une vision du monde en «noir et blanc», définissant le bien et le mal en termes des plus simplistes, évitant ainsi les pentes glissantes d'un univers thématique, où les sentiments ne semblent fournir à l'homme aucune assise solide.

---

1. Voir la note de la page 41, session 802.

Malheureusement, les fondamentalistes interprètent d'une manière littérale les réalités intuitives, de sorte qu'ils rétrécissent plus encore le champ de développement de leurs capacités psychiques. Le cadre de ce mouvement, à l'époque actuelle, malgré toute la ferveur déployée, n'est pas aussi fertile que pouvait l'être dans le passé le christianisme avec ses nombreux saints. Il fait montre d'un fanatisme puritain, d'un caractère typiquement américain, restrictif plutôt qu'expansif. Il maintient dans la rigidité les élans émotionnels, limitant leur expression dans la plupart des secteurs de vie. Les émotions trouveront alors un exutoire dans une forme d'explosion religieuse. Leur manifestation spontanée ayant été contenue, on assiste à un éclatement soudain du barrage.

L'imagination tend à l'expression. Toujours créatrice, elle supporte les structures de la société, lui fournit de nouveaux motifs et lui trace de nouvelles avenues de développement. Ces voies peuvent cependant être rétrécies par des croyances fanatiques. Lorsque cela se produit, les institutions deviennent répressives, ce qui entraîne souvent un climat de violence.

Si vous cherchez des signes de la vengeance divine, alors vous en trouverez partout. Vous ne considérerez pas une avalanche, une inondation ou un tremblement de terre comme un mouvement naturel et créateur de la planète, mais bien comme des punitions de Dieu pour vos péchés.

En termes évolutionnistes, la nature humaine est amorale et tout est fonction de la survie. Pour la plupart des tenants de cette théorie, toute survie spirituelle est impossible. Pour leur part, les fondamentalistes optent en faveur d'une nature pécheresse de l'homme, car leur système de croyances leur procure à tout le moins une possibilité de rédemption. Dans son message, le Christ affirme que chaque personne est intrinsèquement bonne et qu'elle est une portion individualisée du divin. Pourtant, on ne tenta jamais de développer une civilisation selon cette conception. Les immenses structures sociales du christianisme ont plutôt été érigées en fonction de la nature «pécheresse» de l'homme. Le christianisme n'a pas su implanter un cadre permettant à l'homme de laisser libre cours à cette bonté que le Christ percevait très clairement en lui.

(*23 h 01*) Il semble presque sacrilège d'affirmer que l'homme est fondamentalement bon, devant tant de preuves du contraire. L'homme paraît trop souvent agir à partir de motifs qui ressemblent bien plus à ceux d'un assassin. On vous a appris à vous méfier du tissu même de votre être. Vous ne pouvez certes pas vous attendre à agir raisonnablement ou avec altruisme, ni d'une manière cohérente, si vous vous concevez foncièrement mauvais. Si vous croyez que votre nature est déchue, comment lui reconnaître un comportement magnanime?

Vous êtes un élément de la nature qui, par son orientation, a appris à faire des choix. Vous développez spontanément et automatiquement des rêves et des croyances en fonction desquels vous organisez votre réalité. Il en résulte bien entendu des effets qui ne vous plaisent pas, mais l'humanité est dotée de cette unique forme de conscience qui permet à chaque individu de participer à l'édification de l'architecture de l'univers. Cette œuvre à laquelle vous prenez part se joue à un niveau d'existence où, comme un élève, vous apprenez à transformer un royaume imaginaire de probabilités en un monde d'expériences physiques plus ou moins appropriées.

Dans un sens, vous choisissez parmi une infinité de possibilités les idées dont vous vous servirez pour sculpter chaque parcelle de votre existence physique. C'est ainsi que vous introduisez dans le temps des événements intemporels adaptés à votre réalité. Ce faisant, vous accomplissez des merveilles qu'aucune autre créature ne peut réaliser. Par ailleurs, il y a aussi des coups ratés; mais ce ne sont des échecs qu'en comparaison avec la connaissance étincelante de votre imagination qui projette ces idéaux contre lesquels vous jugez vos actions.

Ces modèles existent en chaque être humain. Ce sont des incitations naturelles à la croissance et au développement.

C'était la dictée. Ce sera également la fin du chapitre.

(*«Un grand merci, Seth, bonne nuit.»*)

(*23 h 16. Je dirais que ces derniers propos de Seth se rapprochent de ce qu'il a traité à la session 825, dont ce passage: «Je mets le mot "bon" entre guillemets, pour le moment du moins, vu les malentendus qui existent au sujet du bien et du mal; ce dont nous discuterons un peu plus loin.»*)

Chapitre 5

LA MÉCANIQUE DE L'EXPÉRIENCE

Session 830 – Le lundi 27 mars 1978, à 21 h 15.

(*Depuis le début de la dictée d'*Événements collectifs, *il y a onze mois, un troisième livre, celui de* James, *s'est ajouté à la liste des ouvrages prêts pour publication. Nous consacrons nos loisirs à la correction des épreuves*[1].)

Bonsoir. Nous commençons ce soir un nouveau chapitre de notre livre. Il s'intitule «La mécanique de l'expérience».

Le monde, et tout ce qui s'y trouve, réside d'abord en imagination. Cependant, on vous a appris à concentrer votre attention sur les événements concrets. Pour vous, la manifestation physique est signe d'authenticité objective. Les pensées, les sentiments et les croyances deviennent secondaires; ce sont des éléments subjectifs et en quelque sorte non réels. Bien plus, ces sentiments vous paraissent provoqués par les données physiques elles-mêmes.

Ainsi, vous pensez habituellement que vos émotions viennent en réaction à un événement. Il vous viendra rarement à l'esprit de penser qu'au contraire, vos **sentiments eux-mêmes** gouvernent le processus et que l'événement arrive en une réponse à vos émotions. Votre interprétation d'un événement dépend donc de la perspective dans laquelle vous vous placez.

En guise d'exercice, imaginez pour quelques instants que le monde subjectif de vos pensées, que votre imagerie intérieure et vos fantaisies sont effectivement le fondement de votre réalité et

---

1. Les deux autres livres mentionnés ici sont *Unknown Reality*, tome I, et Cézanne. Pour sa part, Jane se remet à son deuxième roman de la série «Oversoul Seven», dont plusieurs chapitres dorment depuis longtemps. (*Robert Butts*)

la source de chaque événement physique. Pour faire diversion, regardez l'univers de l'intérieur vers l'extérieur. Pensez que votre expérience physique est la matérialisation de votre propre réalité subjective. Oubliez ce que vous avez appris au sujet de vos réactions à des stimuli. Ignorez pour un moment tout ce que vous avez cru et voyez vos pensées comme des réalités. Considérez les situations physiques ordinaires comme des réactions, dans l'espace et dans le temps, à vos sentiments et à vos croyances. En effet, c'est bien votre monde subjectif qui cause votre expérience physique.

J'ai utilisé le terme «mécanique» dans le titre parce que le concept suggère des manœuvres techniques bien synchronisées. Même si le monde n'est pas une machine – son fonctionnement interne est tel qu'aucune technologie ne pourrait l'en approcher – il suppose une mécanique **naturelle** par laquelle les dimensions intérieures de la conscience surgissent de toute part en une existence physique cohésive. Encore une fois, votre façon de concevoir votre identité vous empêche de suivre les chaînons de conscience qui vous relient aux autres portions de la nature. Dans un sens, on peut considérer l'univers comme une plante exotique multidimensionnelle croissant dans l'espace et dans le temps; chaque pensée, rêve ou rencontre imaginaire, chaque espoir ou chaque crainte y trouve son propre épanouissement. C'est une plante d'une variété exceptionnelle, jamais la même d'un moment à l'autre; une plante dont chaque radicelle, chaque feuille, chaque bourgeon et chaque fleur a son rôle à jouer, toujours en lien avec le tout.

Même ceux qui, parmi vous, acceptent intellectuellement qu'ils sont maîtres de leur propre réalité trouveront difficile d'admettre cette responsabilité dans certains domaines. Il faut comprendre que vous êtes littéralement hypnotisés par la croyance que vos émotions **suivent** les événements. Pourtant, vos propres sentiments **causent** bel et bien les situations qui se présentent; **ensuite**, vous réagissez à ces événements.

(*21 h 45*) On vous a enseigné que vos émotions doivent absolument être liées à des situations précises. Ainsi, vous serez triste devant la mort d'un proche parent, la perte d'un emploi ou encore d'une personne dont vous étiez amoureux, ou pour toute autre raison. On s'attend à ce que vos sentiments viennent en réponse à des événements actuels ou passés. Mais il faut admettre que bien souvent vos sentiments surgissent «avant la situation»; et c'est bien normal, car ils sont à l'origine de ces événements.

Un parent peut être prêt à mourir, sans aucun signe apparent. Les sentiments de la personne en question peuvent bien être mixtes: une forme de soulagement mêlé d'amertume; mais il faut comprendre que les événements primaires sont toujours subjectifs.

À votre époque, le fait de comprendre que vous créez votre expérience et votre environnement constitue un véritable tour de force. Tout le poids de l'évidence **semble** (*double souligné*) être en effet dans l'autre plateau de la balance, compte tenu de vos habitudes de perception. Cette prise de conscience ressemble à cette expérience que vous faites en rêve. Ainsi vous arrive-t-il, dans votre rêve, de vous «éveiller», de vous rendre compte du contenu de votre rêve, puis de comprendre que vous êtes l'auteur du drame que vous expérimentez.

Pour saisir que vous créez votre propre réalité, il vous faut effectuer ce genre d'«éveil» de conscience, pour plusieurs d'entre vous tout au moins. Certaines gens peuvent accomplir ce transfert plus facilement que d'autres. Cette seule prise de conscience, **en ce qui vous concerne**, vient changer considérablement les «règles du jeu». J'ai mes raisons pour aborder ce sujet à ce moment-ci, plutôt que dans nos productions antérieures. En effet, nos livres suivent leur propre rythme et ce dont nous traitons aujourd'hui est, en un sens, le développement d'un thème de notre livre *The Nature of Personal Reality*[1].

Aussi longtemps que vous croirez que les situations favorables ou défavorables sont voulues par un dieu personnifié, en récompense ou en punition à vos actions, tant que vous serez convaincu que les événements n'ont pas de sens, qu'ils sont chaotiques et qu'ils ne constituent que des nœuds subjectifs dans la trame compliquée de ce monde accidentel darwinien, vous ne pourrez prendre conscience de votre propre capacité créatrice, ni

1. Jane et moi avons également pressenti qu'*Événements collectifs* était une suite du deuxième livre de Seth: *La réalité personnelle*. (*Robert Butts*)

du rôle que vous jouez individuellement ou comme espèce dans cet univers. Vous vivrez dans un monde où les choses vous arrivent et où vous devez vous sacrifier aux dieux ou encore vous vous sentirez victime d'une nature insouciante.

Tout en préservant l'intégrité des événements physiques, vous devez détourner quelque peu votre attention, afin de découvrir les liens qui existent entre votre réalité subjective, à un moment ou l'autre, et ces événements que vous percevez. Vous êtes les initiateurs de ces événements.

Cette reconnaissance entraîne en effet un élargissement de votre conscience; vous devez effectuer un bond mental et imaginatif pour prendre la direction des œuvres que vous accomplissez et que vous avez toujours accomplies, mais sans votre connaissance consciente.

Comme je l'ai mentionné (*à la session 828*), l'homme primitif faisait ce rapprochement entre les réalités subjective et objective. En tant qu'espèce, vous avez développé ce que l'on pourrait presque qualifier de nature seconde, un monde technologique qui soutient maintenant votre existence et duquel ont surgi des structures sociales complexes. Pour développer ce cadre artificiel, il fallait une division entre les réalités subjective et objective. Il est maintenant important de voir votre position et d'orienter votre conscience afin de prendre la véritable responsabilité de vos actions et de vos expériences.

Vous pouvez vous «réveiller» de votre état actuel de veille; c'est d'ailleurs la prochaine étape normale de votre conscience. Vous êtes déjà équipé, d'un point de vue biologique, pour franchir ce pas. En pratique, chaque personne fait de temps à autre cette récognition. Cet état met en lumière vos succès et vos faiblesses. Accordez-vous le crédit de vos réussites et, dans ces domaines où vous êtes moins satisfait, rappelez-vous que vous êtes à la phase de l'apprentissage; mais osez accepter la responsabilité de vos actions.

Nous verrons plus précisément comment votre univers personnel cause votre expérience journalière et de quelle façon cette dernière se fusionne à celle des autres.

(22 h 25. L'énoncé de Seth, au sujet de la responsabilité de nos actes, me rappelle les défis que Jane et moi avons pris en nous engageant dans

cette vie. Nous essayons de garder à l'esprit ces passages de Seth, tirés d'une session personnelle (le 25 juin 1977):

«Grâce à votre compréhension individuelle et commune, ainsi qu'à votre jugement, vous avez perçu très tôt et très distinctement les difficultés de vos semblables. Cet état d'esprit vous a permis de remettre en cause le cadre de votre société. Il vous a été possible de réaliser quelque chose dont peu de personnes sont capables: dépasser intuitivement et mentalement votre propre période et mettre de côté, parfois avec véhémence, les croyances religieuses, scientifiques et sociales à courte vue et souvent regrettables de vos pairs.

»Plusieurs de ces vieilles croyances, cependant, ont encore une emprise émotionnelle. Certaines de ces croyances, qui avaient leur raison d'être, sont maintenant dépassées ou ont été entretenues trop longtemps. Le fait de voir clairement les manques de votre époque vous porte l'un et l'autre à les exagérer ou plutôt à vous y attarder, ce qui vous donne un sentiment d'insécurité. Et vous y réagissez en y érigeant des défenses...»)

Session 831 – Le lundi 15 janvier 1979, à 21 h 22.

(Les roses avaient tenu bon. L'année dernière, en ce début d'automne, j'avais cueilli pour Jane quelques fleurs qui pendaient en bordure de la fenêtre de la cuisine, du côté nord-est de notre maison sur la colline. Pour me remercier, elle écrivit ce court poème[1]*:*

«La rose temporelle
Recèle
Des semences éternelles,
Dans lesquelles
L'univers entier
(et toi et moi)
Se cache en puissance.»

---

1. Nous sommes le 28 septembre 1978, j'y vois un symbole de l'arrêt de quarante-deux semaines de la dictée d'*Événements collectifs*. Durant ce temps, nous avons tenu cinquante-six séances non reliées à ce livre. Nous avons eu aussi de nombreuses activités, dont la correction d'épreuves de James, la fin du tome II de *Unknown Reality* et l'aboutissement du deuxième roman de la série «Oversoul Seven». Durant cette période, l'éditeur a également donné feu vert à Mme Sue Watkins pour la publication d'un livre qui relatera, sous le titre *Conversations With Seth*, les expériences vécues lors des classes de «perceptions extra-sensorielles», tenues par Jane entre 1967 et 1975. (*Robert Butts*)

(Jane a revu les cinquante-six sessions personnelles de ces derniers mois et elle en tire ses conclusions: «En révisant les propos de Seth au cours des neuf derniers mois, il est maintenant facile de voir où il voulait en venir. Il nous avait déjà donné, en privé, un aperçu des ***niveaux 1*** *et 2, peu après le début d'*Événements collectifs. *Dernièrement, il fit ce long arrêt de la dictée pour nous "ré-éduquer", en nous faisant voir nos propres croyances et celles du monde en général, à la lumière des* ***niveaux 1*** *et 2.)*

*(»Ces propos viennent en grande partie en parallèle avec la matière d'*Événements collectifs *[...] nous faisant voir le monde et ses événements sous un jour tout à fait nouveau. À quelques reprises, nous avons demandé à Seth de faire le lien entre les accidents mortels locaux, dont nous entendions parler, et l'activité aux* ***niveaux 1*** *et 2. Certaines des communications de Seth concernaient nos croyances personnelles, mais il les abordait généralement dans leur contexte social plus large. Quatre jours après la tragédie de Jonestown, il commença à discuter de ce malheureux événement en Guyane, dans cette colonie de l'Amérique du Sud, où plus de neuf cents américains ont été tués ou se sont suicidés le 18 novembre 1978. Depuis lors, nous lui avons demandé de revenir sur toute l'affaire de Jonestown, dans* Événements collectifs. *Seth ne pourra certes pas plaider l'ignorance! Toutes ces communications personnelles – fort animées – contiennent d'excellentes explications concernant les événements courants et les liens entre la créativité et le* ***niveau*** *2. Elles couvrent également des sujets aussi divers que le comportement psychotique et les civilisations anciennes. C'est comme si Seth essayait de nous aider à briser une fois pour toutes de vieilles associations. Il a certainement fait de son mieux, et si ses efforts ne portent pas fruit, cela ne dépendra que de nous.)*

(»Nous avons nos propres tiraillements, comme tout le monde. Seth ne nous a jamais promis un "jardin de roses". Nous avons de beaux jours et d'autres plus moches à vivre les défis, les joies, les aventures et les mésaventures qui forment la trame de notre existence. Dans ce bloc de sessions, Seth aborde certains de nos problèmes personnels: les indispositions occasionnelles de Rob, des troubles mineurs mais incommodants, et mes propres raideurs dérangeantes et persistantes. Si Seth ne nous a pas fourni un jardin de roses, il a certainement – et il poursuit son entreprise – essayé de nous indiquer d'où provenaient les mauvaises herbes! Ces enseignements personnels nous ont aidés à voir nos défis dans une perspective plus globale; nous avons certes fait un bout

de chemin vers la maîtrise de ces difficultés. Nous devons, comme tout le monde, mettre ces enseignements à profit pour nous-mêmes. Mais voilà, nous sommes souvent si occupés à préparer ces écrits pour leur publication que nous avons rarement le temps voulu, contrairement à nos lecteurs, pour étudier réellement le message. Seth essaie probablement de compenser en délaissant la dictée, nous donnant ainsi du temps pour absorber cette matière.»)

*(Jane a examiné le contenu à ce jour d'*Événements collectifs, *sachant qu'on y reviendrait bientôt.)*

Bonsoir.

(«Bonsoir, Seth.»)

Revenons à la dictée. Poursuivons ce chapitre (*cinq*) que nous avions commencé: «La mécanique de l'expérience».

La religion organisée a commis des bévues considérables. Pourtant, le christianisme a fourni, pendant des siècles, un cadre accepté par une grande partie du monde connu, lui fournissant des «règles» d'action bien définies. L'expérience était canalisée, tracée à l'avance; il y avait cependant place à de riches expressions, en autant que l'on respectait les limites imposées par les dogmes religieux.

Le pécheur pouvait toujours être pardonné; jamais on ne remettait en cause l'immortalité de l'âme. Il y avait des règles pour la plupart des activités sociales et pour l'ensemble des pratiques religieuses. Chaque étape importante de la vie, de la naissance au décès, était marquée par une cérémonie. L'Église était l'autorité et l'individu n'avait qu'à se conformer aux règles.

Dans ces limites, certaines formes d'expressions fleurissaient et d'autres demeuraient étouffées. Dans votre société actuelle, on ne retrouve plus une telle autorité universelle. L'individu doit faire son chemin à travers la multitude des systèmes de valeurs qui ont cours. Il doit prendre des décisions qu'on ne pouvait imaginer au temps où le fils devait, par exemple, continuer le commerce de son père, et où les mariages étaient généralement conclus pour des raisons économiques.

Votre expérience présente est donc fort différente de celle de vos ancêtres médiévaux. Vous ne pouvez en aucune façon comparer leurs attitudes avec les vôtres ni leur forme de vie avec le type de relations sociales qui existent aujourd'hui. Malgré toutes ses erreurs, le christianisme, dans ce qu'il avait de meilleur, donnait un sens ultime à la vie de chaque personne. On ne posait pas de questions, mais la vie avait sa raison d'être, peu importe l'opinion que l'on pouvait avoir sur le sens qui lui était donné.

(*21 h 35*) Les rêves aussi étaient différents à cette époque; ainsi étaient-ils remplis d'images métaphysiques et animés de saints et de démons. Par-dessus tout, il existait un système de référence à la lumière duquel toute expérience pouvait être évaluée. Vous avez maintenant beaucoup plus de décisions à prendre. Vous devez trouver un sens à votre vie – et à la vie – à travers un enchevêtrement de croyances conflictuelles véhiculées par les journaux et la télévision.

Vous pouvez faire des expériences; il vous est loisible d'essayer ceci ou cela. Vous pouvez suivre une religion ou une autre, passer de la religion à la science ou vice versa. C'est une réalité qui, dans un sens, était inaccessible aux masses des temps anciens. Les moyens modernes de communication vous mettent en contact avec les théories qui se développent, avec les cultures, les cultes et les écoles les plus diverses. Il se trouve que, dans des domaines importants de la vie, la mécanique de l'expérience devient plus apparente, car elle n'est plus cachée derrière un système de croyances.

(*21 h 43*) Vos choix personnels sont beaucoup plus nombreux, d'où la nécessité de donner un sens à votre expérience subjective. Si vous croyez être le véritable artisan de votre réalité, alors toute une nouvelle série de questions surgissent. S'il est vrai que vous édifiez actuellement ce qui constitue votre expérience individuelle et collective, pourquoi alors tant d'aspects négatifs? De deux choses l'une, ou bien vous créez votre réalité, ou bien on la crée pour vous; l'univers est accidentel ou il ne l'est pas.

Aux temps médiévaux, la religion organisée, ou le christianisme, fournissait un cadre de croyances à travers lequel l'individu se percevait. Les aspects de soi qui ne concordaient pas avec ces croyances étaient en pratique ignorés. Les problèmes venaient de Dieu comme des punitions ou constituaient une forme d'avertissement. La mécanique de l'expérience était cachée derrière l'écran de croyances.

Les théories de [Charles] Darwin et de Freud[1] ont contribué à former un nouveau cadre de perception et d'acceptation de l'expérience vécue. Si le christianisme voyait l'homme entaché du péché originel, le darwinisme et le freudisme pour leur part le considérèrent comme un membre d'une espèce imparfaite; la vie individuelle demeurant précaire et soumise aux besoins de l'espèce dont le but premier est la survie, **survie dénuée de sens par ailleurs**. La majesté de la psyché est ignorée, le sens d'appartenance à la nature est érodé car, semble-t-il, ce n'est qu'au détriment de la nature que l'homme pourra subsister. Ses **rêves** les plus grandioses, tout comme ses craintes les plus tragiques, viendraient d'un déséquilibre glandulaire ou d'une névrose attribuable à un traumatisme de l'enfance.

Cependant, au milieu de toutes ces croyances, chaque personne a besoin d'un contexte qui donne un sens à sa vie, d'un but qui mobilise son action, d'un scénario dont le thème donnera une signification à ses entreprises personnelles.

Les valeurs peuvent être d'ordre intellectuel ou émotionnel; parfois, certains besoins de nature émotionnelle doivent être comblés en dépit des jugements intellectuels. L'Église a mis en scène un «drame cosmique» dans lequel la vie du pécheur lui-même avait sa valeur, ne fut-ce que pour montrer la miséricorde divine. Par ailleurs, l'environnement stérile de votre société actuelle mène souvent à la révolte: les gens prennent donc les moyens pour donner un sens, une dramatique à leur vie, même si, intellectuellement, ils refusent de l'admettre.

(*Pause de 21 h 59 à 22 h 07* [2])

Un grand nombre de personnes ont rejeté Dieu, pour laisser place à la fatalité; la volonté perdit également de sa force.

On ne pouvait pas louanger une personne pour ses succès, ni la blâmer pour ses échecs, puisque, dans une grande mesure ses capacités, ses faiblesses et ses traits étaient attribués à la chance,

---

1. À titre de rappel, Sigmund Freud (1856-1939) était un médecin autrichien, fondateur de la psychanalyse. (*Robert Butts*)

2. Si Jane se demande toujours comment elle peut reprendre le fil du livre après de si longs mois d'arrêts, je me sens bien de revenir à cette matière plus générale et débordant notre vie personnelle; matière illimitée, semble-t-il, et je regrette de ne pouvoir la transmettre dans son intégrité. (*Robert Butts*)

à l'hérédité ou à quelques mécanismes inconscients sur lesquels elle n'avait, semble-t-il, que peu d'emprise. Le démon a, de façon figurative, pris le maquis; plusieurs de ses qualités machiavéliques et moyens détournés furent attribués à l'inconscient. L'homme était alors divisé en lui-même: une tête consciente, mal à son aise sur le tronc bestial puissant de son inconscient. Il se croyait programmé par son hérédité et son environnement, apparemment voué à demeurer inconscient de ses véritables motifs personnels[1].

En plus de se voir monté contre lui-même, l'homme se considérait comme faisant partie d'un univers mécanique et indifférent, sans but ni intention; un univers qui ne se souciait pas un brin de l'individu, mais seulement de l'espèce. Un monde bien étrange en effet.

(*Pause*) À bien des égards, cela constituait un nouveau monde. Pour la première fois, une **grande portion** de l'humanité se croyait isolée de la nature et de Dieu, dans un monde où l'on ne reconnaissait à l'âme aucune noblesse. À vrai dire, l'idée même de l'âme était, pour de nombreuses personnes, embarrassante et désuète. Je ne fais pas de distinction ici entre les mots «âme» et «psyché». Sous différents déguisements, la psyché émerge de plus en plus, cherchant, d'une part, à exprimer sa vitalité et son exubérance selon sa finalité et, d'autre part, à trouver de nouveaux contextes propices à l'éclosion de sa réalité subjective; elle finit toujours par déborder les limites des croyances stériles.

La psyché s'exprime à travers l'action, mais elle porte en elle la poussée vitale propice au développement de l'individu. Spontanément, elle cherche à produire une civilisation ou un climat social fécond et favorable à la créativité. Elle projette ses désirs sur le monde physique, cherchant à actualiser son potentiel par l'expérience individuelle et sociale, tout en mettant à contribution les capacités de chacun. Elle cherche à concrétiser ses rêves dans la chair. Si ces derniers ne trouvent pas d'expression dans la vie sociale, ils fleuriront néanmoins sur une base individuelle en une forme de religion privée.

---

1. Ici encore, voir mes commentaires sur les «gènes égoïstes», à la note de la page 111, session 821. (*Robert Butts*)

La religion est fondamentalement une activité par laquelle l'homme tente de trouver un sens à sa vie. Son développement s'appuie sur une profonde connaissance psychique. Peu importe son nom, la religion représente le lien de l'homme avec l'univers.

(Seth termina cet entretien avec quelques messages pour Jane. Il était 22 h 34. En sortant de transe, Jane s'exclama: «Je manque tellement de confiance, ce doit être terrible. Je suis heureuse que Seth soit revenu au livre. Je n'arrête pas de me demander: "Est-ce bien, est-ce bien? Je sais que c'est bien, mais ce sentiment de vide me revient, à cause de cette incertitude..."»)

Session 832 – Le lundi 29 janvier 1979, à 21 h 11.

(Depuis deux semaines, c'est un feu roulant, avec la correction d'épreuves et l'envoi de trois manuscrits chez l'éditeur. Il s'agit de Psyche, Emir et Seven Two. *Quelques jours avant la présente session, Jane, en une poussée d'inspiration, a entrepris son* **troisième** *roman de la série «Sur-âme»:* Oversoul Seven and the Museum of Time.)

(La session de ce soir était de longueur moyenne – environ une heure trente – mais seul le début fut consacré à Événements collectifs.)

Bonsoir.

(«Bonsoir, Seth».)

Dictée. Dans votre société, on s'attend généralement à ce qu'une personne ait un gagne-pain respectable, une famille ou d'autres relations intimes, une bonne santé et un sens d'appartenance, afin de pouvoir être productive, heureuse et satisfaite.

Des avantages sociaux, de bonnes possibilités d'emploi, des régimes de santé et des projets urbains font souvent partie des moyens déployés pour satisfaire les «masses». Rien, ou si peu, n'est dit sur les besoins innés de l'homme d'avoir un but et de trouver une signification à sa vie. Rien n'est dit sur son désir intime de faire partie d'une action, d'un drame spirituel plus vaste mais qui le touche de près.

L'homme a besoin de sentir et d'exprimer des impulsions héroïques. Ses véritables instincts l'amènent spontanément à désirer l'amélioration de la qualité de sa propre vie et de celle des autres. Il doit se voir comme une force dans le monde.

Les animaux jouent aussi la comédie. Ils ont des émotions. Ils se sentent partie du jeu des saisons. Dans ces termes, ils sont pleins de vie. Ils sont en contact si étroit avec la nature riche et diversifiée que cela constitue pour eux l'équivalent de vos cultures et civilisations. Ils répondent à de délicates nuances indescriptibles et construisent leurs «civilisations» grâce à un tissu de données sensibles que vous ne percevez pas.

Les animaux savent, d'une manière qui vous échappe, que leur existence intime a une influence directe sur l'essence des choses. Ils sont donc profondément concernés.

Un humain peut posséder richesse et santé, avoir d'excellentes relations et un travail satisfaisant, et pourtant mener une vie dénuée de cette dramatique dont je parle. À moins de trouver un sens à la vie elle-même, toute existence vous semblera insignifiante; alors tout amour et toute beauté finiront par se flétrir.

Si vous croyez en un univers accidentel, si vous croyez être un membre d'une espèce issue du hasard, la vie vous semblera dépourvue de signification et les événements vous paraîtront, en effet, chaotiques. Les désastres attribués à la colère divine pouvaient au moins être compris dans leur contexte, mais bien des gens vivent dans un monde subjectif où les événements personnels semblent n'avoir aucune raison de se produire et paraissent même parfois en opposition complète avec leurs souhaits.

Que peuvent donc créer ces gens qui se sentent impuissants et dont la vie semble dépourvue de signification? Quelle mécanique sous-tend les circonstances de leur vie?

Fin de la dictée. J'ai quelques notes supplémentaires...

(21 h 34. Après quelques pages de commentaires, la session prit fin à 22 h 38.)

(Je fis part à Jane des propos évocateurs de Seth sur les animaux, leur association étroite avec la nature et le rapprochement qu'il fait entre leurs activités et les civilisations. J'espère qu'il développera davantage ce sujet dans le présent ouvrage.)

Session 833 – Le mercredi 31 janvier 1979, à 21 h 21.

(Jane a pris plaisir ces derniers jours à poursuivre son troisième roman des aventures de «Sur-âme sept».)

Maintenant, la dictée.

Les hommes ne meurent pour une «cause» que lorsqu'ils n'ont pas trouvé de raison de vivre. Et quand le monde paraît dépourvu de sens, certains individus profitent des circonstances mêmes de leur mort pour le proclamer.

Nous reviendrons bientôt sur ces «causes» et leur relation avec le sentiment d'inutilité de la vie pour une personne.

Pour le moment, considérons un acte très banal. Supposons, par exemple, que vous vouliez traverser la pièce pour y ramasser un bout de papier. Cette intention est pour le moins simple et facile. Elle guidera automatiquement votre corps vers l'objet désiré, sans que vous soyez le moindrement conscient des mécanismes intérieurs requis. Vous n'imaginerez pas la présence soudaine d'un obstacle sur votre passage, un meuble par exemple, qui viendrait à dessein ou accidentellement vous barrer la route. Non, vous vous dirigerez simplement, droit au but. L'acte a un sens parce qu'il s'agit de quelque chose que vous **voulez** faire.

Certains buts ne s'expliquent pas aussi facilement, que l'on pense à des aspirations essentiellement psychologiques, à des besoins à satisfaire et qu'on ne peut catégoriser aussi clairement. L'homme a des désirs, des ambitions, des goûts et des répugnances de nature hautement émotionnelle; en parallèle, il entretient des croyances intellectuelles sur lui-même, ses sentiments, et sur le monde en général. Ces croyances sont le résultat de l'éducation, car vous pensez comme on vous a appris à le faire.

Une personne peut désirer la renommée et avoir toutes les qualités nécessaires pour y arriver. Elle peut également croire que la fortune et la gloire mènent au malheur et à la débauche ou attirent d'une façon ou d'une autre des situations désagréables. On a donc, d'un côté, le désir d'utiliser certains dons pour se faire connaître, mais de l'autre, on entretient une tendance opposée très claire: celle d'éviter la renommée.

Il y a des personnes qui souhaitent avoir un conjoint et des enfants, et qui possèdent d'excellentes dispositions parentales.

Certaines peuvent cependant être convaincues que l'amour est mauvais, que le sexe est avilissant ou encore que l'arrivée des enfants marque la fin de la jeunesse. De telles personnes peuvent se prendre à briser une bonne relation avec une personne du sexe opposé sans raison apparente ou encore forceront-elles l'autre partenaire à rompre. On trouve ici deux objectifs bien identifiés, mais conflictuels.

Les personnes qui ont trouvé un sens à leur vie peuvent faire face à ce genre de situations. Bien souvent, de tels dilemmes seront résolus d'une manière adéquate. Pour celles qui croient que la vie a peu de signification, les déceptions, le sentiment d'impuissance et les conflits peuvent faire des brèches malheureuses en leur personnalité. Ces personnes commencent à imaginer des obstacles sur le chemin de leur propre réalisation, comme si elles voyaient soudain apparaître des barrières physiques entre elle et la table qu'elles désirent atteindre de l'autre côté de la pièce.

(*21 h 40*) Pour franchir un espace dans le monde physique vous utilisez des cartes topographiques qui vous indiquent la nature du terrain et les cours d'eau. Du point de vue de votre orientation psychologique, cependant, il y a plus d'éléments à considérer.

Encore une fois – (*avec humour*) ceci vous évitera d'ailleurs d'écorcher quelqu'un «à nouveau» ou de vous buter à un obstacle – votre seul désir de vous déplacer mobilise votre corps. Il répond à votre intention, selon vos buts; cela constitue votre environnement intérieur privé. Vos intentions mettent immédiatement en branle vos énergies psychiques. Vous possédez ce que j'appellerai pour le moment «un corps de pensée», et c'est justement ce «corps» qui entre en action à votre commande.

Lorsque vous voulez aller au centre-ville, vous savez vous y rendre, malgré la distance. Lorsque vous voulez trouver un compagnon ou une compagne, vous tenez pour acquis que la rencontre aura lieu, sans connaître le lieu ni le moment où l'occasion se présentera. Votre intention de trouver un partenaire crée des «ondes de conscience» porteuses de votre désir. Comme des détectives, elles couvrent le monde à la recherche de l'élu, mais d'une façon totalement différente d'un limier conventionnel. Elles sondent l'univers, imprégnées de vos critères, à l'affût d'une personne possédant les caractéristiques qui vous conviendront le mieux. Quel que soit l'objet de vos besoins, c'est ce même processus psychique qui entre en action.

La nature de vos sentiments, de vos croyances et de vos intentions conditionne la formation de votre réalité physique. Celle-ci en découle avec une spontanéité et un ordre impeccable. Si, par exemple, vous croyez en un monde dépravé, vous rechercherez alors des données extérieures et des faits qui confirmeront votre orientation. Mais, au-delà des données des sens, vous organisez à d'autres niveaux votre univers mental, de manière à vous attirer les événements qui – encore une fois – confirmeront vos croyances.

Tout comme la naissance, la mort fait partie de ce que vous êtes. Son influence varie selon les individus et, dans un certain sens, la mort vous fournit une dernière chance d'affirmer ce qui compte pour vous dans la vie, dans le cas où vous ne l'auriez pas fait.

Pour certaines personnes, la mort est paisible. Pour d'autres, la vie finira en «point d'exclamation»; ce qui fera dire aux historiens que leur mort aura eu une plus grande importance que leur vie. Certains meurent à l'adolescence, remplis de cette poussée de vie, à demi éblouis par l'ivresse de l'enfance et prêts, semble-t-il, à franchir avec exubérance le seuil de la vie adulte. Plusieurs de ces jeunes préfèrent mourir au moment où ils prennent conscience de la complexité et de l'infinité des réalisations possibles. Ce sont souvent des idéalistes qui, d'une façon sous-jacente, en dépit d'un enthousiasme, d'une intelligence et parfois même d'extraordinaires capacités, ressentent que la vie ne saurait que souiller ces facultés, amortir ces vents spirituels et assombrir des espoirs jamais satisfaits.

Ceci ne constitue pas l'unique raison de toutes ces morts, loin de là, mais, généralement, ces décès portent un message particulier, incitant parents et contemporains à se poser des questions. Les individus en cause choisissent habituellement une mort à contenu hautement dramatique, car, quelles que soient les apparences, ils n'ont pas pu exprimer ce mouvement intense de leur psyché dans le monde qu'ils voyaient. Leur mort sert souvent de leçon pour d'autres gens, les invitant à s'interroger sur des problèmes qui passaient inaperçus. On assiste aussi à des professions de masse du même type, dans lesquelles les gens se regroupent pour mourir, cherchant des compagnons de mort, comme on désire de la compagnie dans la vie. Des personnes impuissantes et sans raison de vivre peuvent alors se rassembler et «mourir pour une cause» sans autre issue. Ces personnes iront à la recherche de leurs semblables.

(*22 h 05*) La mécanique interne des émotions et des croyances est complexe, mais ces personnes se sentent abandonnées par la vie. Elles ne comprennent pas leur raison d'être en société. Elles voient tout en blanc ou tout en noir; leurs émotions, ainsi que leurs convictions face à ces émotions, les portent à trouver refuge dans un système de croyances rigide qui leur fournit des règles de conduite. De tels systèmes mènent à la formation de cultes, regroupant des adeptes autour d'un chef voué à leur service, tout autant qu'eux-mêmes à sa propre cause, par une mécanique interne dont chaque membre est plus ou moins conscient.

Fin de la dictée.

(*22 h 10. Fin de la session, après quelques remarques, à 22 h 15. Jane était surprise de la fin si rapide de l'entretien; son débit ayant été constant et énergique. «Ma foi, je sentais qu'il y avait des pages de contenu, une vraie avalanche! s'exclama-t-elle. J'avais aussi l'impression d'entrer dans l'affaire de Guyane, sans la nommer.» En effet, il nous semble – et nous l'espérons – que Seth se prépare à discuter de la tragédie de Jonestown dans le cadre du présent ouvrage.*)

Session 834 – Le lundi 5 février 1979, à 20 h 59.

(*Après le dîner de ce soir, Jane lut quelques-unes de mes notes écrites dernièrement et dans lesquelles je me demandais pourquoi je peignais mes portraits – mes «têtes» comme je les appelle – de l'«imaginaire» plutôt qu'à l'aide de modèles vivants, de «personnes réelles». Je me suis souvent demandé s'il n'y avait pas là des réminiscences «réincarnationnelles» ou des percées de mes «doubles*[1]». *Ce soir, je*

1. La théorie des «doubles» fut introduite par Seth dans le tome II de *Unknown Reality*. Elle préconise que notre plus vaste moi psychologique, ou entité, se manifeste en plusieurs vies physiques dans un siècle donné, pour acquérir de l'expérience en une diversité de rôles, en fonction de l'âge, de la nationalité et de la langue, de l'orientation sexuelle, de la position dans la famille et autres. Selon cette thèse, si je comprends bien, l'individu peut rencontrer ou pas certains de ses «doubles», éparpillés en différents pays et sous différentes cultures. Jane et moi avons rencontré quelques-uns de nos «doubles» respectifs, à l'occasion de classes de «perceptions extra-sensorielles» que tenait Jane. (*Robert Butts*)

souhaitais entendre Seth sur cet objet de ma curiosité. Jane croyait qu'il se plierait à mon désir.)

(En pratique, compte tenu de ma demande, jointe à une autre question de Jane, nous doutions pouvoir toucher aux thèmes du livre. Puis, à peine installée pour la session, Jane me demanda d'écrire ce qui suit, que Seth soit prêt ou non à aborder ce contenu: «Une nouvelle partie ou un titre de chapitre, "Les individus qui ont peur d'eux-mêmes. Environnements sous contrôle et les comportements de masse, positifs et négatifs".» J'affirmai que Seth aurait tout le temps voulu pour répondre à nos questions et poursuivre le travail du livre; et c'est ce qui arriva.)

(En raison de leur portée générale, nous présentons ici les remarques qu'il me dédiait. Même si Seth traite de mes peintures sans mentionner les mots «réincarnation» ni «doubles», il n'en explique pas moins comment de tels «résidents de l'esprit» font partie de la connaissance innée du plus grand – ou plus vaste – moi de chaque personne.)

(*Chuchoté*) Bonsoir.

(*«Bonsoir, Seth.»*)

Voici au sujet de ta requête et de ce qui s'y rattache.

Comme je l'ai souvent répété, il y a des concepts très difficiles à expliquer, précisément lorsque l'on veut parler de la nature de la conscience. Bien souvent, dans votre cadre de référence, certaines notions fort valides peuvent paraître contradictoires, l'une semblant venir infirmer l'autre.

Je veux insister fortement sur l'unicité originelle de l'individu. J'affirme aussi que le moi n'est pas limité. Les deux assertions **peuvent** sembler incompatibles. Lorsque vous êtes enfant, votre sens d'identité n'englobe pas, en termes habituels, votre expérience de l'âge adulte. De façon similaire, la personne âgée ne s'identifie pas à l'enfant qu'elle a été. C'est donc dire que la perception de ce que vous êtes change avec votre évolution dans le temps. D'une certaine manière, c'est comme si, par votre expérience, vous **ajoutiez** quelque chose à ce que vous êtes; que vous deveniez «plus que vous n'étiez». Vous faites la navette entre vos «moi» probables, tout en maintenant, et avec une grande facilité, votre identité.

La mosaïque de la conscience présente de nombreuses facettes. Lorsque je parle de mosaïque, il doit vous venir à l'esprit de petits segments luisants de différentes formes et de dimensions variées. Cependant, cette mosaïque dont je parle ressemble plutôt à des rayons lumineux, pénétrant l'un dans l'autre et s'irradiant en un million de spectres.

L'enfant perçoit des images mentales avant sa naissance, avant d'ouvrir les yeux. Vos souvenirs vous semblent bien personnels, pourtant, comme je vous l'ai déjà dit, vous conservez la mémoire d'autres existences. Vous vous rappelez d'autres figures, même si votre pensée dite consciente ne reconnaît pas les images de cette mémoire intérieure plus profonde. Ces images doivent vous être présentées sous le couvert de la fantaisie. Vous demeurez ce que vous êtes. Votre moi est inviolable dans sa propre identité, unique en ses caractéristiques; il vit et profite des saisons d'une manière originale et son expérience ne se répétera jamais plus. Vous êtes une version unique de votre plus grand moi. Vous partagez cependant certains modèles généraux qui sont eux-mêmes originaux.

C'est un peu comme si vous partagiez, disons, une planète psychologique, peuplée de gens ayant les mêmes racines, le même fond d'être, comme si vous profitiez des mêmes continents, montagnes et océans. Vous avez donc en commun certains schèmes de développement, certaines images, certains souvenirs et désirs. Ces caractéristiques se reflètent dans votre vie physique. de la même façon des éléments de votre vie apparaissent à leur manière chez d'autres personnes.

(*21 h 15*) Tes portraits sont le résultat d'une telle reconnaissance. Tu as toujours pensé que ton talent artistique devait te suffire. Tu as pensé qu'il devait constituer pour toi une passion dévorante, mais tu ne l'as jamais vraiment senti. Si cela avait été le cas, tu t'y serais adonné tête baissée, sans dévier de ton but. Pour toi, la peinture devait se marier à une forme plus profonde de compréhension des choses. Peindre devait même devenir pour toi un enseignement, te faisant pénétrer dans les images, puis te menant au-delà de celles-ci pour t'y ramener à nouveau.

Ta peinture était voulue pour faire ressortir sous forme d'images l'accumulation de tes connaissances au plus profond de ton être. Non pas des portraits de personnes que tu pourrais rencontrer dans la rue, mais de «résidents de l'esprit». Ces derniers sont très réels. D'une certaine manière, ils te sont plus proches que tes parents pouvaient l'être, et lorsque tu exprimes leur réalité, ils traduisent alors eux-mêmes la tienne. Tout existe dans la simultanéité. Seule l'illusion du temps – que chacun d'entre vous entretient – vous empêche de vous saluer. Jusqu'à un certain point, lorsque tu peins de tels portraits, tu formes des ponts psychologiques entre toi et ces autres «moi»: ta propre identité en croissance.

Ce n'est qu'une **façon de parler** – (*avec humour*) une précision nécessaire ici – **certaines** «personnalités-énergie» de ta plus grande identité utilisent leur puissance extraordinaire de manière fort constructive. Cette énergie fait également partie de ta personnalité. En exécutant de telles figures, ton ambition en sera indubitablement accrue. Tu connaîtras des périodes de plénitude. Ta sensibilité te permettra d'identifier l'image de ces personnalités.

(Je pense avoir ressenti de telles choses la semaine dernière, je n'en avais pas parlé à Jane.)

C'est la raison pour laquelle je le mentionne ici. Je savais que tu ne l'avais pas dit à Ruburt. Le pinceau peut, en effet, ouvrir la porte à d'autres mondes. Par ailleurs, tes propres émotions sont transposées dans de tels tableaux.

(*21 h 29*) Encourage par tous les moyens ton activité onirique; tu trouveras une correspondance entre tes rêves, ta peinture et tes écrits[1]. Chaque domaine stimule l'expression de l'autre. Tes écrits acquièrent de la vitalité par ta peinture et vice versa; ton moi de rêve est en contact avec tous les autres Aspects (*avec un grand «A»*) de ta réalité.

(21 h 31. Seth répondit ensuite à la question que Jane lui avait posée et fit une pause à 21 h 38. Reprise à 21 h 56.)

---

1. Seth fait cette «corrélation» parce que, dernièrement, je me suis mis à peindre de petites huiles de mes images de rêve les plus vives. J'y prends grand plaisir. Réduire ces éléments changeants et brillants en des surfaces immobiles, comme nous les voyons dans notre réalité, représente un défi plus sérieux que je ne le prévoyais. Chaque petite peinture devient une aventure technique et émotionnelle unique, et je suis loin de réussir à chaque essai. Je me demande maintenant pourquoi je n'ai pas essayé de peindre des images de rêve plus tôt dans ma vie. Comment se fait-il que l'on entende si peu d'autres artistes parler d'expériences similaires? Je ne connais personnellement aucun peintre qui travaille ainsi avec les rêves. (*Robert Butts*)

Si vous ne pouvez vous fier à votre moi intime, vous ne pourrez avoir confiance en vous-même dans vos relations avec les autres en société.

Si vous n'avez pas confiance en vous, vous craindrez le pouvoir, de peur d'en faire un mauvais usage. Vous vous mettrez **intentionnellement** en position de faiblesse, tout en cherchant à influencer les autres. Ne vous comprenant pas vous-même, vous serez dans une impasse; la mécanique de l'expérience vous paraîtra à la fois mystérieuse et capricieuse.

Dans certains cas, cependant, on peut voir clairement ces mécanismes; c'est pourquoi je voudrais regarder avec vous quelques exemples hypothétiques.

Ceux-ci pourront vous paraître exagérés puisqu'ils ne représentent pas des situations «normales» de vie. Leur singularité apportera cependant un puissant éclairage sur les intentions, les desseins et les méprises, dans la vie, de femmes et d'hommes bien normaux.

Lorsque les gens sont convaincus, pour une raison ou pour une autre, que le moi est récusable ou que l'univers n'est pas fiable, au lieu de se lancer avec exubérance dans l'exploitation de leurs capacités et l'exploration de l'environnement physique et mental, ils commencent à s'enfermer dans leur réalité. Ils répriment leurs aptitudes, ils contraignent à outrance leur environnement. Ils ont peur des autres. Les personnes craintives ne veulent pas de liberté, ni mentale ni physique. Ces personnes veulent se mettre à l'abri; elles recherchent donc un ensemble bien défini de règles à suivre. Elles veulent se faire dire ce qui est bien et ce qui est mal. Elles ont une propension à adopter des comportements obsessionnels. Elles recherchent des «leaders» – politiques, scientifiques (*dit avec humour*) ou religieux – qui dirigeront leur vie.

Dans la prochaine partie du livre, nous parlerons des gens qui ont peur d'eux-mêmes et des rôles qu'ils envisagent, tant dans leur vie privée que dans leur vie sociale. Dans une certaine mesure, nous discuterons de milieux fermés, mentaux ou physiques, dans lesquels la contestation est taboue ou dangereuse. Ces environnements peuvent être intimes (comme dans le cas de personnes souffrant de désordres mentaux), ou collectifs (comme dans le cas de la paranoïa de masse).

Il existe des cultes religieux, mais aussi des cultes scientifiques. Certaines personnes s'astreignent en privé à des règles aussi rigoureuses que celles imposées par un despote à ses disciples apeurés. Ces situations existent, et j'ose espérer que nos propos amèneront une plus grande compréhension de ces phénomènes. Nous introduirons des concepts propices au déploiement de la productivité et de la créativité personnelle et nous favoriserons l'ouverture d'avenues sociales plus saines.

Voici le titre de notre troisième partie. Il a déjà été formulé par Ruburt: «Les individus qui ont peur d'eux-mêmes».

La deuxième partie du livre, qui commence immédiatement après le chapitre 2, devrait s'intituler: «Les **niveaux 1** et 2».

L'autre titre que Ruburt a donné s'appliquera à notre prochain chapitre (*le sixième*). Veuillez ajouter: «Les cultes religieux et scientifiques, et les paranoïas individuelles».

Fin de la session.

(*«Très bien.»*)

Avez-vous des questions?

(*«Je ne crois pas.»*)

Alors, je vous salue affectueusement.

(*«Merci, Seth.»*)

(*Fin de la session à 22 h 15.*)

TROISIÈME PARTIE

LES INDIVIDUS QUI ONT PEUR D'EUX-MÊMES

Chapitre 6

ENVIRONNEMENTS SOUS CONTRÔLE ET LES COMPORTEMENTS DE MASSE POSITIFS ET NÉGATIFS; LES CULTES RELIGIEUX ET SCIENTIFIQUES, ET LES PARANOÏAS INDIVIDUELLES

Session 812 – Le samedi 1er octobre 1977, à 21 h 33.

(Lorsque Seth nous livra ces propos, il y a seize mois, il nous disait: «Ils feront partie d'un prochain chapitre du livre...» [Voir mes notes d'ouverture de la session 814]. La session 812 fut tenue à la suite d'une rencontre avec un visiteur inattendu. Ces extraits n'ont cependant rien de personnel. Ils cadrent bien avec Événements collectifs. *En fait, dès que Seth eut confirmé les titres que Jane avait proposés pour cette troisième partie et le chapitre six, nous reconnûmes la place à laquelle nous devions insérer la matière en question.)*

(*Murmuré*) Bonsoir.

(*«Bonsoir, Seth.»*)

Voici le sujet de notre entretien: la paranoïa et ses manifestations.

La paranoïa est intéressante à analyser, car elle nous montre comment les croyances individuelles peuvent fausser les événements qui relient une personne à une autre. Les faits sont «déformés», mais le paranoïaque est convaincu de la validité des événements que les autres perçoivent autrement...

Je veux insister sur l'idée que le paranoïaque se méprend sur les moindres événements personnels ou collectifs, et démontrer ici comment des événements physiques peuvent être rapprochés symboliquement pour créer une réalité mi-physique, mi-onirique.

Vous interprétez les événements d'une manière personnelle, c'est évident, car c'est vous qui les créez. Il existe cependant un terrain d'entente sur les événements physiques partagés à des degrés divers: un plateau de données servant de fondement à cette mise en commun du monde. Dans la plupart des cas d'aberration mentale, le symbolisme personnel prend tellement d'importance relativement aux données primaires des sens que ces dernières deviennent presque imperceptibles. Ces personnes font du monde physique un univers de rêve; il leur est alors difficile de séparer leur réalité de celle qu'elles partagent avec d'autres.

Plusieurs de ces personnes sont très imaginatives et créatrices. Toutefois, leur assise est souvent moins ferme que les autres pour transiger avec une réalité commune. C'est pourquoi elles essaient d'imposer leurs propres symboles à leur entourage ou encore se retirent dans l'univers qu'elles ont créé. En général, ces personnes sont la risée de leur voisinage. Chaque individu forme sa propre réalité, mais une réalité partagée avec d'autres et qui portera la marque de leur expérience personnelle.

En tant que créature vivant dans le temps et l'espace, vos sens vous fournissent des données très précises et vous soutiennent dans une réalité physique suffisamment cohésive. Chacun peut réagir aux saisons d'une manière bien personnelle, tout en partageant avec d'autres les événements naturels. Ces derniers forment le cadre de votre expérience. Il incombe alors à la pensée consciente d'interpréter les données sensibles avec le plus de clarté et de concision possible, favorisant ainsi la mobilité psychologique et physique. Comme vous êtes une espèce inventive, votre univers est coloré, chargé de vos projections imaginaires et mû par le grand élan de vos émotions. Mais lorsque vous êtes embrouillé ou troublé, il serait bon que vous portiez votre attention sur le monde naturel, tel qu'il apparaît à un moment ou à un autre pour en saisir l'apport comme élément séparé de vos propres projections.

Vous formez votre propre réalité. Pourtant, si vous vous trouvez dans une région nordique en hiver, il est préférable que vous en ressentiez la rigueur (*dit avec humour*), autrement, il y a des chances que vos sens vous jouent de mauvais tours.

Le paranoïaque entretient certaines autres croyances. Prenons l'exemple fictif d'une personne qui se dit en bonne santé et qui s'enorgueillit d'être mentalement équilibré. Appelons-la Pierre.

Pierre [*pour des raisons personnelles*] peut décider que son corps s'en prend à lui pour le punir, disons, à la place du FBI[1]. Il pourra choisir symboliquement un organe ou une fonction vitale et se mettre à interpréter faussement nombre de symptômes corporels, tout comme on pourrait se méprendre sur des événements de masse. Tout signal de son service central de renseignements en lien avec sa région sensible l'inquiétera vivement. Il se concentrera consciemment et inconsciemment sur cette partie du corps, devançant son mauvais fonctionnement. De cette manière, notre ami modifiera effectivement la réalité de son corps.

Pierre considérera ces signes corporels comme autant de menaces. C'est ainsi que des sensations tout à fait normales joueront le même rôle que tiendrait, par exemple, la peur du policier. S'il garde cette attitude assez longtemps, il imposera une tension à certaines parties de son organisme; et en s'entretenant avec d'autres à ce sujet, il troublera graduellement son univers personnel et son propre milieu. On saura désormais qu'il a un ulcère, ou je ne sais quoi. C'est le cas typique d'une fausse interprétation des données fondamentales des sens.

Lorsque je dis qu'une personne se méprend sur la signification des données de ses sens, j'entends que cet équilibre délicat entre l'esprit et la matière est rompu. Il reste que certains événements servent de liaison entre les choses. Toutefois, même si ces événements sont d'un ordre différent, ils n'en apparaissent pas moins comme des constantes à l'intérieur de votre univers. Leur réalité est le résultat d'un équilibre de forces extrêmement précis, permettant à certains événements mentaux d'apparaître alors que d'autres demeurent estompés. Le crépuscule et l'aube sont des réalités. Si, au milieu de la nuit, tout éveillé, vous croyez que le jour se lève réellement, sans pouvoir faire la distinction entre votre réalité personnelle et la réalité physique, l'équilibre est alors perturbé.

1. Bureau américain d'enquêtes policières.

Le paranoïaque organise son monde psychologique en fonction de son obsession, car c'en est une, et il élimine tout ce qui ne concorde pas avec sa vision, jusqu'à ce que tout soit conforme à ses convictions. S'il faisait un examen sans préjuger des données des sens, il s'en trouverait d'autant soulagé.

Faites une pause. Une note: ceci fera partie d'un prochain chapitre d'*Événements collectifs*.

(*22 h 31. Seth changea de sujet pour discuter de choses personnelles. La session prit fin à 23 h 30.*)

Session 835 – Le mercredi 7 février 1979, à 21 h 11.

(*Jane était très détendue avant la session. Pour une explication de cet état bien particulier de relaxation, voir les notes d'ouverture de la session 829.*)

Bonsoir.

(*«Bonsoir, Seth.»*)

Chapitre 6 - dont le titre a été donné antérieurement (*à la session 834*).

Il est une suggestion charmante, répétée maintes fois de façon solennelle, particulièrement au début du siècle, et qui dit: «Chaque jour, par tous les moyens, je deviens toujours meilleur[1].»

Cet adage, quoique attrayant, peut sembler par trop optimiste, voire absurde. Cependant, dans une certaine mesure, il a aidé des millions de personnes. Ce n'était pourtant pas une panacée. Ainsi, cela n'a pas servi aux gens qui manquaient fondamentalement de confiance en eux. Par ailleurs, la proposition était loin d'être un leurre car elle pouvait servir – et de fait a servi – de point de ralliement à de nouvelles croyances.

On rencontre très régulièrement dans votre société la suggestion opposée: «Chaque jour, par tous les moyens, je deviens pire

1. Seth citait, au chapitre 4 de *La réalité personnelle*, tome I, cette même autosuggestion tirée de l'œuvre du psychothérapeute français Émile Coué (1857-1926). Voici une note que j'ai écrite dans ce même volume: «Coué fut un pionnier dans l'étude de la suggestion. Il écrivit un livre sur le sujet vers 1920. Ses idées furent bien reçues en Europe à cette époque, mais ne furent pas bien accueillies en Amérique. De fait, sa tournée de conférences aux États-Unis fut un échec, en raison de l'hostilité de la presse.» (*Robert Butts*)

et le monde également.» Certaines méditations attirent les calamités; on entretient des croyances qui invitent à des tragédies individuelles et collectives. Elles sont habituellement cachées sous le vêtement poli des conventions.

Ainsi, des milliers de personnes peuvent mourir au cours d'une guerre. Ces morts sont acceptées comme allant presque de soi. Ce sont des victimes de **guerre**, sans plus. Il vous arrive rarement de penser que ce sont plutôt des victimes de **croyances** (*dit énergiquement*), car les fusils sont bien réels de même que les bombes et les batailles. L'ennemi est bien identifié et ses intentions sont manifestement mauvaises.

Les guerres sont des exemples typiques de suicides collectifs. Elles sont déclenchées avec tout l'arsenal de combat, entretenues par une suggestion de masse et supportées par les immenses ressources de la nation. Elles sont suscitées par des femmes et des hommes convaincus que l'univers n'est pas sûr, que le soi n'est pas fiable et que les étrangers sont toujours hostiles. Vous tenez pour acquis que l'espèce est agressive et belliqueuse. Il vous faut écraser la nation ennemie avant d'être détruit vous-même. Ce sont des tendances paranoïaques bien cachées sous les bannières nationales.

«La fin justifie les moyens.» Voilà une autre croyance des plus nocives. Les guerres de religion ont toujours des tendances paranoïaques, car le fanatique craint toujours les croyances opposées et les systèmes qui les supportent.

(*Pause*) Des épidémies surgissent occasionnellement, entraînant certaines personnes dans la mort. Ce sont encore, en partie, des victimes de croyances, car vous croyez que le corps est la **proie** naturelle des virus et des maladies sur lesquelles vous n'avez aucune emprise personnelle, si ce n'est par des moyens médicaux. Le climat suggestif cultivé par la profession médicale exagère la vulnérabilité du corps, diminuant ses capacités naturelles de rétablissement. Les hommes meurent lorsqu'ils sont prêts à mourir et pour des motifs qui leur sont personnels. Personne ne meurt sans raison[1]. Mais comme on ne professe pas cette philosophie, les gens ne saisissent pas le pourquoi de leur

---

1. Voir les notes de la page 37, session 802, et de la page 66, session 805.

propre mort. On ne leur enseigne d'ailleurs pas à reconnaître leurs raisons de vivre; et en plus on prêche que la vie elle-même est un accident dans le jeu de hasard cosmique.

(*21 h 33*) Par conséquent, vous craignez de vous fier à vos intuitions. Vous pensez que votre but dans la vie est d'être autre que ce que vous êtes. Devant un tel état de fait, de nombreuses personnes vont à la recherche de causes et elles espèrent, dans cette démarche, allier les objectifs de l'une d'elles à leurs propres motifs personnels non élucidés.

L'histoire a connu de grandes figures, de femmes et d'hommes dévoués à une cause, à laquelle ils consacrèrent leur énergie et leurs ressources. **Ces personnes**, cependant, reconnaissaient l'importance de leur être et elles employaient leur vitalité à des entreprises dans lesquelles elles croyaient; leur individualité n'étant pas submergée par elles. Au contraire, ces personnes **affirmaient** cette individualité et devenaient **davantage** elles-mêmes. Elles élargirent leurs horizons, poussées qu'elles étaient au-delà des paysages conventionnels; mues par un élan et une vitalité intérieure, par l'amour et la curiosité plutôt que par la crainte (*le tout dit avec une grande insistance*).

De nombreuses personnes ont perdu la vie récemment dans la tragédie [de Jonestown] en Guyane. Ces gens se sont empoisonnés sur l'ordre de leur chef. Il n'y avait aucune armée pour surveiller le terrain. Aucune bombe ne fut lancée. Aucun virus n'est intervenu. Il n'y avait rien pour cacher le cours des événements. Ces gens succombèrent à une **épidémie de croyances,** à un environnement mentalement et physiquement fermé. Ces idées funestes se résumaient ainsi: le monde n'est pas sûr et conduit à la mort; l'espèce elle-même est imprégnée d'une intention mortelle; l'individu n'a pas de pouvoir sur sa propre réalité; la société ou les conditions sociales existent comme des choses en soi et leur raison d'être entre en conflit direct avec le développement de l'individu; la fin justifie les moyens; et enfin l'action d'un être supérieur, quel qu'il soit, est inopérante dans le monde.

Les personnes qui moururent dans cette tragédie étaient des idéalistes, des perfectionnistes à outrance dont la recherche même du bien était biaisée, entachée des croyances énumérées dans le paragraphe précédent. Ces conceptions, en effet, bloquèrent graduellement leur perception du bien à tirer de la vie[1].

L'homme est bien intentionné. Lorsque vous voyez partout une intention maléfique – derrière vos propres actions et celles des autres – vous vous dressez alors contre votre propre existence et celle de vos semblables. Vous centrez toute votre attention sur l'abîme qu'il y a entre votre idéal et votre expérience, jusqu'à ne plus voir autre chose. Vous ne reconnaîtrez pas la noblesse d'âme de l'homme ou vous la considérerez avec ironie, car, en comparaison avec votre idéal, le bien dans le monde apparaîtra disproportionné au point de n'être qu'un simulacre.

(*21 h 56*) Dans cette optique, l'expérience devient fermée. Ces personnes ont peur d'elles-mêmes et de l'existence. Elles peuvent être intelligentes ou stupides, douées ou démunies, mais elles ont peur de vivre comme elles sont ou d'agir en conformité avec leurs propres aspirations. Elles aident à créer les dogmes, le système ou le culte dont elles deviennent la «proie». Elles s'attendent à ce que leur chef agisse à leur place. D'une certaine façon, ce leader s'imprègne de leur paranoïa, jusqu'à ce qu'il en acquière une force irrésistible; il est aussi «victime» de ses adeptes que le sont ces personnes par rapport à lui.

---

1. À la fin de la session, Jane me dit que la tragédie de Jonestown constituait pour elle un sujet émotionnellement chargé, et elle savait que Seth en était conscient. Cela la troublait «parce que toute cette affaire était un exemple de ce qu'un visionnaire aliéné pouvait faire pour mener son peuple à la destruction au nom de la religion». Les sentiments de Jane à ce sujet ne sont pas sans liens avec ses propres conflits face à l'Église catholique romaine. Cette opposition a d'ailleurs entraîné son abandon de toute religion organisée vers l'âge de dix-huit ans. De là également son entêtement à refuser toute utilisation des propos de Seth comme fondement d'un culte, quel qu'il soit, avec elle à sa tête. C'est ainsi qu'elle examine continuellement, avec un œil des plus critiques, les messages visionnaires de Seth – et les siens propres – afin de s'assurer de ne pas être une «personne un peu timbrée, dupe d'elle-même, induisant les autres en erreur». Le fanatisme religieux lui fait peur, car elle le considère comme très proche du fondamentalisme qui est en croissance aux États-Unis. Voir les propos de Seth sur l'évolutionnisme et le fondamentalisme, à la session 829.
Ces morts collectives à Jonestown (en novembre 1978) survinrent pendant notre arrêt prolongé de dictée du livre. Cependant, Seth commença presque immédiatement à discuter de l'incident lors d'entretiens privés, que Jane décrit dans sa partie de nos commentaires d'ouverture de la session 831. Jane affirme que Seth a abordé le sujet de cette manière afin qu'elle soit plus à l'aise lorsqu'il toucherait cette question dans *Événements collectifs*. (*Robert Butts*)

Dans l'affaire de Guyane, vous avez assisté à la mort d'Américains pleins de vigueur sur une terre étrangère (l'Amérique du Sud), mais non sous les drapeaux; ce qui, dans certaines conditions, aurait été acceptable. Ces Américains ne succombèrent pas aux mains de terroristes dans une révolution sanglante. Au contraire, ils périrent en pays étranger, sous l'influence de quelques croyances typiquement américaines et cultivées chez eux.

À la liste précédente, il faut ajouter la croyance américaine que l'argent résout presque tous les problèmes sociaux, que le genre de vie de la classe moyenne fait la norme «démocratiquement parlant» et que les difficultés qui persistent, particulièrement entre Blancs et Noirs, peuvent être aplanies en appliquant des cataplasmes, plutôt qu'en s'attaquant aux croyances fondamentales qui les sous-tendent.

De nombreux jeunes gens ont été élevés dans de respectables ranchs, entourés de bons voisins. On pourrait les imaginer à l'âge mûr comme le meilleur produit de l'Amérique. Peut-être n'ont-ils jamais eu à travailler pour gagner leur vie. Ils ont pu fréquenter les collèges et ils jouissent d'une position très enviable, mais ils sont les premiers à admettre que de tels avantages n'améliorent pas obligatoirement la qualité de la vie.

Les parents ont travaillé pour donner à leurs enfants de tels bénéfices et ils sont bouleversés devant l'attitude de leurs jeunes. Cependant, la richesse et le rang furent souvent obtenus par la croyance en la concurrence, et cette conception diminue la valeur même des résultats: le fruit laisse un goût amer dans la bouche. Certains parents ont tout simplement cru que le but de la vie était de faire de l'argent. C'était vertu que de posséder la meilleure auto, la plus belle maison ou encore une piscine: preuve indéniable que l'on peut survivre dans un monde prêt à vous étrangler. Mais les enfants de se demander: qu'advient-il de ces sentiments qui montent à notre conscience? Que dire de nos autres aspirations? Certains d'entre eux ressentaient un vide au cœur qui ne demandait qu'à être comblé. Ils recherchaient des valeurs sur lesquelles s'appuyer, mais ils se voyaient fils et filles d'une espèce tarée, désœuvrée et sans orientation définie.

Ils essayèrent différentes religions. À leurs propres yeux, leurs ascendants ne semblaient que les condamner davantage. Ils s'engagèrent dans des programmes sociaux et ils se sentirent proches des déshérités de la vie, car ils étaient eux aussi sans racines. On vit donc des personnes plus favorisées se joindre à des gens démunis en désespoir de cause, investissant leur chef d'un pouvoir qu'ils sentaient ne pas posséder.

(*Longue pause à 22 h 14*) Ils s'isolèrent finalement du monde qu'ils connaissaient. Au micro, la voix de leur chef représentait leurs propres voix amplifiées et fusionnées. Dans la mort, ils accomplirent leur objectif, sous forme d'une profession de foi collective. Les Américains seraient forcés de se poser des questions sur leur société, la religion, la politique et d'examiner leurs propres croyances.

Chaque individu décida d'emboîter le pas et de suivre cette direction.

Fin de la session à moins que vous n'ayez des questions.

(*22 h 17. «N'aurais-tu pas un petit mot pour Jane?», ai-je demandé. Seth transmit promptement quelques phrases d'encouragement à son intention.*)

Fin de la session.

(*En riant: «Très bien.»*)

(*22 h 19. «Je me sens encore dans le même état», dit Jane en sortant de transe. Elle parlait de son état particulier de relaxation. «Je sens actuellement ma tempe droite, mon genou et mon pied droits faire whooosh, whooosh, whooosh...» Et je puis ajouter que son état détendu rehausse d'autant la qualité de la transmission.*)

Session 840 – Le lundi 12 mars 1979, à 21 h 28.

(*Cinq semaines s'écoulèrent entre la session 835 et celle-ci. Quatre sessions personnelles ont été tenues durant ce laps de temps, dont trois comme une suite logique de la mort inattendue de notre chat Billy, le 28 février. Nous avons eu quelques activités journalières, dont la correction du tome II de* Unknown Reality.)

(*À mon lever, le 26 février, j'ai remarqué que Billy n'allait pas bien... Je le menai chez le vétérinaire qui le garda, le problème étant sérieux. Le chat souffrait beaucoup. Nous nous demandions, Jane et moi: «Pourquoi Billy? Pourquoi une jeune créature, apparemment en parfaite santé, tombait-elle malade sans cause observable?» Nous étions atterrés*[1].)

(Ce soir-là, Seth consacra une partie de la session 836 à l'explication de la maladie de Billy. Il commença ensuite à répondre à une question que je me posais depuis longtemps: j'étais curieux de connaître la relation entre l'organisme hôte – qu'il soit humain, animal ou végétal – et une maladie qu'il pouvait contracter, «causée» disons par un virus. Je reviendrai à cette question à la fin de ces notes.)

(Le surlendemain, après une lueur d'espoir, le chat mourut... Nous nous sentions passablement mal; mais ce soir-là, Jane insista pour tenir une session[2]*, la 837*e*.)*

---

1. Nous étions consternés parce que cette maladie de Billy, tout aussi inattendue que sérieuse, nous ramenait à l'esprit cette acceptation quasi universelle que la vie est terriblement vulnérable. Tout genre de vie.
Pendant la session 836, Seth nous rappela ce qui suit: «La vie des animaux ne s'évalue pas en termes de durée. Ils vivent un présent éclatant qui, **dans un certain sens**, comparé à votre cadre de référence, n'a ni commencement ni fin... Le temps, selon votre conception, n'existe pas pour eux, et **fondamentalement**, la qualité d'une vie humaine ne doit pas d'abord être jugée en fonction du nombre d'années vécues.»
J'aimerais signaler ici une nouvelle facette de la relation entre Jane et Seth; ce type de connaissance que nous cherchons toujours à approfondir. Avant la session 836, Jane s'est prise à pleurer à l'idée de la mort éventuelle de Billy. De Seth, elle capta l'information suivante: «Le temps pour un chat équivalait au présent... Dans un sens, pour lui, sa vie est éternelle, qu'il vive dix mois, dix ans ou plus.» De fait (Jane le notera par la suite à mon intention), elle s'objecta avec une grande vigueur émotionnelle à ce message de Seth, car «il semblait trop facile d'expédier une vie de chat – ou toute autre vie, d'ailleurs – même si cela était vrai». Elle comprenait cependant que c'était vrai, du moins dans la mesure où l'on peut s'approcher de cette connaissance...
«Il y a quelques années, de telles objections spontanées de ma part m'accaparaient vraiment, continua-t-elle, et je pouvais m'attarder mentalement à discuter avec Seth. Cette attitude empêchait alors une session de commencer immédiatement; elle ne le pouvait que lorsque je me taisais intérieurement...» (*Robert Butts*)

2. Cet événement provoqua chez nous de nombreuses réactions émotionnelles et intellectuelles. Nous ne pouvions pas encore croire que Billy était parti pour de bon.
Jane dit amèrement: «Si je pouvais répondre à nos questions au sujet de la mort de notre chat, il se pourrait que je sois en mesure de répondre à nos questions à propos de tout...»
Nous essayons toujours d'approfondir nos connaissances de l'espèce humaine à l'aide de la matière de Seth. Je pense qu'avec Seth, Jane a acquis une meilleure compréhension des questions fondamentales de la vie et de la mort chez l'homme. Seth aborda ces sujets en parlant de Billy, au cours des sessions 837 et 839.
Tiré de la session 837: «Mes chers amis, l'existence est plus vaste que la vie ou la mort. Ce sont deux états de l'existence. Une identité existe, qu'elle soit en situation de vie ou en situation de mort. La conscience de votre chat ne fut jamais dépendante de sa configuration physique. C'est plutôt la conscience qui a choisi l'expérience de la félinité. Rien n'obligeait à ce que cette conscience soit celle d'un chat.
»Billy appartenait à une autre probabilité et, d'une certaine manière, vous avez per-

(Quelques jours plus tard, un ami qui nous est cher nous apporta, d'une ferme voisine, deux vigoureux chatons de six semaines, issus

---

muté les probabilités pour lui, et cela sans son consentement, lorsque vous l'avez retiré de son abri où il serait mort rapidement. Ces trois ans parmi vous constituaient pour lui un sursis... Il n'avait pas endossé cette probabilité en raison de ce que vous appelleriez d'autres engagements ou desseins.

»Il n'existe pas, fondamentalement parlant, de conscience de chat ou d'oiseau; il y a simplement des consciences qui choisissent de se manifester de telle façon. Nous n'avons pas abordé certains de ces sujets qui s'avèrent, encore une fois, difficiles à expliquer; nous voulons surtout éviter de biaiser la réalité.»

De la session 838, le 5 mars: «Je veux, entre autres, éviter les histoires de transmigration de l'âme de l'homme à l'animal; une version hautement galvaudée de tout autre chose. S'il n'existe pas de conscience spécialement taillée pour chat ou chien, alors il n'y a pas non plus de conscience particulière **préconditionnée** et prédestinée à l'être humain...

»Vous saviez tous les deux que Billy était sur le point de mourir. Et les plantes de votre maison le savaient aussi, ainsi que les arbres devant votre porte. Une communication au niveau cellulaire avait déjà eu lieu, annonçant une forte probabilité que cela se produise, car la naissance et la mort de chaque cellule sont connues de toutes les cellules de l'univers...» (*Pour des renseignements supplémentaires sur la communication des cellules, voir la session 804, après 22 h 45.*)

«Les transmissions cellulaires sont trop rapides pour que vous puissiez les suivre. Le chat aurait pu changer d'idée, bien sûr, mais des signaux n'en étaient pas moins déjà lancés. [*Certains de vos correspondants*] ont pressenti cette mort probable.» Jane et moi avons remarqué cela avec surprise par la teneur de certaines lettres reçues – en provenance d'amis comme de purs étrangers – dans les jours qui suivirent la mort de Billy.

De la session 839, le 7 mars: «L'essence de l'identité est beaucoup plus mystérieuse que ce que vous en comprenez, car vous assignez une identité, de manière générale, à chaque être vivant. Maintenant qu'il est décédé, voici comment Billy subsiste: les unités de conscience (*UC*) qui se sont associées pour former l'identité que vous avez connue soutiennent toujours ce *motif* mais non pas physiquement. Le chat existe comme tel dans la **plus vaste mémoire vivante** de sa *plus grande* entité. Sa conformation – celle du chat – demeure inviolée, mais **comme partie** de la plus grande organisation psychique qui l'a fait naître.

»L'identité de Billy demeure vivante, connue d'elle-même, qu'elle soit **réactivée ou non** à votre point de vue. Pour ce qui est de Billy – ce n'est pas toujours ainsi que cela se passe, et encore il y a de nombreuses variantes – il s'est identifié à *la structure plus vaste* de la portée [*c'est-à-dire aux chats de la même portée, dont aucun n'est vivant*], et les consciences de cette portée sont maintenant réunies. Elles constituent une *gestalt* où les cinq consciences se fusionneront pour édifier une nouvelle identité.»

Peu de temps après sa mort, en des jours différents, Jane et moi avons tous deux fait une expérience psychique concernant la perception de Billy. Nous l'avons vu, chacun à notre façon «plus grand que nature», se comportant avec une vitalité et une grâce surprenantes. Pour ce qui est de ma vision, elle fut vive au point d'en être effrayante. Jane espère utiliser les deux événements, conjointement avec d'autres réflexions au sujet des expériences scientifiques sur les animaux, dans un de ses propres livres.

Finalement, j'aimerais noter que l'index du tome II de *Unknown Reality* contient une liste de références à toutes les mentions des unités de conscience (*UC*) dans les deux tomes de cet ouvrage de Seth. (*Robert Butts*) *d'une même portée. Sur-le-champ nous les appelâmes Billy «deux» et Mitzi.)*

(Nous en arrivons à mes interrogations antérieures concernant les virus.)

(Je me demandais, lors de la session 836, quelle était la «vraie» relation entre un organisme et la maladie dont il est l'hôte. Jane et moi parlions justement de la petite vérole dont l'éradication certaine à l'échelle mondiale a été annoncée récemment par l'Organisation mondiale de la santé, et nous nous demandions si, effectivement, la maladie avait était enrayée.)

(La variole apparaîtra-t-elle à nouveau, disons, dans dix ans? «Vraisemblablement, ai-je répété à Jane, si une entité variole pouvait "penser" comme nous, elle ne se dirait certes pas mauvaise, ni ne se verrait comme une maladie terrible ou un fléau. S'il est si mauvais, pourquoi ce virus est-il jamais apparu dans le cadre même de la nature? Quel fut son rôle dans toute cette panoplie des formes vivantes? La "maladie" pourrait-elle revenir de son univers probable actuel à notre réalité, paraissant ainsi s'être régénérée? Et que dirions-nous, humains, si cela se produisait? La réapparition de la petite vérole serait sans doute rationalisée: elle serait restée cachée ou dormante en quelques couches non déclarées de la population humaine ou encore il s'agirait d'une mutation, une sorte de varicelle animale apparentée à la variole et transmutée de quelque manière en la forme que nous connaissons.»)

(Au cours de cette même session, Seth me répondit:)

(«Tous les virus, de toute nature, sont importants pour la stabilité de votre vie planétaire. Ils font partie de l'héritage et de la ***mémoire biologique*** *de la planète. Vous ne pouvez enrayer un virus, même si, à un moment précis, vous détruisez tous les membres vivants d'une lignée. Ils existent dans la mémoire de la terre pour être recréés,* ***comme ils le furent auparavant****, aussi souvent que besoin en est.)*

(»Le même principe s'applique, bien entendu, à toute race animale ou à toute espèce de plantes considérée éteinte. Seule une conscience objectivée, comme la conscience humaine, pourrait imaginer que l'éradication physique d'une espèce détruise son existence.»)

*(Même si Seth ne réservait pas cette session 840 pour le livre, nous en présentons ici une portion, son contenu se mariant bien avec les thèmes d'*Événements collectifs.*)*

Bonsoir.

(*«Bonsoir, Seth.»*)

(*Avec vigueur*) Vous ne pourriez vivre sans virus, pas plus que votre réalité biologique telle que vous la connaissez.

Les virus vous semblent «mauvais» et, habituellement vous les considérez individuellement; ainsi en est-il du virus de la variole. Il existe pourtant des familles de virus, où de délicats équilibres biologiques sont maintenus. Chaque organisme contient un nombre incalculable de virus qui pourraient, à n'importe quel moment, être mortels sous certaines conditions. Ces virus – et je tâche d'exprimer cela le plus simplement possible – se relaient; ils sont actifs ou non à l'intérieur du corps, selon l'état général de celui-ci. Des virus sont mortels à certains stades et non à d'autres. Dans ces phases subséquentes, ils réagissent «biologiquement» de façon fort bénéfique; ils accroissent la stabilité corporelle en apportant les changements appropriés au niveau cellulaire, selon le taux d'activité. Ces ajustements déclenchent eux-mêmes d'autres changements cellulaires aussi naturels que favorables à l'organisme.

Prenons un exemple dans un autre domaine, celui des poisons. La belladone peut être mortelle. Pourtant, on sait depuis longtemps qu'à faibles doses, elle aide le corps malade[1].

(*21 h 38*) Les virus du corps ont une existence sociale et coopérative. Leurs effets sont mortels sous certaines conditions. L'activité destructive des virus doit être provoquée; ceci ne se produit qu'au moment où l'individu en cause recherche activement soit la mort, soit une situation de crise biologique.

Dans un tel cas, la contagion initiale est toujours émotionnelle et mentale. Les conditions sociales entrent habituellement en ligne de compte. L'individu se sent alors victime d'un environnement social dégradé ou d'une situation dans laquelle sa valeur personnelle est grandement affaiblie.

---

1. La belladone est une herbe vivace d'origine européenne. L'extrait de belladone contient (entre autres) de l'atropine, cet alcaloïde utilisé comme antispasmodique et comme dilatateur de la pupille en chirurgie optique.
Il est intéressant de noter qu'en Europe médiévale, de plus grandes quantités de belladone étaient utilisées comme hallucinogène par les sorcières et les membres de différents cultes. (*Robert Butts*)

Tout comme un membre d'une telle société peut devenir marginal, se suicider ou commettre des actes antisociaux, il peut aussi déclencher chez lui l'activité virale, détraquer l'ordre bio-social des virus et faire en sorte que certains deviennent mortels. Il en résulte bien sûr des maladies **infectieuses**. Ce n'est pas tant le virus qui tout à coup devient destructeur, bien qu'il le soit potentiellement. C'est plutôt l'ensemble de la structure coopérative, où chaque virus a un rôle à jouer, qui se sent menacé.

Je vous ai dit[1] que les virus connaissaient des mutations. Ce phénomène se produit fréquemment. Il semble très approprié d'avoir confiance aux inoculations contre les maladies graves. D'un point de vue scientifique, les vaccins paraissent avoir l'effet escompté. Ainsi les gens de votre époque ne sont plus touchés par la variole. Certaines cultures ont cru que les maladies étaient causées par les démons. Les sorciers essayaient, par différentes cérémonies, d'extirper les démons du corps malade; ces méthodes étaient également efficaces. Leur système de croyances était strict et nullement mis en doute. Il commença à faire défaut lorsque ces sociétés entrèrent en contact avec les conceptions du monde «civilisé».

Si vous appelez démons vos «croyances négatives», alors vous avez déjà fait un grand progrès. Les gens continuent de mourir de maladies. Certains de vos procédés scientifiques, y compris les vaccins, «causent» de nouvelles maladies. Cela n'avance pas à grand-chose si un patient, vacciné contre la variole et la polio, meurt du cancer à cause de ses croyances négatives[2].

(*21 h 55*) Ce que j'ai dit au sujet des virus s'applique à toute vie organique. Les virus sont «hautement intelligents». Je veux dire par là qu'ils réagissent rapidement aux stimuli. Ils sont sensibles aux états émotionnels. Ils sont socialisés. Leur longueur de vie varie considérablement; c'est ainsi que certains peuvent être inactifs pendant des siècles et revivre par la suite. Ils possèdent une mémoire biologique aux ramifications étendues. Certains peuvent se multiplier par dizaines de milliers à la seconde. Ils

1. À la session 836 consacrée à des sujets personnels.

2. Voir la note de la page 41, session 802 et la note de la page 66, session 805.

sont, à plusieurs égards, la base de la vie organique, mais vous y portez attention seulement lorsqu'ils montrent leur «face mortelle».

Vous n'avez pas conscience de l'armée de virus qui protègent continuellement votre corps. L'hôte et le virus ont besoin l'un de l'autre et appartiennent au même cycle de vie.

Une brève remarque ici: Ruburt était momentanément bouleversé avant notre entretien; il semblait de mauvaise humeur. Il n'avait pas envie de tenir une session pour trouver des solutions aux problèmes du monde. Il voulait regarder la télévision et oublier tout le reste. Cette bouderie cache un point intéressant: les sessions sont une expression de votre curiosité personnelle conjointe; elles procèdent d'une grande et excellente soif de connaître l'essence de la réalité. Elles sont le résultat de votre désir d'apprendre, peu importe que vous soyez ou non en mesure de montrer cette connaissance, comme lorsque l'on tient un fruit dans ses main; peu importe que ce savoir soit ou non administré comme médicament à un monde souffrant.

Par ailleurs, je comprends très bien que vous soyez désireux de communiquer cette connaissance au monde et d'aider les gens autant que vous le pouvez, mais cela ne doit pas être le seul but. Votre but doit toujours être l'exploration très personnelle de la conscience, une entreprise créative et artistique qui n'a pas toujours de nom. Vous n'êtes pas des fabricants de chaussures. Vous n'êtes pas des producteurs de désodorisants pour enrayer la transpiration. Si vous faisiez l'une ou l'autre de ces activités, vous en verriez immédiatement les résultats. Des gens porteraient des souliers de votre fabrication ou cesseraient de transpirer (*amusé*). (*Entre parenthèses: de tels désodorisants sont nocifs, soit dit en passant.*)

Vous ne travaillez pas avec des matériaux déterminés, ni même avec des éléments psychiques précis. Vous œuvrez plutôt à l'introduction d'un cadre de croyances de beaucoup supérieur aux systèmes en cours; un cadre assez vaste pour contenir justement toutes les choses particulières dont les gens se servent pour mieux se connaître. Vous fournissez un éclairage spirituel et intellectuel général qui aidera les gens précisément parce que vous n'êtes pas liés à des caractéristiques particulières. Vous êtes engagés à des niveaux plus vastes de la réalité, d'où émergeront les réponses voulues...

(*22 h 10. Un petit instant...*)

(*Après une longue pause, Seth se lança dans un sujet sans relation avec* Événements collectifs. *Il nous laissa à 22 h 26.*)

Session 841 – Le mercredi 14 mars 1979, à 21 h 08.

(*Nous présentons des parties de l'échange de ce soir dans* Événements collectifs. *Nous croyons que les extraits cadrent bien avec cet ouvrage, même si la session comme telle n'y était pas consacrée.*)

Je crois avoir affirmé en dictée (*voir la session 835*) que les victimes de Jonestown étaient mortes d'une épidémie de croyances, ou quelque chose de semblable.

Le cas a fait sensation à cause de l'acte suicidaire manifeste. Après tout, le poison fut laissé comme preuve. Si l'on avait retrouvé le même nombre d'individus morts d'une maladie infectieuse – la variole ou autre – le virus en question aurait été pointé du doigt. J'aimerais parler maintenant des pensées et des virus en relation avec la santé du corps.

Pour vous, les virus sont physiques et les pensées sont mentales. Vous devriez pourtant savoir que les pensées ont aussi leur forme physique dans le corps et que les virus présentent des aspects mentaux dans l'organisme. Vous vous êtes demandés à diverses reprises pourquoi un corps souffrant ne pouvait pas tout simplement réagir et utiliser ses capacités de guérison pour contrer l'influence négative d'un ensemble de croyances et de pensées.

Si vous considérez les pensées comme mentales et les virus comme physiques, votre question est compréhensible. Non seulement les pensées influencent-elles le corps, ce qui va de soi, mais chacune d'elles agit comme déclencheur de changements hormonaux et vient ainsi, à tout moment, en changer l'état physique global.

(*Pause à 21 h 16*) Votre corps est, comme entité, la version «en chair et en os» – la version physique vivante – de votre corps de pensées. Cependant, vos pensées ne provoquent pas seulement des réactions dans le corps, mais elles possèdent même une réalité chimique, en plus de leurs aspects mentaux reconnaissables. Il me faut utiliser une analogie. Ce n'est pas la meilleure qui soit, mais j'espère qu'elle servira mon but: c'est comme si vos pensées devenaient vos propres membres. (*Énergiquement*) Ces derniers ont, comme les virus, une existence invisible à l'intérieur de vous-même. Votre corps est composé, d'une part, de matière que les rayons X ou les autopsies peuvent révéler et, d'autre part, il comporte de profondes relations, des alliances et des affiliations imperceptibles. Vos pensées sont physiquement conformes à votre corps, comme le sont les virus. Elles sont tout aussi vivantes et autopropagatrices. Elles forment entre elles des affiliations intérieures. Leur vitalité déclenche automatiquement toutes les réponses internes du corps. Lorsqu'il vous vient des pensées, vous en êtes conscient. Vous pensez en termes de phrases, de paragraphes ou peut-être d'images. Ces pensées, aussi clairement que je puisse l'**expliquer**, proviennent de composantes intérieures dont vous n'avez pas conscience.

Lorsqu'une pensée s'est manifestée, elle redevient, disons, ses composantes initiales. Vos pensées ont également un fondement émotionnel. La plus petite c-e-l-l-u-l-e (*épelé*) à l'intérieur de votre corps participe à cette réalité émotionnelle et réagit instantanément à vos pensées.

(*21 h 28*) Les pensées se déplacent beaucoup plus vite que les virus. L'action du virus suit votre pensée. Chaque pensée est enregistrée au niveau biologique. **Fondamentalement**, lorsque vous êtes immunisé contre une maladie, c'est mentalement que vous l'êtes.

Vous pensez que les virus sont mauvais et qu'ils se propagent d'un pays à l'autre pour «envahir» nombre d'organismes physiques. Mais il faut comprendre que les pensées sont «contagieuses». Vous possédez une immunité naturelle contre les pensées qui ne correspondent pas à vos propres desseins et croyances. Vous êtes **naturellement** «immunisé» par une saine confiance en la supériorité de vos propres pensées sur toute autre. Les anciennes traditions vaudou reconnaissaient certaines de ces **idées**, mais les déformèrent en y associant la crainte du mal, l'invasion psychique, le meurtre et autre. Vous ne pouvez séparer, par exemple, la santé mentale de la santé physique, ni la philosophie de vie personnelle de la condition corporelle d'un individu.

En lisant ce discours sur les pensées et les virus, rappelez-vous le contexte de notre propos, car de nouvelles données et de nouveaux éclairages vous sont toujours disponibles de cette sphère intérieure du **niveau 2**; le corps de son côté vous transmet ses propres messages.

Avez-vous des questions?

(*«Pas pour le moment.»*)

Les gens qui moururent à Jonestown croyaient devoir mourir. Ils le voulaient. Comment leurs pensées pouvaient-elles les amener à mettre à exécution un tel dessein? Encore une fois, la seule façon de comprendre ce paradoxe est de savoir que vos pensées **font physiquement partie de votre corps, tout comme les virus** (*dit avec fermeté*).

(*21 h 37. Seth aborda ensuite d'autres sujets et mit fin à la session à 22 h 05. Un de ces «autres sujets» amena la note qui suit*[1].)

Session 844 – Le dimanche 1er avril 1979, à 16 h 01.

(*Depuis la session 841 du 14 mars, nous avons reçu les épreuves et poursuivons le travail de vérification de l'index du tome II de* Unknown Reality *et du livre* Psyche.)

1. Je parlais à la note de la page 194, session 840, de l'approfondissement de notre compréhension de la relation entre Jane et Seth. Nous sommes toujours désireux d'apprendre quelque chose sur Jane ou Seth *per se*. Ce soir, Seth nous donna un éclairage sur sa propre personnalité. Avec humour, puissance et une touche d'ironie, il nous dit: «Je ne suis pas philosophe au point de pouvoir comparer mes propres pensées et travaux avec ceux des professionnels dont vos correspondants parlent. Je pense être – si vous voulez bien me pardonner – plus **terre à terre** que ces messieurs. »Je suis – **encore une fois à ma manière** – plutôt indiscipliné et enjoué. Le mot "vérité" en est un lourd de sens; plus on le répète, plus il semble distant et inaccessible. Je ne mets pas d'étiquettes à mes propres théories. J'explique, j'essaie de transmettre mes plus "profondes" convictions **avec un peu de piquant**, de l'humour et une humilité égotiste. Je me considère comme un psychologue explorateur et exubérant, me retrouvant joyeusement, selon mon propre vœu, à la dérive à travers les univers, capable de crier avec force et chaleur, d'une berge hypothétique à l'autre, des nouvelles de ce que j'ai trouvé et que je continue à découvrir.» (*Robert Butts.*)

(Jane reste en contact avec son agent Tam Mossman de Prentice Hall. Elle poursuit la rédaction de son troisième roman des aventures de «Sur-âme sept». Elle reçoit régulièrement des nouvelles de Sue Watkins[1] *qui continue sa recherche et son livre Conversations With Seth, sur les propos tenus par Seth lors des classes d'ESP de Jane. À travers ces activités, Jane a tenu quatre sessions depuis le 14 mars, dont deux personnelles et deux autres (842 et 843) sur des sujets divers.)*

(Tôt mercredi dernier, une suite inquiétante d'incidents se produisirent à la centrale nucléaire de Three Mile Island, île de la rivière Susquehanna en aval de Harrisburg en Pennsylvanie. Des défaillances mécaniques, semble-t-il, associées à des erreurs humaines, provoquèrent la surchauffe du deuxième réacteur. L'eau polluée rejetée à la rivière se mit à dégager de faibles quantités de gaz radioactifs dans l'atmosphère. Au moment où j'écris ces lignes, la situation est plus sérieuse: on croit en la possibilité d'une «fonte» catastrophique des tiges combustibles d'uranium au cœur du réacteur endommagé. C'est le pire accident que l'on puisse envisager dans ce genre d'installation, à part une explosion; circonstance qui, selon les promoteurs de l'énergie nucléaire, est «la moins susceptible de se produire».)

(Si cet événement survient, d'immenses nuages rejetteront dans l'atmosphère des matières radioactives; quelques centaines de milliers de personnes pourraient finalement être atteintes à un degré ou à un autre.)

(On parle d'une évacuation possible de près d'un million de personnes résidant dans les comtés environnant Three Mile Island. Des réfugiés ont déjà atteint la région d'Elmira, lieu de notre résidence. Après vérification sur la carte, Jane et moi avons eu la surprise de découvrir que nous demeurions seulement à 130 milles (209 km) *au nord de Harrisburg. Réfléchissant à voix haute, je confiai à Jane qu'il était étrange, que parmi tous les réacteurs nucléaires du monde, ce soit celui qui est le plus proche de nous qui soit défectueux.)*

(On prétend que notre région est hors de danger. Je fis observer à Jane que Jonestown était éloignée, sur une terre étrangère, mais cette tragédie collective potentielle de Three Mile Island plane à l'orée de

1. Sue consacre énormément de temps à la recherche pour terminer son livre Conversations avec Seth. Elle retrouve et interview de nombreux élèves de Jane. Il y en a d'un bout à l'autre du pays et même outre-mer. Sue se sert également d'un questionnaire à l'intention de ceux qui acceptent de collaborer à l'étude. (*Robert Butts*)

notre monde. Toute cette affaire présente l'allure d'une immédiateté irréelle, car il n'y a rien à voir et la plupart des gens, je crois, n'en comprennent pas réellement toutes les répercussions. Ce n'est certes pas une coïncidence, ai-je ajouté, que les événements de Jonestown et de Three Mile Island aient eu lieu à moins de six mois d'intervalle. Ils représentent les deux pôles, ou les extrêmes, des principaux systèmes de croyances de l'humanité à l'heure actuelle: la religion et la science.)

(*Nous souhaitons fortement entendre Seth apporter des commentaires approfondis sur Three Mile Island, au cours de la dictée d'*Événements collectifs, *comme il le fait en ce moment pour Jonestown. En fait, la session que nous avons tenue cet après-midi touchait le sujet de Three Mile Island; nous avons donc décidé d'en citer quelques extraits.*)

(*À vrai dire, la session prit l'allure d'une communication Jane-Seth, en ce sens que la conscience propre de Jane demeurait à la surface, sous l'influence stabilisatrice de Seth. Cette situation plutôt inhabituelle fut provoquée par l'excellente analyse que Jane fit cet après-midi de deux de mes rêves les plus récents. Comme nous étions à table discutant de son travail, Jane sentit qu'elle pouvait demeurer dans son univers personnel de transe, au lieu d'entrer dans un état dissocié pour laisser place à Seth. Elle livra son message à un rythme régulier et de sa voix habituelle. Elle transmit une matière des plus évocatrices sur les rêves. Nous en avons d'ailleurs retenu quelques extraits pour* Événements collectifs. *Nous présentons ici la matière plus générale. Certaines parties plus précises sont consignées dans la note ci-dessous*[1].)

---

1. Une bonne partie des messages de Jane, dans cet état personnel de transe, concernait la façon dont les gens interprètent leurs rêves. Ces propos font suite à la question qui nous revenait dernièrement: «Comment les gens peuvent-ils se servir de l'interprétation qu'ils font de leurs rêves si la plupart d'entre eux ne s'en rappellent même pas?» Voici quelques extraits de la réponse de Jane.
«Même si vous ne vous souvenez pas de vos rêves, vous en **recevez** le message, dont une partie apparaîtra dans votre expérience journalière sous une forme ou sous une autre: dans vos conversations ou autre événement de la journée.
»Comme les rêves viennent d'une si parfaite combinaison des stimuli de l'environnement intérieur et extérieur, il se trouve que des incidents quotidiens soient souvent utilisés pour évoquer les contenus de rêves, tout comme l'inverse se produit également. Trois personnes pourront regarder, par exemple, une émission télévisée. Chacune s'attardera à différents aspects du programme, car certaines séquences seront en corrélation avec ses rêves de la nuit. Elles serviront à lui transmettre les messages oniriques selon des modes qu'elle peut capter.
»Une grande discrimination entre en jeu dans ce processus. Ainsi on pourra être attiré par un article de journal plutôt qu'un autre, parce qu'un aspect de celui-ci correspond à quelque partie de la communication de rêve. Un autre élément du rêve peut tout

(Après avoir bu un demi-verre de lait à la pause, Jane reprit son exposé à 16 h 30.)

Comme les choses tirent leur origine de l'imagination de l'homme, il existe toujours une relation très grande entre les objets et ses rêves.

Ce sont des symboles de la réalité intérieure. Il est donc naturel que l'homme, consciemment ou non, perçoive les objets comme des éléments qui viennent de ses rêves.

Ceci concerne aussi les grands événements que vous **pourriez assimiler**, pour le besoin de la cause, à des objets psychologiques. J'entends par là des manifestations que l'ensemble des gens reconnaissent comme ils le feraient pour des objets.

Le drame du Christ en est un exemple. Les rêves individuels et collectifs furent ainsi projetés dans un contexte historique, permettant aux diverses personnes d'y réagir comme participants extérieurs; mais ce rêve collectif était beaucoup plus vaste que sa transposition physique. Quelle que soit son interprétation, le message a fait son chemin, même si le drame intérieur comme tel a été oublié. Fusionné aux événements historiques et interprété par la multitude, son message s'en trouva biaisé ou **plutôt** il se mélangea et s'empêtra avec d'autres rêves du genre, mais dont les messages étaient fort différents.

Regardez les problèmes qui ont surgi à la centrale nucléaire près de Harrisburg (*Three Mile Island*). L'énergie nucléaire fut d'abord un rêve, un acte de l'imagination de la part de quelques personnes. Par la suite, grâce à l'art et à la fiction, de nombreuses

---

aussi bien venir d'un voisin; de même qu'une remarque de celui-ci aidera à interpréter l'information reçue. Dans ces circonstances, la personne sera à peine consciente qu'un rêve est en cause.

»Vous pouvez faire un long trajet en auto et voir un pneu éclater alors que vous roulez à vive allure. Il se peut que vous ne vous souveniez pas du tout du rêve. D'une façon ou d'une autre, cependant, vous connaîtrez une situation – un épisode télévisé peut-être – dans laquelle un pneu éclatera, par exemple. Vous verrez peut-être encore un incident semblable raconté dans un journal ou vous entendrez raconter une histoire mettant en évidence ce genre d'événement. Les nombreux stimuli dont vous êtes l'objet rendent possible l'apparition de situations semblables qui pourront frapper votre attention durant la journée. Encore là, vous pourriez ne pas vous rappeler du rêve, mais la situation elle-même peut, par exemple, vous inciter à vérifier vos pneus, à remplacer une chambre à air ou à vous demander **si vous ne roulez pas trop vite** pour votre propre sécurité. Mais le message du rêve **passera**.» (*Robert Butts*) personnes s'y accrochèrent. Dès lors, tout devenait possible: un grand potentiel mais aussi de grands dangers.

Ce n'était certes pas une coïncidence que cette situation se soit produite dans ce climat social déjà dépeint dans un film.

L'énergie nucléaire signifie puissance, purement et simplement. Est-ce bon ou mauvais? **Dans ses rêves, l'homme considère ce pouvoir comme divin**: le pouvoir de l'univers. L'homme s'est toujours vu, selon votre compréhension, comme un être séparé de la nature. On comprend donc qu'il se sente coupé de cette force et que cet état se reflète dans ses rêves. L'énergie nucléaire vient alors comme un symbole et émerge dans le monde comme une chose à laquelle il faut faire face.

Les fondamentalistes regardent la puissance nucléaire comme une force que Dieu peut utiliser, disons, pour détruire le monde. Cet événement de Harrisburg prend donc une signification particulière. Certains savants considèrent la puissance nucléaire comme le fruit de la grande curiosité de l'homme et estiment avoir soutiré à la nature cette grande énergie par la «ruse». Ils se croient «plus intelligents» que la nature et que les autres hommes. Ils interprètent donc ces manifestations à leur façon. Bien entendu, les probabilités se déploient et les gens, dans leurs rêves individuels et collectifs, cherchent toutes sortes de conclusions à cette histoire.

Tout compte fait, des millions de personnes sont concernées par cet événement et s'y trouveront engagées d'une manière ou d'une autre.

(16 h 45. Lors d'une brève interruption, Jane me dit: «J'ai compris cet après-midi que les sessions étaient bien meilleures lorsque je ne m'en souciais pas. Lorsque je m'en fais, je trouve cela difficile d'entrer en transe. Vers la fin, j'avais justement cette attitude de défiance... Je pense que, autrement, nous en aurions eu plus sur cette affaire de centrale nucléaire.»)

(«Je me rappelle que Seth m'a dépannée, tout au fond, me fournissant de la matière sur l'histoire du Christ, continua Jane. Oh! oh! il y a autre chose qui me vient.» Et la voilà repartie...)

Il y a un lien; le drame du Christ est le résultat d'un rêve de fraternité. L'homme rêvait de quiétude et de sécurité. Il cherchait des principes moraux pour le soutinir dans le monde physique.

Le drame du Christ s'est répercuté dans la réalité historique. Les craintes de l'homme de ne pas atteindre l'union fraternelle, de ne pas trouver cet état de sécurité ni ce niveau de moralité acceptable, ont provoqué ses rêves de destruction, peu importe la manière dont ils se sont exprimés. En effet, le présent événement physique, tel qu'il se présente à la centrale nucléaire de Harrisburg peut ressembler à – et il l'est de fait – un rêve d'avertissement pour l'homme afin qu'il modifie ses comportements.

(Fin à 16 h 47. «Bien, dit Jane, je savais qu'il y avait un lien entre le Christ et ce qui arrive aujourd'hui, et c'est ce qui m'est venu. J'aime cela quand c'est amusant, et ça l'était. C'était un bel état de conscience calme.)

(»J'ajouterai cependant que cette séance s'est passée à un moment de la journée, vers 16 h, où je ne suis habituellement pas en très grande forme. Il m'arrive souvent de recevoir des messages comme ceux-là lorsque je fais la vaisselle. Je m'en rends compte, puis je me dis: j'en parlerai plus tard à Rob... Je me demande donc combien de fois j'ai dû perdre des choses intéressantes en les laissant ainsi filer. Surtout lorsque j'oublie même de t'en parler...»)

Session 845 – Le lundi 2 avril 1979, à 21 h 25.

(Deux raisons nous ont incités à insérer ici certaines parties de cette session. La première: la matière présentée ci-dessous peut être vue comme une suite des propos de Seth [session 825] *sur le raisonnement et les intuitions*[1]*; la deuxième: nous voulons présenter dans l'ordre ses*

1. Seth nous confia ce soir: «L'homme voit en lui comme une double individualité: un mélange corporel et spirituel inconfortable. Il s'accroche à une portion limitée de sa conscience, à savoir son esprit ou son intelligence. Il s'identifie aux événements sur lesquels il **sait** avoir une certaine emprise.

»C'est ainsi que l'homme pense en actes, en termes d'agir et de faire, mais il ne s'associe pas aux processus internes qui rendent possible cette action. Il s'identifie avec ce qu'il croit être sa pensée logique et sa capacité de raisonnement. Ces attributs semblent suggérer l'existence d'une séparation élégante et froide entre lui et la nature, contrairement aux animaux, par exemple. Encore une fois, il **ne fait pas** "un" avec les mécanismes qui rendent possible sa réflexion raisonnante. Ces processus sont spontanés et "inconscients". Ainsi, tout ce qui se trouve en-dehors de son champ de conscience lui paraît indiscipliné ou chaotique et dépourvu de toute logique.

»La religion et la science sont fondées sur de telles croyances. Tout ce qui survient spontanément est considéré comme suspect. La notion même de spontanéité semble *commentaires sur Jonestown et Three Mile Island, même s'ils ne nous viennent pas toujours dans le cadre «officiel» des exposés du livre. C'est ainsi que nous considérons d'ailleurs tous les renseignements que Jane et moi désirons ajouter sur ces événements.)*

(Une semaine après le début de la tragédie, la situation demeure très tendue à la centrale nucléaire.)

(Le 31 mars, on avisa la population qu'il fallait évacuer les enfants et les femmes enceintes, dans un rayon de huit kilomètres du réacteur. Aujourd'hui, des plans d'évacuation préventive ont été remis aux autorités de la défense civile pour les municipalités et comtés de l'est de la Pennsylvanie, prévoyant la sortie de toute la population sur une distance de quarante kilomètres de Three Mile Island. Tout le pays – en fait le monde entier – attend la suite des événements de Three Mile Island[1].)

---

suggérer une perte de maîtrise sur les éléments ou un mouvement qui va d'un extrême à l'autre. Seule la pensée raisonnante, semble-t-il, connaît l'ordre, la discipline et le pouvoir.

»**Dans sa pensée, l'homme** s'est dressé contre sa propre nature et il croit **devoir** la maîtriser. C'est un fait, cependant, que la conscience humaine peut pressentir, **percevoir**, ces processus spontanés. Mais l'homme s'est lui-même fermé dans une grande mesure à cette compréhension, de sorte qu'il ne s'identifie qu'avec ce qu'il croit être sa pensée rationnelle et il tente d'oublier du mieux qu'il peut ces mécanismes spontanés que l'esprit **conduit** triomphalement.

»C'est alors qu'il a pris peur devant sa propre créativité, puisqu'il ne s'est pas fié à sa source.» (*Robert Butts.*)

1. Jane et moi essayons de comprendre les tenants de l'une et l'autre des thèses relatives au nucléaire. Pour nous, cependant, la fusion d'un réacteur, ce dont la centrale de Three Mile Island est menacée, est inacceptable dans une société responsable, peu importe les circonstances. Il existe pourtant de nombreuses autres sources d'énergie potentielles. Nous sommes aussi très déçus du peu d'avancement des connaissances concernant la sécurité. L'homme devrait poursuivre ses recherches avec un certain esprit de conservation et préconiser un mode de vie axé sur la simplicité.
Jane et moi sommes plus que prêts à nous imposer ces sacrifices; en fait nous vivons actuellement d'une façon très conservatrice. Nous ne pouvons rien concevoir de plus précieux que d'atteindre une indépendance des moyens, que ce soit à l'échelle nationale ou sur le plan individuel.
De grandes leçons nous sont données avec Jonestown et Three Mile Island. Nous voulons que notre pays, ainsi que tous les pays du monde, profitent de ces leçons, mais nous sommes en même temps préoccupés; nous craignons que notre espèce n'apprenne pas assez vite. Jane et moi désirons un monde sain. Nous voulons aussi la liberté d'explorer toutes les facettes internes et externes de cet univers. Nous voulons que notre monde – notre monde «vivant», la planète elle-même – et toutes les formes de vie qui s'y trouvent subsistent dans le plus grand esprit coopératif possible, afin qu'individuellement et collectivement nous puissions explorer les myriades de défis intérieurs et extérieurs qui nous attendent. (*Robert Butts*)

(*Nous parlions aujourd'hui des relations qui existent entre Jonestown et Three Mile Island et nous pensons que ces deux événements représentent les extrêmes de la religion et de la science.* [Voir mes commentaires sur cette double polarité dans les notes d'ouverture de la session 844.])

(*Seth nous livra les propos de la note 1 au début de la session. Puis il poursuivit, après une pause à 22 h 12.*)

Vous avez bien raison. Dans les deux cas, il s'agit de comportements culturels liés à des systèmes de croyances fermés, empreints de rigidité, comportant d'intenses charges émotionnelles et encourageant une conduite impulsive.

Les gens de Jonestown voyaient le monde ligué contre eux, et tout particulièrement la classe dirigeante et le gouvernement. Ils présentaient des tendances paranoïaques. Il en est de même pour les scientifiques qui croient maintenant que le climat social se tourne contre eux et que la population ne se fie plus à eux. Ils craignent de perdre leur situation privilégiée.

Jusqu'à un certain point, et ceci dit sous toute réserve, les savants commencent à mépriser ceux qui ne comprennent pas leur langage: les parias de la société. Ils sont offensés de se voir allouer des fonds gouvernementaux par des personnes qui ne sont pas du milieu scientifique. En contrepartie, ils se donnent de faux airs de toute puissance; ce qui les rend moins prudents qu'ils ne devraient l'être. Ils se sentent incompris du public.

Aucun d'eux ne souhaite un désastre. Pourtant, certains d'entre eux pensent que cela rendrait service à la population. Ils verraient alors que les politiciens ne comprennent pas la science et qu'en somme, les scientifiques devraient prendre la direction. «Nous devons avoir à notre disposition tout l'argent nécessaire, diront-ils, autrement qui sait ce qu'il pourrait arriver.»

L'élite scientifique pourrait, il va sans dire, souhaiter la création d'un monde probable où l'homme ordinaire n'aurait que peu de connaissances sur son fonctionnement. Par ailleurs, il existe dans votre pays un excellent ensemble d'éléments compensateurs, favorisant un équilibre des forces. Actuellement, vos émissions télévisées offrent systématiquement à la population de bons vieux films de *Frankenstein*, au moment même où vos scientifiques envisagent toutes sortes d'expériences devant engendrer la vie. Ce n'est pas une coïncidence, car les gens peuvent unir leur pensée, et ces désirs collectifs sont entendus.

Avez-vous des questions?

(*«Je ne pense pas.»*)

Fin de la session et bonsoir.

(*«Merci infiniment.»*)

(*22 h 25. Voici maintenant d'intéressants propos d'après-session*[1].)

Session 846 – Le mercredi 4 avril 1979, à 21 h 30.

(*Tout est rentré dans l'ordre! La crise à Three Mile Island est maintenant terminée. La menace d'une «catastrophe» est de toute évidence disparue. La masse d'hydrogène au cœur du réacteur s'est dissipée. Sa température demeure toutefois au-dessus de la normale.*)

---

1. Après la session (*845*) d'hier soir, écrivit Jane, je m'attardais à la télévision, Rob étant sorti prendre l'air. Alors il me vint de la part de Seth d'autres inspirations sur l'un des sujets de cette dernière communication. La matière se présenta cependant sous forme d'idées, et non à la manière des «produits finis» de Seth. J'en informai Rob à son retour. Ce matin je tente de reconstituer ces idées.
Il me vint donc que le système de croyances des scientifiques ne pouvait que mener à la destruction; c'est-à-dire que, implicitement, l'attitude des scientifiques d'aujourd'hui les porte à être moins soucieux de la vie qu'ils ne le devraient et les sépare de la nature, au point qu'ils méprisent les choses vivantes. Les chefs de cultes religieux comme celui de Jonestown surfont, pour leur part, les idéaux grandioses de fraternité et d'amour (*comme Seth l'a déjà souligné*), tout en contraignant l'expression naturelle de l'amour d'une personne pour une autre, minant les affiliations familiales et ainsi de suite. Il en résulte une idéalisation de l'amour qui devient de moins en moins accessible et une croissance de la culpabilité et du désespoir.
De la même façon, la communauté scientifique parle de nobles idéaux et du triomphe de l'homme sur la planète et sur la nature. C'est alors que s'élargit de plus en plus le fossé entre cet idéal et l'expérience quotidienne du savant avec ses concitoyens; et comme il considère les animaux comme des objets, il se voit obligé de considérer la vie humaine sur la même base. Le sacrifice, disons, de milliers de vies dans un accident nucléaire va de soi, puisque c'est un moyen d'apprendre à «dominer» la nature. Encore une fois, cet objectif est le seul qui compte, le reste n'étant que mécanique.
Le savant porte le lourd fardeau de cette aliénation et, en son **for intérieur**, il espère probablement voir sa mission échouer, car si elle réussit, il aura effectivement séparé l'homme de sa propre nature. Dans sa croyance et philosophie, l'homme sera devenu un débris psychologique insignifiant abandonné à la dérive. C'est ainsi que la communauté scientifique vient saborder ses propres efforts. (*Jane Roberts, citée par Robert Butts*)

(Les défis – et les craintes – engendrés à Three Mile Island ne sont pas disparus pour autant. Jane et moi avons lu qu'il n'en prendrait pas moins de quatre ans et plusieurs millions de dollars pour décontaminer le tout...)

(Les événements de Three Mile Island ont eu pour Jane et moi des répercussions plutôt inconfortables. Je vais décrire ici le dernier des nombreux dilemmes que nous avons rencontrés au cours des années en travaillant avec la matière de Seth. Nous essayons toujours de garder un équilibre entre nos choix personnels et les possibilités que nous offre le monde «extérieur».)

(Jane était passablement troublée ce soir avant la session, et je suis responsable de cette situation. Après notre repas du soir, de fil en aiguille, nous nous sommes mis à discuter d'un éventuel livre de Seth sur Jonestown et Three Mile Island; un livre vite «expédié» à offrir au public, évitant ainsi les longs délais de parution d'un volume régulier de Seth. Nous avions déjà trouvé le titre parfait pour ce livre hypothétique. Nous avions lancé en badinant après la dernière session: «Seth commente Jonestown et Three Mile Island, des cultes religieux et scientifiques.»)

(Je n'étais pas tellement emballé par l'idée ce soir-là, mais plus nous en parlions, plus elle me plaisait. Cependant, Jane en était bouleversée, car mettre à exécution un tel projet nous obligeait à changer notre vision des choses et à remettre en cause certaines de nos valeurs profondes. Cela touche notre vie privée et notre répugnance à faire sensation avec de tels sujets d'actualité. Nous savons bien qu'à long terme, les enseignements de Seth exerceront une influence significative sur notre société. Nous sommes aussi conscients de la critique immédiate que nous soulèverions. Mais mon enthousiasme s'explique surtout par la frustration que j'éprouve face à l'accumulation d'une grande quantité de matériel de Seth, qui ne sera pas publié à courte échéance. En cette seule année, par exemple, nous avons eu de nombreuses et excellentes communications de Seth sur d'autres sujets: l'interprétation des rêves; la conscience humaine, animale et végétale et l'interaction de ces plans; la sexualité; les virus et la vaccination; ces autres réalités où Seth lui-même habite... Nous sommes peinés que toute cette matière doive s'accumuler indéfiniment; mais il est impensable de l'insérer dans Événements collectifs, *et il y a peu de chance qu'elle paraisse dans d'autres volumes. J'essaie donc dans ce livre d'en donner un aperçu, comme ce fut le cas dernièrement aux sessions 841, 844 et 845.)*

*(Par ailleurs – et je le disais à Jane ce soir – je ne voulais pas qu'elle s'astreigne à un tel travail, ne la croyant pas prête, tout en sachant qu'elle – et Seth – pouvait le faire. «J'aimerais avoir la confiance que tu as en moi, dit-elle, et qu'arrivera-t-il d'*Événements collectifs *entre temps?»)*

(Plus tard, je vis Jane en détresse dans son étude, devant sa machine à écrire. Mes paroles avaient eu plus d'effet que je ne m'y attendais. Je m'excusai. Mais Jane avait déjà rédigé quelques titres de chapitres, très bien tournés, ainsi qu'une demi-page de commentaires pour le livre éventuel de Seth. J'ai à nouveau insisté sur le fait que je ne suggérais pas qu'elle s'engage réellement dans ce projet. Jane me crut, finalement. Au cours de la conversation, elle m'avoua cependant s'être demandé laquelle parmi les dernières sessions de Seth il serait mieux de présenter dans Événements collectifs. *Elle était d'accord sur mes choix jusqu'à présent, mais elle désirait que Seth «se mette au boulot» et qu'il consacre ses sessions à la dictée du livre.)*

(«Je pense que nous sommes prêts pour une session...», dit Jane. Et Seth commença sans les salutations habituelles.)

Tout d'abord, une remarque concernant ta participation à nos livres. Il serait probablement mieux pour le moment, Joseph, que tu penses moins en termes d'annotations qu'en fonction de ta contribution à la mise par écrit de nos dictées. Tu me saisis bien?

(«Oui»)

Un changement d'attitude serait très avantageux pour toi à bien des égards. Tu constateras sans doute que tes caractéristiques personnelles, tes intérêts et tes orientations sont aussi responsables de la tournure que prennent ces propos.

En effet, les incidents de Jonestown et de Harrisburg sont des exemples classiques d'un point de rencontre entre les réalités privées et publiques. J'ai bel et bien l'intention d'en traiter en profondeur dans ce livre, maintenant que l'arrière-plan des niveaux 1 et 2 a déjà été établi.

Pour ma part, je puis fort bien tenir un plus grand nombre de sessions chaque semaine et Ruburt en est capable aussi, surtout s'il maintient un rythme régulier. Tu me suis toujours?

(«Oui». Jane me disait d'ailleurs ce soir qu'elle avait particulièrement apprécié la session impromptue de dimanche dernier; tant pour le moment dans la semaine que pour l'heure où elle s'est déroulée. Jane se

sentait dégagée du contenu qu'elle avait transmis, de même que de la routine habituelle.)

Maintenant, la dictée. Toujours pour le chapitre 6.

Le malheur de Jonestown arriva (*en novembre 1978*) longtemps après le début de ce livre (*en avril 1977*). Tout récemment, un nouvel événement se produisit: l'avarie causant presque une catastrophe à la centrale nucléaire près de Harrisburg en Pennsylvanie. J'ai rarement, dans mes autres livres, commenté les événements publics quels qu'ils soient. Le présent manuscrit, par ailleurs, est consacré aux échanges entre l'expérience individuelle et collective. Par ailleurs, ceci nous amène à traiter des rêves et des craintes de la nation et de leur matérialisation dans la vie privée et publique.

Du point de vue de la science, la tragédie de Jonestown n'a eu aucune retombée. Cependant, ses effets psychologiques seront ressentis dans la nation par des gens de tous les milieux.

De son côté, la situation de Jonestown répondait en tout aux caractéristiques que je décrivais comme typiques à un culte. On y retrouvait du fanatisme, un environnement mental fermé et la recherche d'un idéal soi-disant inaccessible, compte tenu des barrières qui semblaient se dresser sur la route.

La plupart des cultes possèdent une forme de langage spécialisé – des incantations, par exemple – ce qui contribue à séparer davantage les adhérents du reste du monde. Cette pratique existait aussi à Jonestown. L'attachement aux amis et à la famille était mal vu. C'est ainsi que les adeptes de Jonestown s'étaient coupés de liens intimes importants. Ils se sentaient menacés par le monde qu'ils voyaient à travers leurs croyances et qu'ils se représentaient comme totalement corrompu. On se rend bien compte aujourd'hui de tout ce qui se passait. La situation entraîna la mort de centaines de personnes.

L'incident de Harrisburg, quant à lui, menaçait la vie de plusieurs milliers de personnes. Par ailleurs, on discerne moins facilement dans cet ensemble de circonstances les caractéristiques d'un culte. Elles sont là pourtant. Il existe des cultes scientifiques tout comme des pratiques religieuses.

La religion et la science sont en quête de vérité, même si, apparemment, elles sont engagées dans des systèmes complètement opposés. Toutes deux proclament des vérités que l'on ne doit pas mettre en doute. Elles sont à la recherche des origines du monde et de sa finalité. Les savants ont leur propre vocabulaire qui donne à la science son caractère exclusif. Je parle ici du corps scientifique comme résultat de la contribution personnelle de chacun de ses membres. En effet, un homme de science peut agir fort différemment dans son milieu familial et dans son milieu professionnel. Il peut, par exemple, aimer son chien tout en n'ayant aucun remord, comme scientifique, d'injecter à d'autres animaux des tissus morbides.

Ceci dit, cependant, il faut comprendre que les cultes s'influencent mutuellement; c'est ainsi qu'il existe une grande relation entre la situation de la religion et celle de la science, lorsque l'une et l'autre fonctionnent comme un culte. Présentement, vos religions à tendance culturelle viennent en réponse au comportement culturel de la science. La science se targue de ne pas transiger avec les valeurs, laissant cela aux philosophes. Cependant, en statuant que l'univers est une création accidentelle, une conglomération fortuite, dénuée de sens et formée par un cosmos impassible, la science affirme clairement sa conviction que l'univers et l'existence humaine sont sans valeur. Il ne reste à l'humain que le plaisir, ainsi que la réussite personnelle, qu'il tire de quelque façon des processus biologiques individuels.

(*21 h 58*) Un article récent, dans un magazine national, parle avec éclat des derniers progrès de la psychologie. On affirme que les humeurs, les pensées et les sentiments humains proviennent de la mélodie des éléments chimiques qui tournoient dans le cerveau de l'homme. Cette proposition déprécie l'univers subjectif humain.

Les scientifiques affichent un grand idéalisme. Ils prétendent posséder la vérité. Ils pensent trouver leur «vérité» en étudiant le monde objectif ou le monde des objets – incluant les animaux et les étoiles, les galaxies et les souris – en considérant ces objets comme n'ayant pas de valeur en soi, comme si leur existence était insignifiante (*dit avec vigueur*).

Mais voilà, ces croyances séparent l'homme de sa propre nature[1]. Il ne peut donc pas se fier à lui-même; car qui peut com-

1. Voir, entre autres, les sessions 825, 829 (*à 22 h 10*) et 832.

pter sur ce bouillonnement aléatoire d'hormones et d'éléments chimiques formant, on ne sait comment, ce ragoût qu'on appelle la «conscience» (*avec ironie*), ce brassin, à tout le mieux, sans **saveur**? Jamais le monde scientifique ne pourra, avec ces conceptions, avoir une grande compréhension du sens de la vie. La science n'accorde pas de **valeur** à la vie. Elle peut donc, pour un idéal, justifier un accident qui tuerait directement ou indirectement un grand nombre de personnes et qui, du même coup, exterminerait les enfants à naître[1].

Cette possibilité est, en effet, inscrite dans le programme scientifique. Bien qu'imparfaits, des plans sont établis **en prévision d'accidents**, c'est la preuve que dans votre monde cette probabilité existe et qu'elle est connue de tous. Comme groupe, les scientifiques rejettent l'existence de la télépathie ou de la clairvoyance ou toute philosophie qui met en lumière ces phénomènes. Ce n'est que tout récemment que l'on vit certains savants commencer à admettre que la pensée pouvait influencer la matière. Cette seule **perspective** les trouble profondément, puisqu'elle ébranle les fondements mêmes de leur position philosophique.

Les scientifiques se sont rangés depuis longtemps du côté de «l'intelligence et de la raison», de la pensée logique et de l'objectivité. Ils ont été entraînés à demeurer impassibles, à se séparer de leur propre expérience et de la nature, et à dénigrer tout sentiment personnel. Encore une fois, ils se sont déclarés neutres face au domaine des valeurs. Ils ont été considérés, jusqu'à récemment, comme les nouveaux prêtres. Tous les problèmes pouvaient, semble-t-il, être résolus scientifiquement. Cette prétention couvrait tous les champs de l'activité humaine: la santé, le domaine socio-économique, de même que celui de la paix dans le monde.

Il est difficile de comprendre comment ces savants messieurs, avec tous leurs appareils et toutes leurs connaissances objectives et rationnelles, purent laisser se détraquer un réacteur nucléaire, menaçant ainsi la vie contemporaine et future. Et qu'adviendra-t-il des gens qui habitent à proximité?

Fin du chapitre.

---

1. Revoir la dernière session [*845*] et la note que Jane y présenta.

Chapitre 7

LE BON, LE MAUVAIS ET LE CATASTROPHIQUE; JONESTOWN, HARRISBURG ET L'IDÉALISTE DEVENU FANATIQUE

Session 848 – Le mercredi 11 avril 1979, à 21 h 21.

(Les opérations de reconnaissance se poursuivent à Three Mile Island.)

*(Il y a une semaine, avant la session 846, Jane désirait que Seth se remette à la dictée du livre. Seth s'était alors empressé, en fin de session, de répondre à son vœu en donnant le titre du présent chapitre. Lors de la session 847, Seth s'éloigna encore de la matière d'*Événements collectifs *pour nous fournir d'autres excellents renseignements sur la conscience des plantes et des animaux. Il aborda également divers sujets; ainsi fit-il des commentaires sur la diversité des réactions que ses propos provoquent chez les correspondants, et j'ajoute que ces réactions ne sont pas toutes favorables.)*

(Pendant ces événements collectifs et personnels auxquels nous avons fait référence depuis la session 832, le 29 janvier 1979, Jane a fait de la poésie, de la peinture et travaille avec assiduité à son troisième roman de «Sur-âme»: Oversoul Seven and the Museum of Time.*)*

(Lors du repas de ce soir, Jane et moi avons appris par la télévision les dégâts occasionnés par la dernière tornade «Alley» au Texas, qui a tué cinquante personnes, en a blessé des centaines et fait des milliers de sans-abri. Nous parlions des gens qui choisissent d'habiter une région où l'on est presque certain d'être frappé chaque année par un ouragan. Notre question pourrait s'appliquer, bien sûr, à tout choix de résidence dans un environnement dangereux de notre planète.)

(*Doucement*) Bonsoir.

(*«Bonsoir, Seth.»*)

Dictée. Les différents types de gouvernements sont une représentation des divers aspects de la conscience.

L'expérience démocratique américaine est héroïque, audacieuse et innovatrice. En termes historiques, c'est la première fois que tous les habitants d'un pays sont considérés comme des citoyens égaux. C'était un idéal et cela le demeure. En pratique, bien entendu, l'on retrouve de fréquentes inégalités. L'agir sur la place publique, ou en société, offre souvent de grandes divergences avec cet idéal national. Cependant, ce rêve est un aspect vital de la vie du peuple américain, et même les moins scrupuleux doivent s'y conformer, du moins en parole, ou planifier leur action dans cette optique.

(*Longue pause*) Dans le passé, tout comme maintenant encore dans plusieurs pays, de nombreuses décisions importantes étaient faites par l'État, la religion ou la société en général, plutôt que par l'individu. Au cours du siècle actuel, quelques questions ont pris la vedette dans la culture américaine, à savoir, l'extériorisation de la religion organisée – qui devint une affaire plus sociale que spirituelle – et l'union de la science et de la technologie avec les intérêts financiers. Le livre de Ruburt sur [*William*] James offrirait ici une excellente matière de base, particulièrement dans les sections traitant de la démocratie et du spiritualisme. De fait, on admit l'idée que chaque personne devait être l'égale de l'autre. Les mariages, par exemple, ont cessé d'être préétablis. Il n'est plus nécessaire qu'un homme embrasse la profession de son père. Les jeunes adultes doivent faire face à une multitude de décisions personnelles qui, en d'autres cultures, sont prises de façon plus ou moins automatique. Le développement des transports a élargi les horizons, de sorte qu'une personne ne se sente plus liée à sa ville natale ou à sa région. C'est le signe d'un accroissement des capacités et de la portée de la pensée consciente. Tout au cours de cette évolution, le pays fut débordant d'idéalisme.

(*Longue pause à 21 h 37*) Cet idéalisme, cependant, s'engagea directement dans les épais nuages de la pensée freudienne et darwinienne. Comment un pays peut-il être gouverné avec efficacité par des gens qui, après tout, ne sont que des éléments chimiques vivants, déchaînés, imprégnés depuis le berceau de caractéristiques névrotiques; enfants d'une espèce imparfaite lancée à la dérive par un cosmos lui-même sans raison d'être?

La religion organisée se vit menacée; et si elle ne pouvait pas prouver l'existence de l'âme, elle pouvait à tout le moins s'assurer que l'on s'occupe des besoins du corps par des services humanitaires convenables. Elle abandonna ainsi plusieurs des principes qui auraient pu accroître sa force et s'attacha plutôt à des choses de moindre importance, comme la valorisation de la propreté, au point d'en faire une vertu. Comme on pouvait s'y attendre, le besoin de désodorisants et de tous les autres produits de votre monde de la consommation s'ensuivit (*amusé*).

Pour le peuple, il était indifférent que la condamnation de l'être humain à une vie d'esclavage lui vienne du démon ou de gènes inadéquats. L'individu commença à se sentir impuissant. Il se mit à croire que l'action sociale elle-même n'avait que peu de valeur, car si le mal était inhérent à l'homme, pour quelque raison que ce soit, où pouvait-il alors mettre son espoir?

Au moins trouvait-il quelque réconfort dans la recherche de meilleures conditions de vie. Il pouvait également mettre son espoir dans toutes sortes de distractions extérieures, pour oublier ses doutes.

L'idéalisme est tenace, il perdure, et même s'il semble s'atténuer, il revient sous différentes formes. Ainsi, ceux qui se virent trompés par la religion se tournèrent vers la science qui leur promettait – qui laissait miroiter – ce qui se rapprochait le plus du paradis sur terre: la production en masse de biens, deux autos devant l'entrée, toutes les denrées alimentaires à la portée de la main, somme toute, des solutions à tous les problèmes. Il semblait bien, au début, que la science y soit parvenue, car les bougies furent remplacées en un clin d'œil par des fluorescents et il fut possible à un homme de franchir en quelques heures des distances que son père ou son grand-père ne parcourait qu'en quelques jours.

Et pendant que la science apportait de plus en plus de confort et de nouvelles choses pratiques, on ne se posait pas de questions. Il n'y avait aucun doute, les conditions extérieures s'amélioraient. Pourtant, l'homme ne semblait pas plus heureux. C'est alors qu'on se rendit compte que les découvertes de la science pouvaient avoir un côté plus sombre. Les conditions extérieures ne donneraient rien si l'on en venait à utiliser les connaissances scientifiques pour miner les fondements de la vie elle-même.

(*Pause*) On constate souvent aujourd'hui que les différents médicaments que la population absorbe fidèlement présentent des effets secondaires très regrettables. Les produits chimiques que l'on utilise pour protéger l'agriculture ont des retombées nocives sur les humains. Ces incidences sont beaucoup plus nuisibles à l'individu que la menace d'un désastre nucléaire, parce qu'elles l'atteignent dans son quotidien: les produits qu'il achète, les potions qu'il ingurgite.

(*21 h 55*) Certaines personnes cherchèrent, et le font encore, une autorité – n'importe laquelle – qui prenne pour elles leurs décisions, car elles considèrent le monde comme dangereux; et, compte tenu de leurs conceptions, elles se sentent de plus en plus impuissantes. Ces personnes regrettent le bon vieux temps où l'on décidait pour elles de leur mariage, où elles pouvaient en toute sécurité suivre les traces de leur père, où elles ne connaissaient pas l'attrait des lieux extérieurs et se voyaient contraintes de demeurer à la maison. Elles se sentent aujourd'hui prises entre la science et la religion. Leur idéalisme ne trouve aucune issue véritable. Leurs rêves semblent avoir été trahis.

Ces personnes se tournent vers les différents cultes où les décisions sont prises pour elles et où elles sont allégées du fardeau d'une individualité qui a perdu tout sens de son pouvoir par des croyances conflictuelles. Il fut une époque où des jeunes hommes étaient conscrits pour l'armée et qui, secrètement, se réjouissaient que l'on prenne pour eux les décisions, en cette période d'avant la pleine maturité. Ils étaient heureux de marquer le pas et d'avoir l'occasion, s'ils n'étaient pas complètement satisfaits, de quitter la vie avec honneur et dignité.

Dans le passé également, et même dans votre siècle, on trouvait des couvents et des monastères pour ceux et celles qui ne voulaient pas vivre dans le monde, comme le reste de la population. Ils pouvaient bien avoir d'autres buts, mais les décisions sur leur propre vie étaient prises pour eux: Que faire?, Où aller?, Comment vivre?, etc. Habituellement, ces personnes se rejoignaient en des intérêts communs, le sens de l'honneur par exemple, et elles n'avaient à craindre aucune représaille des gens du siècle.

Les cultes jouent d'abord sur la crainte; celle-ci sert de stimulant. Ils minent le pouvoir de l'individu et font en sorte qu'il ait peur de s'éloigner. Le groupe possède le pouvoir. L'individu n'en a pas, sauf celui qu'il accorde à son chef avec le groupe. Ceux qui moururent en Guyane, par exemple, étaient enclins au suicide. Ils n'avaient pas de cause à laquelle se vouer; leur idéalisme était tellement éloigné de toute action concrète qu'il n'en restait que les cendres.

Le leader de Jonestown était au fond un idéaliste. Quand un idéaliste devient-il fanatique? (*Longue pause*) Comment la recherche du bien peut-elle aboutir à des résultats catastrophiques? Et comment l'idéalisme de la science peut-il faire le poids avec des résultats tels que le quasi-désastre de Three Mile Island, les conflagrations potentielles à la suite du sabotage de déchets radioactifs ou encore la production de bombes atomiques?

(*Pause de 22 h 10 à 22 h 29*)

Les populations qui vivent dans un pays où les tornades sont fréquentes portent cette réalité en leur cœur et en leur esprit, comme en arrière-plan psychologique.

Jusqu'à un certain point, tous les événements de leur vie sont ponctués ou teintés par la possibilité d'un désastre. Ces personnes croient devoir faire face, à n'importe quel moment, aux défis les plus grands, faire appel à leurs ressources les plus vigoureuses et affronter un véritable test d'endurance. Elles se servent – souvent du moins – d'une telle toile de fond psychologique et physique pour garder vivantes les qualités qu'elles possèdent, car ces personnalités aiment les affrontements. La probabilité de ces événements, leur acceptation, maintient un état d'alerte extérieure qui, individuellement et collectivement, est un symbole d'indépendance et de crise intérieure. Lorsque le drame est vécu physiquement, les gens doivent faire face symboliquement à leurs propres crises intimes. En un sens, ces personnes s'attendent à ces affrontements extérieurs, elles tablent sur une série d'incidents d'une plus ou moins grande rigueur, qu'elles peuvent mettre à profit tout au cours de leur vie dans ce but.

Les survivants se sentent renaître à la vie, quelles qu'aient été les circonstances. Ils auraient pu trouver la mort, mais s'en sont tirés indemnes. D'autres individus ont utilisé les mêmes circonstances comme excuse pour ne plus s'accrocher à la vie et sauver ainsi la face en paraissant succomber à des causes extérieures.

Eh bien! je vous souhaite maintenant une merveilleuse nuit. J'ajouterai en passant que les réflexions de Ruburt (*Jane*) sur les plantes peuvent le mener à une ouverture des plus créatrices de sa conscience et lui apporter de nouveaux éclairages.

(*«Oui; merci et bonne nuit.»*)

(*22 h 42. Seth faisait référence à quelques courts essais humoristiques sur les plantes que Jane fit il y a quelques jours pour son propre plaisir, en écho à de nouvelles idées qui lui trottaient dans la tête. Voici quelques titres temporaires:* The Plants' Book of People [Sur les humains, vision des plantes]. The Plants' Symposium: People [Les plantes se concertent sur la population humaine]. *Je pense que ces pièces sont bien tournées. Jane ne fait cependant pas cet exercice en vue d'une publication. Elle précise que s'il n'en sort rien, ces idées pourraient toujours se frayer un chemin dans la matière de Seth, ou peut-être proviennent-elles de Seth lui-même, dont elle portait au départ les concepts.*)

Session 850 – Le mercredi 2 mai 1979, à 21 h 49.

(*La dernière session «régulière», la 849e, ne traitait pas des sujets du livre.*)

(*Jane regarda le début d'un film télévisé avant la session. Elle venait de recevoir une lettre d'une jeune femme qui jouait dans ce film. Jane a l'intention de lui écrire.*)

(*Chuchoté*) Bonsoir.

(*«Bonsoir, Seth.»*)

Dictée.

(*«Fantastique!»*)

Voyons maintenant les différentes formes que l'idéalisme peut prendre. Il est parfois difficile d'identifier les idéalistes. Ils se montrent tellement pessimistes que les seuls signes observables se présentent sous le couvert de moqueries ou d'expressions ironiques. En revanche, de nombreuses personnes au discours rayonnant d'idéalisme cachent un pessimisme des plus sombres et un grand désespoir. Si vous êtes idéaliste, si vous vous sentez relativement impuissant dans le monde et si votre idéalisme demeure général et grandiose, sans concrétisation possible, alors vous êtes dans une bien mauvaise position. Voici quelques exemples particuliers de ce que j'avance.

Un soir, il y a peu de temps de cela, un petit groupe était assemblé ici-même. L'un des visiteurs, un homme venant d'une autre partie du pays, se mit à parler de la situation de la nation, accusant l'ensemble de ses concitoyens de cupidité et de stupidité. Les gens feraient n'importe quoi pour de l'argent, affirmait-il. Poursuivant son monologue, il déclara que, selon lui, l'espèce humaine elle-même se dirigeait inévitablement vers sa perte.

Il cita de nombreux exemples d'actes criminels commis pour de l'argent. Il en résulta une discussion animée, mais cet homme n'accepta aucune opinion contraire à la sienne. Roger, comme nous l'appellerons, est, au fond, un idéaliste, mais il croit que l'être humain n'a que peu de pouvoir sur le monde. Par conséquent, il n'a pas cherché à actualiser cet idéalisme personnel dans les événements de sa propre vie. «Tout le monde est esclave du système.» Voilà sa ligne de pensée. Il a choisi un emploi routinier dans une entreprise locale et y est resté plus de vingt ans. Il disait détester son travail, tout en refusant d'explorer d'autres champs d'activités qui lui étaient pourtant ouverts. Il avait peur de foncer.

Il a à présent l'impression de s'être trahi et il projette ce sentiment à l'extérieur, voyant partout la trahison dans le monde socio-politique. Eut-il actualisé un tant soit peu ses idéaux dans sa propre vie, il n'en serait pas arrivé là. L'expression des aspirations amène la satisfaction; ce qui par la suite favorise forcément une plus grande manifestation de l'idéalisme pratique.

Roger s'exprime ainsi dans tous les groupes sociaux et il crée de cette manière une atmosphère négative et dépressive. Je ne veux cependant pas définir son existence par ces seules attitudes, car lorsqu'il oublie le fossé immense entre son idéal et sa vie pratique et qu'il se met à décrire d'autres activités, il est alors rempli d'une énergie pleine de charme. Toutefois, cette énergie aurait pu le soutenir davantage, eut-il misé sur ses intérêts personnels et choisi l'une de ces orientations pour son travail. Ainsi aurait-il été un excellent enseignant. On lui a offert d'autres emplois plus intéressants, qu'il a refusés, convaincu de son incapacité.

Par ailleurs, sa vie lui apporte certaines compensations qui l'empêchent de rétrécir encore plus son champ de vision.

Si vous désirez améliorer le monde, vous êtes un idéaliste. Si vous voulez changer le monde pour le mieux, tout en croyant que vous n'y pouvez rien, vous êtes un pessimiste et votre idéalisme ne fera que vous obséder. Si vous aspirez à un monde meilleur en pensant qu'il ne fera qu'empirer, malgré les efforts déployés, alors vous êtes vraiment un être découragé et probablement un idéaliste désorienté. Si vous voulez changer le monde pour le mieux et si vous êtes déterminé à le faire, quel que soit le prix à payer pour vous et pour les autres, quels qu'en soient les risques, et si vous croyez que cette fin justifie **tous les moyens** à votre disposition, alors vous êtes un fanatique.

(*22 h 14*) Les fanatiques sont des idéalistes à l'extrême. Ce sont habituellement des rêveurs vagues et solennels, dont les plans ignorent presque totalement l'ensemble des dimensions de la vie. Ce sont des idéalistes non accomplis qui ne peuvent se contenter d'exprimer leur idéal pas à pas ou qui ne sont pas capables d'attendre le déroulement normal des choses dans leur manifestation concrète. Ils exigent une action immédiate. Ils veulent refaire le monde **à leur propre image** (*avec plus de force*). Ils n'acceptent pas que l'on puisse être tolérant, ni ne souffrent une opinion opposée à la leur. Ils sont la vérité incarnée et la perfection même et sont prêts à tout sacrifier, leur propre vie et celle des autres. Ils se sentent justifiés d'à peu près n'importe quel crime pour atteindre leurs buts.

Ruburt reçut dernièrement la visite de deux jeunes femmes. Elles étaient exubérantes, énergiques et remplies de l'idéalisme de la jeunesse. Elles voulaient changer le monde. En utilisant la table *Ouija,* elles reçurent le message qu'elles étaient appelées à participer à une grande mission. L'une voulait laisser son emploi, demeurer à la maison et se concentrer sur des «travaux psychiques», en espérant que ce serait sa façon de faire sa part dans ce renouvellement du monde. L'autre faisait du travail de bureau.

Il n'y a rien de plus stimulant, de plus valable que de vouloir améliorer le monde. C'est en effet la mission de toute personne (*dit avec force*). Elle commence par votre travail dans votre propre champ d'activités et débute avec votre vie à vous et ses occupations. Cette mission prend naissance dans le coin d'un bureau ou sur une ligne d'assemblage, ou encore dans une agence de publicité ou dans la cuisine. Vous devez l'entamer où vous êtes.

Si Roger, dont nous avons parlé, s'était engagé de cette manière, il serait aujourd'hui une personne très différente, plus heureuse et accomplie. Et dans une certaine mesure, sa contribution à l'égard de toutes les autres personnes qu'il a rencontrées aurait été plus fructueuse.

Lorsque vous déployez vos propres capacités, lorsque vous exprimez votre idéalisme personnel en le concrétisant le mieux possible dans votre vie de tous les jours, vous changez alors le monde pour le mieux.

Notre session se tient plus tard ce soir, parce que Ruburt et Joseph ont regardé le début d'un film télévisé où l'on pouvait voir une jeune actrice, que je nommerai Sarah. Sarah avait écrit à Ruburt pour l'informer au sujet de ce film. Elle a des aptitudes sur lesquelles elle mise beaucoup et elle les développe concrètement. Elle est persuadée d'être l'artisan de sa propre réalité. Elle repousse les doutes qui lui viennent sur sa capacité de réussite et ses craintes sur les difficultés de se lancer dans le monde du spectacle. La satisfaction de jouer un rôle favorise une plus grande expression de sa créativité et la met en contact avec sa propre vitalité. En déployant ses qualités personnelles, elle contribuera au plaisir des autres. C'est une idéaliste. Elle tentera, par exemple, d'apporter un plus grand sens des valeurs au petit écran. Elle est décidée d'y mettre tout le travail nécessaire.

(*22 h 30*) Offre une cigarette à Ruburt. As-tu la main fatiguée?

(*«Nenni.»*)

Un jeune homme d'une ville voisine est venu ici il y a peu de temps; il était très doué et intelligent. Il n'était pas allé au collège, mais il avait suivi un cours technique et il occupait un emploi passablement spécialisé dans une industrie locale. C'est un idéaliste à qui l'on avait confié les plans de nouveaux systèmes mathématiques et scientifiques, et il réussissait très bien dans cette branche. Il voulait améliorer le monde.

Entre temps, il regardait, avec terreur et dédain, les hommes plus âgés qui travaillaient à cet endroit depuis des années et «qui se soûlent le samedi soir en ne pensant qu'au monde étroit de leur famille». Il ne voulait pas suivre leur exemple. On lui a d'ailleurs «reproché» à quelques reprises de ne pas faire comme tout le monde. En fait, il est devenu plutôt morose. De plus, il ne pensait pas aller au collège pour continuer ses études dans une branche de son choix et obtenir un diplôme. Il ne voulait pas quitter sa ville natale pour trouver un meilleur emploi, et il ne lui venait pas à l'esprit non plus d'essayer de mieux comprendre l'expérience de ses compagnons de travail. Il ne croyait pas pouvoir changer le monde en commençant où il se trouvait. Il avait peur de se fier à ses propres capacités en leur donnant une forme pratique d'expression.

La jeunesse est néanmoins remplie de force, de sorte qu'il pourra fort bien trouver une façon de mieux exploiter ses dons et de là accroître le sens de son propre pouvoir. Mais en attendant, il passe par de noires périodes.

Puisque l'idéalisme entraîne une opposition entre le «bien» et le «mal», comment se fait-il que la poursuite du «bien» se solde si souvent par la manifestation du «mal»? Pour pouvoir répondre à cette question, nous devons pousser plus loin notre recherche.

Il est un commandement primordial, en termes pratiques; c'est un commandement de la morale chrétienne. Il s'agit d'un bon exemple parce que bien concret: «Tu ne tueras point.» C'est assez clair en effet. Dans la plupart des cas, le meurtrier est conscient d'avoir tué. Ce commandement est beaucoup plus facile à suivre, par exemple, que: «Aime ton prochain comme toi-même», car plusieurs d'entre vous, au départ, **ne vous aimez pas personnellement**. Vous aurez donc beaucoup de difficulté à aimer votre prochain. L'idée en est que si vous aimez votre prochain vous ne le mépriserez pas, et encore moins ne le tuerez. Mais le commandement «tu ne tueras point» dit bien que tu n'attenteras pas à la vie de ton voisin, **quels que soient** tes sentiments à son égard. Alors donnons-nous une nouvelle version de ce précepte: «Tu ne tueras point, même dans la poursuite de tes idéaux[1].»

Qu'entend-on par cette maxime? Concrètement, cela veut dire que vous ne feriez pas la guerre pour rechercher la paix; que vous ne tueriez pas d'animaux pour faire des expériences, leur enlevant la vie dans le but de protéger le caractère sacré de la vie humaine. «Tu ne tueras point, même dans la poursuite de tes idéaux» deviendrait la règle d'or, car l'homme a tué pour cette raison au moins tout autant qu'il ne l'a fait par cupidité, par convoitise ou par recherche du pouvoir.

Vous êtes un fanatique si vous envisagez le meurtre pour atteindre votre idéal. Les idéaux sont très variés. Ainsi, vous pourriez avoir comme idéal la production indéfinie d'énergie pour l'usage de l'humanité. Vous pourriez être tellement mordu de cet idéal – puisque l'énergie rend la vie confortable – que vous iriez jusqu'à émettre l'hypothèse selon laquelle ce bien-être pourrait être atteint en prenant le risque de faucher un certain nombre de vies en cours de route. C'est du fanatisme.

(*22 h 53*) Cela signifie que vous n'êtes pas prêt à faire les démarches nécessaires dans la réalité physique pour arriver à cet idéal, mais que vous croyez que la fin justifie les moyens. «Il est certain que des vies seront perdues en cours de route, mais dans l'ensemble l'humanité en tirera profit.» C'est l'argument que l'on vous sert habituellement. Le caractère sacré de la vie ne peut pas être sacrifié pour les commodités de la vie, car la qualité de la vie elle-même en souffrira. Vous agissez de la même manière dans votre idéal de protection de la vie humaine en transmettant à des générations d'animaux des maladies mortelles et en sacrifiant

1. Seth se réfère probablement ici à un article dont Jane et moi avons pris connaissance récemment, soutenant une philosophie «radicale» du changement: la violence est permise pour provoquer une révolution qui, en retour, donnera le jour à une nouvelle ère. Dans cette société utopique, l'homme serait libre de toute contrainte et pourrait conjuguer son intellect et ses intuitions. De nombreuses personnes ont soutenu ces idées très à la mode ces dernières décennies, et plusieurs tiennent encore ces propos. Nous pensions aux inévitables contradictions qui émaneraient – l'homme eut-il atteint un tel état ou une telle société «idéale» – car, étant donné sa nature toujours effervescente et créatrice, il commencerait immédiatement à modifier sa supposée utopie. Nous nous amusions à penser aux réactions qu'auraient de tels radicaux s'ils étaient eux-mêmes menacés ou assaillis par cette violence «acceptable» dont ils sont les défenseurs. (*Robert Butts*)

leur vie[1]. Vous pouvez employer comme argument que les humains ont une âme et les animaux pas, ou que la qualité de vie est inférieure chez les animaux, mais quoi que vous pensiez, c'est du fanatisme. La qualité de la vie humaine elle-même en souffre à la fin, car ceux qui attentent à la vie **sous quelque forme que ce soit** perdent en chemin le respect pour toute vie, y compris la vie humaine.

La fin **ne justifie pas** les moyens (*dit avec beaucoup d'insistance*).

Faisons ici une courte pause.

(22 h 58. La pause fut brève et Seth fit quelques commentaires pour Jane. Sur ce, il termina l'entretien. Il était 23 h 05.)

(«Je suis tellement heureuse de revenir au livre, dit Jane. Je sais en avoir fait l'expérience avec chacun des écrits de Seth, me demandant de quoi il parlera, de quelle manière il traitera de ceci ou de cela... Je me rappelle ces exemples concernant les idéalistes et le nouveau commandement qu'il a donné. Je n'avais rien de tout cela à l'esprit avant la session, mais à ma table de travail, ce soir, j'ai effectivement capté quelque chose venant de lui, dont il n'avait jamais parlé...»)

Session 852 – Le mercredi 9 mai 1979, à 21 h 39.

(Le jour suivant la dernière session, le 3 mai, Jane, qui travaillait sur le troisième roman de Sur-âme sept, reçut de son éditeur des copies de presse du second roman de «Sur-âme»: The Further Education of Oversoul Seven.)

1. Seth fait allusion à l'élevage en laboratoire des souris, des rats, des lapins et d'autres animaux en vue de la vente aux chercheurs scientifiques qui pratiquent sur eux des expériences qu'il serait immoral de tenter sur des humains. Les souris, par exemple, sont élevées dans des environnements aseptisés de génération en génération afin d'obtenir des lignées génétiques «pures». Ces «modèles» de prédilection pour la recherche des tares humaines peuvent être nés avec – ou développeront – une propension à l'obésité, divers types de cancers (*dont la leucémie*), l'épilepsie, différentes anémies, la dystrophie musculaire et ainsi de suite. Certains sujets naissent nains ou sans poil ou encore avec des membres déformés ou absents. Les souris consanguines sont maintenant utilisées pour tester des environnements humains dangereux. (*Robert Butts*)

(Depuis la 846e session, qui a eu lieu il y a plus d'un mois, [le 4 avril] *il y a presque un accord tacite entre Jane, Seth et moi: Seth ne traite du livre que le mercredi.)*

Bonsoir.

(*«Bonsoir, Seth.»*)

Il est passablement délicat de discuter de la nature du bien et du mal, car bon nombre – la plupart – des atrocités humaines envers leurs congénères ont été commises dans la poursuite erronée du «bien».

Le bien de qui? Le «bien» est-il un absolu? Dans la ronde des événements, il est manifeste que le bien d'une personne équivaut à un désastre pour une autre. [*Adolf*] Hitler recherchait sa propre version du «bien» avec une intention fanatique imperturbable. Il croyait en la supériorité et en la droiture morale de la race aryenne. Dans sa version majestueuse et idéalisée de la réalité, il vit cette race «sise à sa vraie place», soit à la tête de l'humanité[1].

Il croyait aux caractéristiques héroïques et il fut aveuglé par la version idéalisée et surhumaine d'un Aryen puissant de corps et d'esprit. Pour atteindre son but, Hitler était tout à fait disposé à sacrifier le reste de l'humanité. «Le mal devait être extirpé.» Cette complainte malheureuse se retrouve derrière de nombreux cultes – scientifiques et religieux – et le royaume aryen d'Hitler était un curieux assemblage des pires aspects de la religion et de la science dont les tendances culturelles étaient encouragées et mises à contribution.

L'arène politique constituait le lieu pratique où ces idéaux devaient trouver leur éclosion. La conception du bien chez Hitler

---

1. La croyance d'Hitler en une superrace germano-aryenne est un excellent exemple de ce qu'un chef peut faire pour renverser le cours de l'histoire a ses propres fins. Les anthropologues ne considèrent même pas le terme «aryen» comme devant désigner une race. Aux yeux des Nazis, les Aryens étaient les descendants, non juifs, des peuples préhistoriques caucasiens, ces «nordiques» qui parlaient une langue rattachée semble-t-il à la famille linguistique indo-européenne. Les Aryens envahirent l'Inde, le Moyen-Orient et l'Europe à partir du sud de la Russie et de la Turquie. Hitler idéalisa ces conquêtes successives dans sa propre philosophie raciste, s'efforçant de faire remonter les origines germaniques jusqu'aux ancêtres aryens. (*Robert Butts.*)

était très étroite, c'est pourquoi toutes actions, même les plus atroces, étaient justifiées.

Comment donc ces idéaux insipides et indéfinis d'un bien national, que caressait initialement Hitler, tournèrent-ils en catastrophe mondiale? Les étapes suivies sont exactement celles que nous avons mentionnées concernant tout genre de culte. Les rêveries d'Hitler se firent de plus en plus grandioses et, vue sous cet angle, la condition de son pays semblait s'aggraver de jour en jour. Il remâchait continuellement ses humiliations, jusqu'à ce que son esprit devint un environnement presque complètement fermé auquel n'avaient accès que certaines idées.

Tout ce qui n'était pas aryen était considéré comme un réel ennemi. Les Juifs furent frappés plus durement à cause de leurs succès financiers, leur cohérence et leur attachement à une culture qui n'était pas fondamentalement aryenne. Ils devinrent les victimes d'Hitler, de son idéal fanatique pour le bien de l'Allemagne.

Hitler clamait la prépondérance de l'action sociale sur l'action individuelle. Il fit des enfants les dénonciateurs de leurs propres parents. C'était un chauviniste, comme le sont tous les chefs de cultes mineurs dans un contexte de moindre envergure. Les Juifs croyaient pour leur part au martyre. L'Allemagne devint le nouveau pays d'Égypte contre lequel ils se sont attaqués.

Je ne veux pas simplifier cette situation à outrance et je ne désire surtout pas justifier les cruautés que les Juifs eurent à souffrir en Allemagne. Cependant, il n'en demeure pas moins que vous créez chacun votre réalité et, collectivement, vous préparez ce que deviennent vos nations et vos pays. C'est ainsi qu'à ce moment les Allemands se virent comme les vainqueurs et les Juifs comme les victimes.

(*Pause à 22 h*) D'une manière générale, les ressortissants des deux ethnies réagirent en tant que groupes, plutôt que comme individus. Dans leur idéalisme, les deux groupes avaient une vue pessimiste du moi. C'est la conviction en l'existence du mal dans la psyché individuelle qui poussa Hitler à instaurer ces lois et réglementations, afin d'ériger et de préserver la pureté aryenne. La pensée juive était sombre également et les règles de ce peuple furent établies pour préserver la pureté de l'âme contre les forces du mal. Et comme on le lit dans les livres juifs [*de l'Ancien Testament*], Jéhovah vint, à l'occasion, avec grande majesté, sauver son peuple choisi, et il les laissa souffrir de grandes injustices pendant de longues périodes, ne paraissant les délivrer qu'à la dernière minute. Cette fois-ci, semble-t-il, il ne les a pas entendus. Qu'est-il donc arrivé?

(*Longue pause*) En dépit de lui-même et de ses disciples, Hitler fit éclore une idée très importante, une idée qui changea l'histoire. Les fantaisies nationalistes les plus morbides qui ont foisonné pendant des siècles et la glorification de la guerre comme droit inaliénable d'une nation pour étendre sa domination se sont finalement cristallisées dans l'Allemagne d'Hitler.

Cette nation fut l'exemple de ce qui pouvait arriver à n'importe quel pays si on laissait libre cours au nationalisme des plus fanatiques, si l'idée de droit était alliée à celle du pouvoir et s'il était justifiable pour n'importe quelle nation d'envisager la destruction des autres.

Vous devez vous rendre compte ici que Hitler croyait que toutes les atrocités pouvaient se justifier à la lumière de ce qu'il pensait être le plus grand bien. Plusieurs des idéaux qu'il tenait, et dont il se faisait le promoteur, étaient, jusqu'à un certain point, acceptés chez les différents peuples, sans avoir été concrétisés pour autant d'une manière aussi radicale. Les nations du monde ont vu leurs propres tendances les plus abominables se personnifier dans l'Allemagne d'Hitler, prêtes à se retourner contre elles. Les Juifs ont agi, pour différentes raisons – et ici encore ce n'est qu'un aspect de la question – comme le font toutes les victimes; Allemands et Juifs étant fondamentalement d'accord sur la «nature infâme de l'homme». Pour la première fois, le monde moderne prenait conscience de sa vulnérabilité aux événements politiques; et la technologie et les communications accélérèrent les dangers de la guerre. Hitler amena à la surface plusieurs des tendances les plus ignobles de l'homme. Je le répète, c'était la première fois que l'espèce touchait du doigt au fait que la force seule ne conférait pas un droit et, qu'en définitive, une guerre mondiale ne faisait aucun vrai vainqueur. Hitler aurait tout aussi bien pu faire éclater la première bombe atomique.

Chose étrange, Hitler savait depuis le début qu'il courait vers un échec personnel. Il en était de même des espoirs qu'il entretenait pour l'Allemagne. Il aspirait à la destruction et dans ses moments de lucidité, il reconnaissait même les déformations pernicieuses de ses idéaux antérieurs. C'est ainsi qu'il sabota souvent ses propres efforts; ce qui favorisa quelques victoires importantes des alliés. C'est d'ailleurs pour cette raison que l'Allemagne ne posséda pas la bombe [*atomique*].

Nous en arrivons maintenant à Hiroshima, où cette bombe grandement destructrice explosa (*le 6 août 1945*). Mais pour quelle raison? Pour sauver la vie, pour sauver des vies **américaines**. Cette intention de sauver des vies américaines était sûrement «bonne», mais cette fois au détriment des Japonais. Dans cette optique, le bien de l'Amérique n'était certes pas celui du Japon, et cet acte destiné à «sauver la vie» était aussi conçu pour supprimer des vies individuelles.

(*22 h 27*) À quels dépens le «bien» doit-il être acquis? Pour quel camp l'idée de bien servira-t-elle de critère? Jusqu'à un certain point, c'est la poursuite du bien par l'homme qui engendra l'Inquisition et la chasse aux sorcières de Salem. Beaucoup crurent que la Russie était l'«ennemi» contemporain numéro un, et c'est pourquoi tous les moyens étaient bons pour contraindre ce pays. Certaines personnes aux États-Unis croient fermement que la «classe régnante» est pourrie jusqu'à la moelle et que tous les actes pour la faire disparaître sont permis. Des gens croient que les lesbiennes et les homosexuels sont «mauvais», que, d'une certaine façon, il leur manque les véritables qualités de l'être humain et, par conséquent, ils n'ont pas à être traités avec respect. Ce sont tous des jugements de valeur mettant en cause vos idées du bien.

(*Pause*) Bien rares sont ceux qui cherchent d'abord à être le plus méchant possible. **Certains criminels** croient qu'en volant, ils ne font que rectifier les biais de la société. Je n'affirme pas ici que cela constitue leur seul motif, mais ils tentent, en quelque sorte de justifier leurs activités en les regardant sous l'angle de leur propre version du bien et de la droiture.

Vous ne devez pas oublier que les fanatiques sont toujours habités par des idéaux **grandioses**, tout en croyant en la nature pécheresse de l'homme et au manque de force de l'individu. Ils ne peuvent se fier à l'expression du moi individuel, car ils sont convaincus de sa mauvaise foi. Leur idéal semble alors encore plus éloigné. Les fanatiques soulèvent l'action sociale. Comme ils ne croient pas en l'efficacité des gens, leurs groupes ne forment pas un ensemble de personnes réunies dans un effort de mise en commun de ressources particulières. Ils forment plutôt des congrégations de gens qui ont peur d'affirmer leur individualité et qui espèrent se fusionner au groupe; ce qui est impossible (*dit avec énergie*).

Les véritables êtres humains peuvent faire beaucoup à travers l'action sociale, car l'espèce est elle-même foncièrement sociale, mais les personnes qui ont peur de leur individualité ne la recouvreront jamais dans un groupe. Elles n'y verront qu'une caricature de leur propre faiblesse.

Fin de la dictée. Je n'ai pas oublié la lettre du scientifique. Nous l'introduirons d'une façon ou d'une autre.

(*22 h 41. «Avant la session, je n'avais pas idée qu'il aborderait le sujet d'Hitler et de l'Allemagne, dit Jane, non pas du tout, mais je savais qu'il parlerait du bien et du mal.»*)

(*Le scientifique dont Seth parle est un physicien qui a contacté Jane le mois dernier. Il remettait en question certaines idées de Seth sur la «véritable» nature de l'univers. Lors de la session privée* [849] *du 30 avril, Seth répondit partiellement à la question.*)

Session 853 – Le lundi 14 mai 1979, à 21 h 46.

(*Nous présentons ici cette session à caractère personnel vu les nombreux approfondissements que Seth apporte concernant les événements individuels et collectifs sur le vécu qui nous est propre, à Jane et à moi. De fait, sans les qualités que nous possédons et que Seth aborde ce soir, je doute que les livres de Seth – voire les sessions elles-mêmes – n'aient vu le jour. De sorte que, dans ce sens, cet entretien ajoute à la compréhension du comment et du pourquoi nous avons été au-devant de ces enseignements de Seth. Voir mes commentaires aux notes de la page 194, session 840, et de la page 202, session 844.*)

(*La présente session fait suite à certaines prises de conscience de Jane depuis la dictée de mercredi dernier. Elle en fit un compte rendu. Cette compréhension profonde favorisa l'état plaisant de détente dont j'ai parlé à la session 829.*)

(*Lentement et avec emphase*) Bonsoir.

(*«Bonsoir, Seth.»*)

Dictée. Je veux faire ici quelques commentaires. En général, dans votre société, la créativité a une connotation féminine alors que la force est attribuée à la masculinité et considérée dans une large mesure comme destructrice.

Vos scientifiques sont plutôt intellectuels et croient en la supériorité de la raison par rapport à l'intuition, tenant pour acquis que les deux sont opposées. Ils ne peuvent pas concevoir la source créatrice «initiale» de la vie, car cela les placerait face au fondement féminin de la créativité.

Pour les besoins de cette discussion seulement, on peut dire que votre univers est masculin. C'est un univers doté des caractéristiques mâles **telles qu'elles apparaissent** dans l'orientation mâle-femelle de votre histoire; un monde qui semble ne pas avoir de signification, l' «intellect» mâle ne pouvant en saisir le sens puisqu'il ne tient rien pour acquis. Il ignore carrément certaines caractéristiques parmi les plus apparentes de l'univers.

(*Pause*) Vous devez comprendre que j'emploie ici les termes «mâle» et «femelle» dans le sens généralement entendu et que cela n'a rien à voir avec les caractéristiques vitales qui forment les assises mêmes de l'un et l'autre sexe. Selon cette ligne de pensée, l'intelligence «mâle» s'intéresse à l'ordre de l'univers, en nomme les parties et ainsi de suite. Elle veut en ignorer cependant les aspects créateurs, qui sont de toute part apparents, et elle croit en tout premier lieu devoir se dissocier de toute expression sensible. On vit donc apparaître dans votre histoire un dieu mâle, un dieu de force et de vengeance qui tuait vos ennemis à votre place. Un dieu rempli de préjugés qui, par exemple, mettra à mort les Égyptiens et la moitié du peuple juif en représailles aux cruautés Égyptiennes. Le dieu mâle en est un de puissance. Ce n'est pas le dieu de la créativité.

La créativité a toujours été le lien le plus étroit entre l'espèce et sa propre source, [*entre ses individus*] et l'essence de leur être. C'est à travers la créativité que l'espèce accède à Tout Ce Qui Est. Cependant, la créativité suit un certain nombre de règles. Elle défie les catégories **et elle se fie à l'évidence de la sensibilité.** Elle est une source de révélation et d'inspiration, mais au départ, la révélation et l'inspiration ne transigent pas avec la force, mais bien avec la connaissance. Qu'arrive-t-il dans votre société lorsque les individus, hommes et femmes, possèdent des dispositions créatrices et un esprit vif par surcroît?

(*22 h 03*) L'Église catholique enseignait que la révélation était suspecte. L'obéissance intellectuelle et spirituelle était de beaucoup le chemin le plus sûr, et même les saints étaient quelque peu redoutés. Les femmes étaient inférieures, surtout en matière de religion et de philosophie, car leur créativité risquait d'être des plus dérangeantes. Les femmes étaient considérées comme hystériques, étrangères au monde de la pensée intellectuelle et ballottées par de capricieuses et incompréhensibles émotions. Les femmes devaient être asservies en épuisant leur énergie par la maternité.

Ruburt (*Jane*) était très créateur et, suivant les conceptions de son époque, il croyait devoir surveiller le plus attentivement possible cette créativité, déterminé qu'il était de s'en servir. Il décida tôt de ne pas avoir d'enfants et qui plus est, de rejeter toute marque de féminité qui pourrait entacher son travail ou perturber son dévouement à son œuvre. Il t'aimait et il t'aime toujours profondément, mais il a toujours senti devoir suivre une voie étroite, afin de satisfaire les besoins et croyances que vous partagiez et ceux de la société, selon votre perception. Ruburt était et **demeure** toujours un créateur. Pourtant, il sentait que la femme était inférieure, que ses capacités elles-mêmes le rendaient vulnérable, qu'il serait ridiculisé par les autres et que les femmes n'étaient ni prises au sérieux dans le domaine de la pensée profonde ni considérées comme innovatrices dans les matières philosophiques.

L'état de transe prenait à ses yeux une connotation féminine, c'est pourquoi, par commodité de la chose, il prit le parti d'ignorer [*certains excellents médiums masculins*]. Et en même temps, il avait peur d'employer son pouvoir par crainte qu'on l'accuse d'usurper des prérogatives mâles.

Tu es toi-même créateur, mais tu es un mâle, et une partie de toi considérait la créativité comme une caractéristique féminine. Si peindre pouvait être lié au fait de gagner sa vie, comme ce fut le cas pour toi à une époque, c'était alors acceptable à tes yeux de mâle américain, puisque cet acte était associé au **pouvoir**. Et je sais très bien que selon les normes de votre temps, vous étiez tous les deux passablement désintéressés; ce qui est d'autant plus malheureux. Après avoir quitté le dessin commercial, tu ne serais pas allé vendre tes peintures sur la place publique parce que, façon de parler, tu considérais cet acte comme de la prostitution. En effet, tes «intuitions féminines», que tu sentais être à l'origine de ces tableaux, auraient alors été vendues dans l'intérêt de ton «rôle mâle de pourvoyeur et de détenteur du pouvoir».

L'art des vieux maîtres n'avait pas cette connotation, en grande partie parce qu'il comportait beaucoup de travail physique: la confection des couleurs, des toiles et autres. Ce travail, compte tenu de la préparation de l'artiste, appartient maintenant au monde manufacturier masculin, tu vois, de sorte qu'il ne reste à l'artiste mâle dans votre société que ce qu'il pense être le fondement féminin de l'art, et c'est à ce niveau qu'il doit y faire face, bien entendu.

(*22 h 20*) Je veux bien vous faire saisir que de telles idées sont sous-jacentes dans votre société et qu'elles sous-tendent bien des problèmes individuels et nationaux. Elles se cachent derrière les grandes questions. Ainsi sont-elles derrière le fiasco nucléaire [*de Three Mile Island*], et elles se dissimulent sous la conception que se fait le scientifique du pouvoir et de la créativité. Votre créativité, vous qui êtes si intuitif, entre en conflit avec vos idées sur la sexualité, autant dans votre vie privée que dans vos attitudes face à la société. Ce tiraillement vient en grande partie de ce mythe malheureux concernant le créateur, que l'on considère moins apte que les autres à transiger avec le monde, un être aux habitudes bizarres et dont la créativité même, dit-on parfois, mène au suicide ou à la dépression. Il n'est guère étonnant que peu d'artistes persistent face à des croyances aussi regrettables!

En effet, ce sont les raisons pour lesquelles Ruburt se méfiait de son moi spontané. Puisqu'il était féminin, croyait-il, il devait être plus avili que le moi instinctif du mâle.

Vous êtes rempli de contradictions. Vous attribuez à Dieu des traits masculins. De son côté, l'âme serait féminine. Les anges, pour leur part, sont des mâles. Maintenant, jetons un coup d'œil sur le paradis terrestre. L'histoire nous raconte que Ève tenta le mâle, en lui présentant le fruit de l'arbre du bien et du mal ou l'arbre de la connaissance. Cette étape représentait un nouvel état de conscience, le point où l'espèce commença à penser et à sentir pour elle-même, parvenant à une maturité telle qu'elle osa exercer sa propre créativité.

(*Pause*) Ceci est difficile à exprimer. C'était un état où l'espèce prit connaissance de ses pensées comme siennes propres et prit conscience du moi qui pense. Cet instant marqua le déclenchement de la créativité humaine. Selon votre conception, ce fut le produit de l'intuition féminine. Mais, comme vous le savez, de telles intuitions appartiennent aux deux sexes. Lorsque les textes [*bibliques*] furent écrits, l'espèce avait déjà atteint un certain stade de développement. Elle possédait certains pouvoirs et une organisation qu'elle désirait conserver. On ne voulait plus de visions intuitives ni de changements. La créativité devait suivre certaines règles bien définies, et ainsi la femme se vit-elle attribuer le rôle de l'infâme.

J'ai abordé ce sujet antérieurement (*en une session personnelle*). Jusqu'à un certain point, Ruburt a été effrayé de sa propre créativité, et toi également. Cette crainte était plus marquée chez Ruburt, au point qu'il lui sembla parfois que s'il réussissait dans son travail, ce ne serait pas sans danger: toi-même tu pourrais être mal vu ou lui risquait de devenir un fanatique, étalant sans vergogne des traits féminins hystériques et méprisables.

(*Avec beaucoup d'humour*) J'espère que ces propos vous seront bénéfiques. Fin de la session et bonne nuit.

(*«Bonne nuit, Seth.»*)

(*22 h 35. «Je ne m'attendais pas à ce qu'il aborde tout cela, dit Jane. C'est peut-être la raison pour laquelle je me sentais si mal avant l'entretien: une portion de moi savait que Seth parlerait de nous.»*)

(*Jane dit avoir ressenti de «fortes envies de rire», qu'elle ne pouvait pas décrire maintenant, lorsqu'elle communiqua le passage selon lequel la vente de mes peintures serait à mes yeux une sorte de prostitution. «Il y avait là quelques sensations gargantuesques remplies d'humour», ajouta-t-elle.*)

(*Elle riait. «Tu es si étrange. D'une part, tu ne veux pas vendre tes tableaux sur la place publique et, d'autre part, tu penses conserver toutes ces sessions personnelles pour la postérité, pour les étaler un jour aux yeux du monde. Tu es peu communicatif; tu ne racontes pas tes affaires personnelles à tout le monde, mais tu ferais cela!... Je nous vois plutôt, moi à l'âge de 80 et toi à 90, dans notre cour arrière, en train de brûler tout ce matériel.»)*

(Elle a cependant admis que la communication de ce soir, personnelle ou non, jetait un éclairage sur l'ensemble de la matière de Seth, y apportant de la profondeur et des éléments d'arrière-plan. Et, soit dit en passant, en dépit de mes répugnances à la commercialisation de mes tableaux, j'en ai vendu un certain nombre au cours des années...)

Session 854 – Le mercredi 16 mai 1979, à 21 h 35.

(Aujourd'hui, Jane a entrepris un nouveau livre. Elle est émoustillée, grisée, par l'ampleur de ses capacités créatrices. Le tout a commencé à l'occasion d'un incident anodin en apparence, mais qui n'est peut-être pas si banal après tout.)

(Ce matin, alors qu'elle travaillait sur un des derniers chapitres de Sur-âme sept et le musée du temps, *elle eut soudain l'impulsion de changer de pièce. Elle voulut s'éloigner de la lumière éblouissante filtrant à travers le rideau plein jour des portes de sa salle d'étude, à l'arrière de la maison. En sortant de son bureau, elle prit, en passant, un calepin, contenant, pensait-elle, ses notes journalières. Arrivée au salon, elle découvrit avoir pris son carnet intitulé* Heroics. *Celui-ci renferme certaines réflexions sur le moi héroïque et les impulsions intérieures, qu'elle aborda dans les chapitres 25, 26 et 27 de son livre* Psychic Politics. *Elle avait également noté dans ce carnet un grand nombre d'idées connexes, après avoir terminé l'ouvrage en question. «Lorsque je regardai ces notes, je sus immédiatement que j'écrirais ce livre,* Heroics, *et que je poursuivrais mes recherches sur ce moi "idéal" dont j'ai parlé dans* Politics, *me dit-elle. C'est maintenant le moment.»)*

(Elle ne sait cependant pas vraiment pourquoi elle s'est donné cette tâche à ce moment-ci. Nous nous sommes demandés si son moi «créateur», voyant venir la fin de la série «Sur-âme sept», ne souhaitait pas qu'elle ait un autre projet en marche. Elle se fie toutefois a ses intuitions et elle a déjà rédigé quelques pages de ce nouvel ouvrage. Mais, ironie du sort, Jane progressait rapidement dans Seven et voilà qu'elle laisse de côté ce travail, et qui sait pour combien de temps?)

(Jane n'est pas certaine du titre de ce nouveau livre, elle ne sait pas non plus comment il se présentera. «Il contiendra cependant de nombreuses poésies que je conservais depuis des années. Dieu! toute ma

matinée a été changée avec cette idée. Tout a l'air chargé ou nouveau, il y a vraiment quelque chose là...»)

*(En ce qui me concerne, je me tiens à jour avec la nouvelle matière d'*Événements collectifs *et autres sujets généraux ou personnels que Seth nous communique. Je continue à peindre quelques heures par jour; je note mes rêves; je rédige de longs commentaires sur différents sujets; je fais du classement dans mes dossiers, que je laisse parfois s'empiler; et, ces derniers temps, je trouve un moment dans la journée pour travailler dans la cour extérieure de notre maison sur la colline.)*

Bonsoir.

(*«Bonsoir, Seth.»*)

Dictée. Un fanatique se croit fondamentalement démuni. Il ne se fie pas à son dynamisme propre, ni à sa capacité d'agir d'une manière efficace. L'action conjointe lui semble la seule possible, mais une action dans laquelle chaque individu doit être contraint, mû par une frénésie, une crainte ou une haine enflammée et provoquée, sinon le fanatique craint qu'aucune action vers l'«idéal» ne puisse être entreprise.

Par ces méthodes et grâce à une telle hystérie de groupe, on relève l'individu de la responsabilité de ses actes, celle-ci retombant alors, dispersée, sur la communauté. La cause, quelle qu'elle soit, peut ainsi couvrir un nombre indéfini de crimes, et aucun des individus n'en portera le blâme. Les fanatiques sont étroits d'esprit, de sorte que toute croyance ne concordant pas avec leurs objectifs est ignorée. Ceux qui mettent au défi leurs desseins deviennent immédiatement les cibles de leur mépris et de leurs attaques. Dans votre société, le pouvoir est généralement considéré comme un attribut masculin. En effet, on retrouve plus d'hommes que de femmes à la tête des cultes, et les femmes suivent habituellement, car on leur a enseigné qu'il était mal d'utiliser le pouvoir et bien de suivre l'investi de pouvoir.

J'ai affirmé (*à la session 846*) qu'il existait des cultes religieux et scientifiques. La communauté scientifique, à prépondérance masculine, se sert de son pouvoir de la même manière que le [*Dieu*] Jéhovah mâle utilisait sa puissance, dans un contexte différent, pour protéger ses amis et anéantir ses ennemis. J'ai traité à fond dans mon dernier livre (*The Nature of the Psyche*) de la sexualité de votre espèce, mais je veux mentionner ici comment certaines de ces croyances influencent votre comportement.

(*Amusé*) L'homme de science considère la fusée comme son symbole personnel du pouvoir sexuel. Il s'attribue le privilège d'utiliser le pouvoir comme bon lui semble. Certains scientifiques sont de fait des «idéalistes». Ils croient cependant que leurs recherches de solutions justifie presque tous les moyens ou sacrifices, non seulement de leur part mais également de la part des autres. Ils deviennent des fanatiques lorsqu'ils ignorent les droits des autres et lorsqu'ils violent la vie dans une tentative déguisée de la comprendre (voir la note de la page 227, session 850).

Les femmes commettent une grave erreur en essayant de prouver leur «égalité» par leur participation dans les forces armées ou par leur engagement au combat comme n'importe quel homme (*encore plus amusé*). La guerre vous amoindri en tant qu'espèce. Les femmes ont affiché un bon sens peu ordinaire en refusant d'aller à la guerre et ont fait preuve d'un grand manque de jugement en envoyant leurs enfants et leurs amants à la bataille. Encore une fois, tuer pour le bien de la paix ne fera de vous que de meilleurs tueurs et rien ne pourra changer cet état de fait. Dans toute guerre, les deux belligérants sont, selon leur implication, des fanatiques. J'ai bien conscience que la guerre vous semble souvent la seule issue possible, vu l'ensemble des croyances qui sont entretenues à travers le monde. Tant que vous ne changerez pas ces croyances, la guerre vous paraîtra avoir une valeur pratique; valeur bien décevante en effet et totalement fausse.

Les fanatiques utilisent toujours une rhétorique ronflante et parlent dans des termes les plus grandiloquents de la vérité, du bien et du mal, et plus particulièrement du châtiment. Jusqu'à un certain point, la peine capitale est l'acte d'une société fanatique: prendre la vie d'un meurtrier ne rend pas la vie à la victime et n'empêche pas les autres hommes de commettre de tels crimes. Je conçois bien que la peine de mort semble souvent être une solution acceptable et, en fait, certains meurtriers veulent mourir et sont capturés justement à cause de leur besoin d'être punis. De nombreuses personnes – et je parle ici en général – se trouvent maintenant prises dans cette position parce qu'elles croient profondément en ce que vous pensez généralement: vous êtes des créatures viciées, engendrées par un univers dénué de sens ou créées par un dieu vengeur et entachées du péché originel.

Les criminels vivent intégralement ces croyances. Ils ont des «tendances» que vous craignez, chacun individuellement, de posséder. La science et la religion vous affirment que, laissé à vous-même, vous deviendriez spontanément des créatures primitives, remplies de convoitise et d'avarice irrépressibles. Freud, comme Jéhovah, vous donnent ce message. Le pauvre Darwin essaya bien de trouver une explication à tout cela, mais il faillit lamentablement à la tâche.

Les fanatiques n'acceptent pas la tolérance. Ils s'attendent à l'obéissance. Une société démocratique offre à la fois les plus grands défis et les plus grandes possibilités de réalisation pour l'individu et l'espèce, car elle permet le libre-échange des idées. Elle demande beaucoup plus cependant de la part de la population, car, dans une grande mesure, chacun doit choisir, parmi une grande variété de styles de vie et de croyances, le cadre d'action de sa vie journalière.

(*22 h 08*) Il y a des époques où il semble que toute règle a disparu, et c'est ce qui explique le désir d'un retour à la bonne vieille autorité. Et vous trouverez toujours là quelques fanatiques se réclamant de l'ultime vérité et s'offrant pour soulager l'individu du défi et du «fardeau» de son propre développement et de sa responsabilité personnelle. Les gens peuvent – **ils le peuvent** – survivre sans les organisations. Inversement, les organisations ne survivent pas sans les individus. Cependant, les regroupements les plus efficaces sont ces assemblées de personnes qui affirment leur propre pouvoir dans le groupe et qui ne cherchent pas à s'y cacher (*le tout énoncé très énergiquement*).

L'action organisée est une excellente méthode d'exercer une influence, mais seulement lorsque chaque membre est autonome; seulement lorsqu'il **déploie** son individualité dans l'activité de groupe et qu'il ne cherche pas à suivre, de manière insouciante, les directives des autres.

Il existe des fanatiques à cause de ce grand écart que l'on retrouve entre un bien idéalisé et une version exagérée de son opposé. Le bien idéalisé est projeté dans le futur, alors que l'on voit son opposé, amplifié, imprégner le présent. L'individu semble incapable d'atteindre seul cet idéal d'une manière certaine. Vu sa croyance en son impuissance, [*le fanatique*] se croit justifié d'utiliser tous les moyens pour atteindre sa fin. Derrière tout cela, on retrouve la croyance que l'idéal ne sera jamais atteint spontanément et, qu'en fait, laissé à lui-même, l'homme ira de pis en pis à tous les points de vue: comment alors des êtres dépravés peuvent-ils espérer atteindre naturellement quelque bien?

Nous reviendrons là-dessus.

Fin de la dictée.

Oui, Ruburt est reparti. Il est sur une bonne piste. Il a son nouveau projet [*de livre*], et pour ce qui est de toi, tout va pour le mieux. Je vous souhaite une très bonne nuit.

(*«Bonne nuit, Seth.»*)

(*22 h 20. «Je me sens réellement bien, et Seth a bien fait de terminer cette matière, dit Jane. Je suis à l'aise également en ce qui a trait à* Heroics. *Avant la session, je me préoccupais du contenu de ce soir; je me demandais si nous pourrions l'inclure dans ce livre ou si nous n'aurions pas à le laisser tout simplement dormir là pour quelques années. Mais il est une chose que tu as dite et qui me fut d'une aide précieuse...»*)

(*«Que je ne me soucie plus de ce genre de choses maintenant, répétai-je. J'ai pris conscience que je n'avais plus à perdre mon temps à me tourmenter, de sorte que j'ai modifié ma conception face à cela. Je ne pouvais plus tenir là-dedans.» Ce sur quoi Jane en tant que Seth reprit la parole avec force et humour.*)

Tu n'aurais jamais dû [*te préoccuper*], ni lui (*Jane*) non plus. Les sessions du livre vont couvrir tous les sujets qui doivent être abordés.

(*«Je sais bien», dis-je à Seth qui me fixait des yeux. L'instant d'après il était parti.*)

(*22 h 23. «Mais, affirmai-je à Jane [revenue à son état habituel], avec une teinte d'ironie qui m'est propre, je sais également que cela ne m'empêchera pas d'insérer à l'occasion, dans un projet ou l'autre, une session hors contexte que je jugerai particulièrement intéressante et appropriée.» Elle riait.*)

Session 855 – Le lundi 21 mai 1979, à 21 h 15.

(Jeudi dernier, nous avons reçu de Prentice-Hall nos premières copies de la traduction allemande de Seth Speaks.)

(Prentice-Hall avait autorisé cette publication étrangère il y a plus d'un an, mais nous ne savions pas quand sortirait ce livre, sur la période de deux ans fixée pour sa parution. C'est donc la première parution du matériel de Seth en une autre langue, et nous soulignons avec joie que le traducteur, avec qui Jane n'a échangé que quelques lettres, a accompli un excellent travail compte tenu du degré de difficulté d'une telle traduction. La maison d'édition suisse Ariston Verlag est située à Genève; l'allemand est l'une des quatre langues nationales de ce pays.)

(De plus nous savons qu'une version hollandaise de Seth speaks *sera publiée plus tard dans l'année, mais là encore nous n'avons pas de date précise. Nous espérons que ces deux éditions ouvriront la voie à la publication de la matière de Seth en d'autres langues.)*

(Jane a reçu le mois dernier une lettre d'un professeur de physique, et lors d'une session personnelle récente, Seth avait fourni une réponse partielle à certaines de ses questions. Cet après-midi, Jane relisait sa lettre et elle se demandait si Seth n'apporterait pas quelques renseignements complémentaires; et c'est ce qu'il fit. Ma raison de présenter les extraits suivants a déjà été invoquée: ces précisions de Seth cadrent bien avec Événements collectifs.)

(*Chuchoté*) Commençons la dictée.

Plus tôt aujourd'hui, Ruburt se demandait si je ne donnerais pas d'autres éléments de réponse à la lettre du scientifique. Pendant sa réflexion, je lui fit brièvement comprendre que, comme les perspectives sont tellement divergentes, il est fort difficile de donner à son correspondant ce qu'il pourrait considérer comme une réponse complète. Je pourrais dicter une réponse qui soit assez satisfaisante pour lui, mais il est probable que mes efforts pour coller à sa réalité entraîneraient de grandes distorsions.

Ce n'est pas par hasard que Ruburt ne possède pas un vocabulaire scientifique, même s'il est doué d'un esprit scientifique, tout autant qu'intuitif. La tentative même de décrire la réalité en termes scientifiques, **dans leur sens courant**, donnerait, mon cher ami, trop d'importance à un vocabulaire qui automatiquement dégraderait des concepts plus englobants pour les ajuster à ses propres exigences. En d'autres mots, une telle démarche ne fait qu'amplifier le problème de l'observation d'un soi-disant univers objectif et de le décrire d'une manière impartiale.

L'univers est – et ici choisissez le terme qui vous plaît le plus – une manifestation spirituelle, mentale ou psychologique, et non pas une manifestation objective, selon le sens que vous donnez à ce mot. Il n'y a actuellement aucune science, aucune religion ni école psychologique dont le cadre explicatif s'approche un tant soit peu de l'explication, même indirecte, de ce type d'univers. Ses propriétés sont psychologiques et suivent la logique de la psyché, et toutes les propriétés physiques que vous saisissez sont des reflets de ces plus profonds déploiements. Encore une fois, chaque atome et chaque molécule – et toute particule que vous puissiez imaginer – possède et possédera toujours une conscience. À moins que vous n'acceptiez cet énoncé, tout au moins comme une théorie sur laquelle on peut construire, mes réponses vous paraîtront en grande partie dénuées de sens.

Ce postulat doit donc servir de fondement à toute nouvelle théorie scientifique qui espérerait arriver à quelques résultats significatifs dans l'acquisition de la vraie connaissance.

(*21 h 30*) Puisqu'il me faut utiliser un vocabulaire objectif, je suis toujours en quête d'analogies. Par vocabulaire objectif, j'entends la référence à une langue, en l'occurrence l'anglais, qui, automatiquement, dresse ses propres filtres de perception, comme ce serait le cas, dans une certaine mesure, pour n'importe quel langage.

L'univers se déploie, je l'ai déjà dit, tout comme le fait une idée. Comme les phrases sont construites de mots et les paragraphes de phrases, chacune maintenant sa propre logique et sa signification dans cette structure, ainsi toutes les portions de l'univers vous apparaissent avec cette même cohésion [entre parenthèses] (entendre ici, organisation et continuité). Chaque phrase a un sens complet. Elle semble tomber par elle-même, ordonnée, lorsque vous la prononcez. Son ordre est évident. Cette phrase a une **signification** par elle-même, grâce à l'agencement des lettres et des mots ou, si exprimée en parole, grâce à la prononciation des voyelles et des syllabes. Cependant, elle tire sa signification non seulement des lettres, des voyelles et des syllabes qu'elle renferme, mais également de toutes celles qu'elle exclut.

Le même phénomène s'applique à votre univers. Il prend son sens, sa cohérence et son ordre non seulement de ces réalités qui sont apparentes, obvies, mais aussi de ces réalités intérieures «non exprimées» ou cachées. Je ne parle pas simplement d'éléments dissimulés, en termes scientifiques, et je n'affirme pas non plus que l'univers est une illusion, mais bien une réalité **psychologique** dans laquelle l'objectivité est le résultat de la créativité psychologique.

(*Pause*) Il faut comprendre que non seulement votre vision de la réalité est relative à la position que vous occupez dans l'univers, mais que l'univers lui-même est **différent** selon la position que vous occupez en son sein; et il faut saisir aussi que les règles qui interviennent sont spirituelles ou psychologiques. L'univers offre différentes formes d'organisations et de perceptions, interdépendantes, mais autonomes dans leur propre domaine.

(*Pause*) Dans votre royaume de réalité, il n'est de véritable liberté que **la liberté** des idées, et il n'est de réel **esclavage** que celui des idées, car ce sont vos idées qui forment votre réalité individuelle et collective. Vous scrutez l'univers de l'extérieur, vous examinez vos sociétés de leur côté apparent. Vous continuez de penser que le monde intérieur est en quelque sorte symbolique et que le monde objectif est **réel**, que les guerres, par exemple, s'engagent par elles-mêmes ou sont causées par des bombes. Pendant tout ce temps, c'est la réalité psychologique qui prévaut et qui forme tous vos événements.

Il n'est pas dit que vous ne puissiez, jusqu'à un certain point, comprendre la nature de l'univers, mais les réponses reposent dans l'essence même de votre esprit, dans le processus de la créativité individuelle, dans les études qui soulèvent des questions comme: «D'où m'est venue cette pensée? Quel effet a-t-elle sur moi et sur les autres? Comment se fait-il que je sache rêver, sans qu'on me l'ait enseigné? Comment puis-je parler sans comprendre les mécanismes du langage? Pourquoi est-ce que je pressens une réalité éternelle en moi, alors qu'il est évident que je suis né physiquement et que je vais mourir?»

Questions non scientifiques, direz-vous. Je vous dis que ce sont les plus scientifiques de toutes. Dans une certaine mesure, le fait pour la science de considérer de telles questions ferait vraisemblablement ressortir les qualités d'une véritable intuition scientifique et l'aiderait ainsi à combler l'écart entre des vues si divergentes, telles que celles de ce savant et les nôtres.

(*Pause à 21 h 53. Ce fut la fin de la session régulière. Seth donna ensuite bon nombre de conseils à Jane, puis termina la séance à 22 h 15.*)

Chapitre 8

DES HOMMES, DES MOLÉCULES, DU POUVOIR ET DU LIBRE ARBITRE

Session 856 – Le jeudi 24 mai 1979, à 20 h 23.

(Nous avons regardé, hier soir, le dernier épisode d'une mini-série télévisée sur le Watergate et ses suites[1]*. En suivant cette série, Jane me communiquait un flot continu de commentaires lui venant de Seth. Plus souvent qu'autrement Seth semblait bien aise lors de ces transmissions. Il transmit également le titre du présent chapitre.)*

(Ce soir après souper, Jane pensait ne pas tenir de session, elle m'annonça: «Je ne sais combien de temps je pourrai résister. Je reçois du matériel de Seth sur toutes sortes de choses...» Elle m'en donna quelques bribes que je n'avais pas le temps de transcrire ni de retenir. Elle riait. Elle était très détendue. Elle s'engagea dans la session aussi allégrement que de coutume; je dus écrire rapidement pour suivre son débit.)

Dictée. Ruburt a bien reçu le titre de ce nouveau chapitre: «Des hommes, des molécules, du pouvoir et du libre arbitre».

Avant de terminer cette section du livre, traitant des gens qui ont peur, de l'idéalisme et des diverses interprétations du bien et du mal, je voudrais m'arrêter sur un autre cas. Il s'agit de

1. Tôt le matin du 17 juin 1972, cinq hommes étaient arrêtés à l'intérieur des quartiers généraux du parti national démocrate [américain], situé à Washington, D.C., dans un complexe hôtelier à appartements appelé Watergate. Les hommes avaient été engagés par les «plombiers», un groupe secret travaillant pour le comité républicain de réélection du président Richard Nixon. Ils avaient comme tâche de photographier les minutes et de vérifier les tables d'écoute ou microphones clandestins installés dans les bureaux lors de la première pénétration illégale en mai de cette même année. Le dévoilement de cette intrusion au Watergate déclencha une série d'événements dont le point culminant fut la résignation de monsieur Nixon de son poste de président, le 9 août 1974. (*Robert Butts*)

l'affaire du Watergate. Hier soir, Ruburt et Joseph ont regardé un film télévisé, une adaptation romancée de cette affaire. Nous devions normalement tenir une session, mais Ruburt désirait regarder l'émission et, de mon côté, j'étais intéressé par les **réactions** de Ruburt et de Joseph.

D'une certaine manière, j'ai regardé le programme avec vous, mes amis. Je me suis permis de saisir, en tout premier lieu, les perceptions mêmes de Ruburt, alors qu'il voyait le film. Par une coïncidence curieuse, qui n'en est, en fait, pas une, une autre chaîne de télévision diffusait simultanément une version scénique différente du même récit; cette dernière décrivant la renaissance spirituelle de l'un des groupes les plus fidèles du président.

Voyons l'affaire dans son ensemble, en gardant en tête nos questions antérieures, à savoir quand et comment un idéaliste devient-il un fanatique et comment le désir du bien mène-t-il à des résultats catastrophiques.

Le président à cette époque était au fond, et il l'avait été toute sa vie (*pause*), un idéaliste austère et renfermé, d'un type religieux plutôt conventionnel. Il croyait en un bien idéalisé, **tout en étant convaincu que l'homme était fatalement dépravé** (*avec force*), rempli de méchanceté et porté plus naturellement au mal qu'au bien. Il croyait en la nécessité absolue du pouvoir, alors qu'il était convaincu ne pas le posséder; et qui plus est, il croyait au plus profond de lui-même que l'individu est incapable d'empêcher la progression du mal et de la corruption qu'il voyait dans le pays et dans tous les autres pays de la terre. Quel que soit le pouvoir auquel il pouvait accéder, il lui semblait toujours que les autres étaient plus puissants – les autres personnes, les autres groupes, les autres pays – mais il percevait **leur** pouvoir comme malveillant. En effet, pendant qu'il croyait en l'existence d'un bien idéal, il maintenait que les gens pervers étaient puissants, les bons faibles et sans vigueur.

(*20 h 38*) Il se concentra sur l'immense fossé semblant séparer le bien idéalisé et la corruption effective qui, à ses yeux, se répandait continuellement et progressait par bonds. Il se considérait comme juste. Ceux qui ne partageaient pas son point de vue étaient pour lui des ennemis moraux. Il finit d'ailleurs par se sentir entouré de corruption. Il en vint à penser que tous les moyens à sa disposition étaient justifiés pour éliminer ceux qui menaçaient la présidence ou l'État.

Il devenait paranoïaque, comme n'importe quel individu, homme ou femme, qui se sent poursuivi, sans la moindre preuve, par des créatures de l'espace, des ennemis terrestres ou encore à la merci de pouvoirs psychiques maléfiques. Ces pauvres gens vont se fabriquer un tissu logique d'événements où la rencontre la plus anodine devient une menace terrifiante. Ils projettent cette crainte à l'extérieur jusqu'à ce qu'ils pressentent la rencontrer dans chaque personne qu'ils croisent.

Il est évident pour les autres que de telles visions de persécution ne sont pas fondées. À ce moment-là, cependant, votre président avait à sa disposition un vaste réseau de renseignements lui permettant de connaître de nombreux groupes et de multiples organisations qui ne partageaient pas ses politiques. Il utilisa ces données comme l'aurait fait, en d'autres circonstances, un paranoïaque à la vue d'une auto-patrouille pour se convaincre qu'il était effectivement poursuivi par la police, par le FBI ou par qui que ce soit d'autre. Le président se sentait menacé, mais pas uniquement dans sa vie personnelle, car il pressentait également que le bien, pour lequel il luttait intérieurement, était en péril (*dit avec vigueur*). Et à nouveau ici, puisque le bien idéal lui semblait trop éloigné et difficile à atteindre, tous les moyens étaient, pour lui, justifiés. Ceux qui le soutenaient, dans le cabinet et ailleurs, possédaient à divers degrés les mêmes caractéristiques.

(*Pause*) Personne n'est aussi fanatique, ni plus cruel que celui qui croit incarner la vérité. Il est très facile pour ces individus de se «convertir» après de tels épisodes (*comme celui du Watergate*), de se ranger à nouveau du côté du bien, de rechercher le «pouvoir de la confraternité» et de se tourner vers l'Église plutôt que le Gouvernement, pour entendre d'une façon ou d'une autre la voix de Dieu.

Mais alors comment un idéaliste bien pensant peut-il reconnaître si sa bonne disposition le mènera ou non à quelque réalisation? Comment **peut-il savoir** si sa bonne volonté ne le mènera pas au désastre? Quand l'idéaliste devient-il un fanatique?

Considérez la question de la façon suivante: si quelqu'un vous dit que le plaisir est mal, que la tolérance n'est que faiblesse et que vous vous devez de suivre tel dogme dans une obéissance aveugle, et si on vous affirme que c'est le seul chemin vers le bien idéal, il y a alors de grandes chances que vous soyez en présence d'un fanatique. Si l'on vous dit de tuer dans l'intérêt de la paix, vous faites affaire avec quelqu'un qui ne comprend pas ce qu'est la paix ou la justice. Si on vous demande d'abdiquer votre volonté propre, vous transigez alors avec un fanatique.

Les hommes comme les molécules vivent dans un champ de probabilités, et leurs sentiers ne sont pas prédéterminés. L'immense étendue des probabilités rend possible l'existence de la libre volonté. S'il n'y avait pas de probabilités et si vous n'étiez pas, jusqu'à un certain degré, conscient d'actions et d'événements probables, alors vous ne pourriez pas opter pour l'un ou pour l'autre, ni n'auriez, bien entendu, le sentiment de **choisir** (*avec force*). Vous ne saisiriez pas l'ensemble de la situation.

(*21 h 03*) À travers vos choix conscients ordinaires, vous influencez tous les événements du monde, de sorte que ce dernier, pris globalement, se trouve être le résultat d'une multitude de choix individuels. Vous ne pourriez pas faire de choix si vous ne ressentiez pas d'impulsions à faire ceci ou cela, et c'est ainsi que, habituellement, vos choix incluent une prise de décision en faveur de l'un ou l'autre de ces appels. Les impulsions sont des incitations à l'action. Certaines sont conscientes et d'autres pas. Chaque cellule de votre corps **ressent** la poussée vers l'action, tend vers une réponse à donner et vers la communication. On vous a enseigné à ne pas vous fier à vos impulsions. Mais voilà, les impulsions vous aident à former les événements selon vos capacités naturelles. Les impulsions entraînent les enfants à développer leurs muscles et leur esprit d'une manière unique. Et comme vous le verrez, ces impulsions de nature personnelle ont néanmoins un lien fondamental avec la situation plus globale de votre espèce et de la planète, de sorte que, «idéalement», l'actualisation de l'individu mènerait normalement au bien par excellence de l'espèce.

(*21 h 10. Seth se mit à parler d'autres sujets et termina la session à 21 h 19.*)

(*Après la session, Jane me fit part d'autres messages qui lui venaient: «Je pense que tout a commencé sous l'influence de Seth, puis je suis passée à un état modifié de conscience qui m'est propre, comme lors de mon expérience de rêve à la table de la cuisine».* [Voir la session 844 du 1er avril.])

(*Jane me dicta alors ce qu'elle venait de recevoir. Il était 21 h 47.*)

(*«À mesure que vous apprenez à vous fier à vos impulsions naturelles, elles vous mettent en contact avec vos propres capacités. Elles vous font comprendre la signification de vos actes et votre pouvoir de modifier directement les événements. Elles vous donnent de plus des indices précis de la meilleure orientation pour vous. Vous sentez alors que le bien idéal est accessible, puisqu'une expression concrète est en cours. Et même si votre démarche n'est que partielle, elle constitue une étape vers votre objectif. Nous avons été tellement méfiants envers nos impulsions qu'elles nous apparurent souvent très déformés.»*)

(*Jane reprit: «C'est tout ce que j'ai pu recevoir. Mais l'idée en est que chaque personne devrait chercher à actualiser le plus possible le bien "idéal" dans sa vie journalière – dans son travail, dans sa vie sociale et ainsi de suite – et dans l'intervalle tâcher d'utiliser certains critères qui l'aideront à juger par elle-même si ses actions sont réellement dans la ligne de cet idéal. Les critères sont ceux-là mêmes qui ont été énoncés dans ce chapitre. Voilà, il m'en venait tout un échantillon.»*)

(*«Oh! cela me rappelle, ajouta-t-elle. Te souviens-tu de la lettre d'un lecteur que nous avons reçue aujourd'hui, au sujet de la pollution? J'ai obtenu quelques renseignements à ce sujet aussi. Ainsi, la vraie question ne concerne pas la pollution planétaire comme telle, ni les déchets nucléaires, mais bien les croyances elles-mêmes qui font que ces problèmes surviennent et les attitudes qui portent à prendre de tels risques pour un idéal. En d'autres termes, que les gens ne polluent pas le monde uniquement par cupidité, mais aussi pour le bien économique de tous. Il arrive souvent cependant que les moyens qu'ils choisissent ne soient pas justifiables, même pour de nobles motifs...»*)

Session 857 – Le mercredi 30 mai 1979 à 21 h 28.

(*La session de lundi nous était dédiée personnellement.*)

(*Je disais, dans mes notes de la session 852, que nous réservions la soirée du mercredi pour la dictée. Cela se poursuit. Ce fut mon initiative d'inclure dans ce livre du matériel des sessions 853 et 855, tenues le lundi.*)

(*Jane pressentait le contenu de ce soir.*)

Bonsoir.

(*«Bonsoir, Seth.»*)

Les impulsions fournissent donc l'élan voulu à l'action, incitant la personne à exercer ses capacités physiques et mentales.

(*Pause*) Elles aident l'individu à marquer le monde, je veux dire à agir sur lui de l'extérieur et de l'intérieur avec efficacité. Les impulsions dégagent des choix qui pouvaient ne pas avoir été consciemment considérés auparavant. J'ai souvent dit que les c-e-l-l-u-l-e-s (*épelé*) étaient renseignées et qu'à ce niveau, le corps avait accès à de vastes connaissances qui ne sont pas consciemment connues ou appréhendées. L'univers et tout ce qui le compose est «informé», mais cette connaissance consiste en une énergie «conscientisée». Ici encore, c'est difficile à expliquer, la connaissance **relative** à l'univers entier est toujours latente dans chacune et n'importe laquelle de ses parties.

La puissance motrice de l'univers et de chaque particule, de chaque onde ou de chaque **personne** est cette superbe poussée vers des probabilités créatrices; elle est cette tension, cette **exubérante** tension, qui existe «entre» les choix probables et les événements potentiels. Ceci s'applique aux hommes comme aux molécules et à toutes ces infimes subdivisions hypothétiques ou unités avec lesquelles les scientifiques jonglent de façon étonnante.

En d'autres termes, les impulsions viennent souvent d'une connaissance inconsciente. Cette connaissance est captée spontanément et automatiquement par l'énergie qui anime votre corps et elle est ensuite traitée afin que vous puissiez tirer profit de la donnée qui vous concerne. **Idéalement**, les impulsions vous arrivent toujours dans votre plus grand intérêt et, encore une fois, dans l'intérêt de votre monde également. Il est évident qu'il existe dans votre société une méfiance profonde et préjudiciable envers les impulsions, comme ce fut le cas à travers tout le cours de votre histoire. Les impulsions sont spontanées; on vous a enseigné à ne pas vous fier à ces portions instinctives de votre être, mais plutôt à compter sur votre raison et sur votre intellect qui, soit dit en passant (*d'un ton amusé*), fonctionnent en fait fort spontanément.

Lorsque vous vivez de façon naturelle, vous êtes spontanément raisonnable, mais, compte tenu de vos croyances, il vous semble que la raison et la spontanéité ne font pas bon ménage.

Psychologiquement, vos impulsions sont aussi vitales à votre être que le sont vos organes physiques. Elles sont tout aussi **altruistes** ou détachées que le sont vos organes physiques (*dit avec fermeté*), et j'aimerais que vous relisiez cette phrase quelques fois. Malgré tout, chaque impulsion convient, elle est directement liée aux besoins de l'individu qui la ressent. **Idéalement**, en suivant vos élans, vous saisiriez la forme, la **configuration impulsive** (*comme dirait Ruburt*) de votre vie. Vous n'auriez pas à perdre de temps à vous demander ce qu'est votre but, car il se ferait connaître de lui-même, en comprenant la direction que prennent vos élans et en déployant votre énergie dans le monde à travers les actions qu'ils inspirent. Encore une fois, les impulsions sont des tremplins à l'action, des sources de satisfaction, des occasions d'exercer vos capacités naturelles, mentales et physiques et la voie de votre expression personnelle, le chemin qu'emprunte ce déploiement intime pour marquer le monde de votre empreinte.

(*21 h 49*) Des cultes de toutes sortes ainsi que de nombreux fanatiques cherchent à vous séparer de vos impulsions naturelles et à empêcher leur expression. Ils tendent à saboter votre croyance en votre être spontané, endiguant ainsi la grande force de vos poussées intérieures. Les avenues des probabilités se trouvent fermées peu à peu jusqu'à ce qu'en fait vous viviez – si vous suivez de tels préceptes – dans un environnement mental clos, à l'intérieur duquel vous vous croirez impuissant. Il vous semblera impossible de laisser, selon votre souhait, votre trace dans le monde, et vos idéaux sembleront avorter dès leur conception. Certaines de ces idées ont déjà été abordées dans ce livre. Dans le cas de la tragédie de Jonestown, par exemple, toutes les portes pouvant mener à une action probable effective paraissaient fermées. On enseigna aux adeptes à lutter contre leurs penchants naturels à l'égard des membres de leur famille. On leur inculqua la méfiance envers le monde extérieur et, petit à petit, l'écart entre leur idéalisme désorienté et une version exagérée de la méchanceté du monde bloqua les issues pouvant canaliser leurs énergies, toutes sauf une. Le suicide est souvent le dernier recours des gens apeurés dont les impulsions naturelles vers l'action ont été endiguées; des impulsions d'autant plus impérieuses que toute expression pratique avait été niée.

Il existe un penchant naturel à mourir, autant chez l'homme que chez l'animal, mais dans les circonstances dont il est question ici, ce désir devient le seul acte que l'individu se sente capable de poser, puisque toutes les avenues ont été fermées. Il existe beaucoup d'ambiguïté sur la nature des impulsions, c'est pourquoi nous les analyserons à fond. Je n'insisterai jamais assez sur l'importance de l'action individuelle, car seul l'individu peut contribuer à façonner des organisations qui deviennent le **véhicule physique** (*avec force*) de l'expression tangible des idéaux. Seules les personnes qui ont confiance en leur être spontané et en la nature altruiste de leurs impulsions peuvent être assez sages, assez lucides pour choisir les événements les plus prometteurs parmi les myriades de futurs probables; car, à nouveau, les élans intérieurs ne tiennent pas seulement compte du meilleur intérêt de l'humain, mais encore de celui de toutes les autres espèces.

(*Pause à 22 h 04*) J'emploie le terme «impulsion» pour la plus grande compréhension du public en général et, dans ce sens, les molécules et les protons ont des impulsions. Aucune conscience n'agit en réaction à des stimuli. Elle possède plutôt son propre mouvement vers la croissance et l'enrichissement vital. Pour beaucoup de gens, il semble que les impulsions soient imprévisibles, qu'elles aient un comportement contradictoire, qu'elles soient dépourvues de raison, qu'elles résultent du mélange désordonné d'éléments chimiques corporels et qu'elles doivent être détruites avec autant de haine que certains d'entre vous en manifestent lorsqu'ils pulvérisent un insecticide sur un moustique!

L'insecticide détruit souvent beaucoup plus que le moustique. Ses effets peuvent avoir une grande portée, voire même des conséquences désastreuses. Cependant, le fait de considérer les impulsions comme chaotiques et insignifiantes – ou, pire encore, comme nuisibles à une vie ordonnée – est une attitude vraiment très dangereuse; une avenue qui cause de nombreux autres problèmes et qui masque souvent la véritable nature des impulsions. Chaque personne est animée du désir d'agir; d'agir pour le bien de manière **altruiste** (*avec insistance*), pour laisser concrètement sa trace dans le monde. Lorsqu'on refuse, pendant un certain temps, l'expression de ces poussées naturelles à l'action et que l'on s'en méfie; lorsqu'on se sent en lutte contre ses tendances profondes et qu'on ferme la porte aux actions probables, c'est alors que cette effervescence éclate et s'échappe par n'importe quelle voie encore accessible.

Je ne parle pas de «répression» (*pause*) au sens que l'entendent les psychologues, mais d'une question beaucoup plus profonde. Il s'agit d'une attitude par laquelle on se défie tellement du moi intérieur, que les impulsions naturelles quelles qu'elles soient deviennent suspectes. Vous essayez alors de vous immuniser contre vous-même; ce qui n'est pas possible, bien entendu. Vous vous attendez à ce que vos mobiles soient égoïstes puisqu'on vous a dit qu'ils l'étaient, et ainsi lorsque vous découvrez en vous des motifs intéressés, vous en êtes presque réconfortés, parce que là au moins vous pensez vous comporter normalement.

Lorsque vous ressentez des élans sincères, vous vous en méfiez: «Il doit sûrement y avoir, derrière ce semblant de détachement, quelques mobiles infâmes, ou au mieux égoïstes, qui m'échappent.» Comme peuple, vous scrutez continuellement vos impulsions. Pourtant, vous examinez rarement les fruits de votre intellect.

Il peut vous sembler que les actions impulsives s'insinuent sans contrôle dans votre société, par exemple, dans différents cultes, chez les criminels ou encore dans le comportement des jeunes, mais de telles activités montrent plutôt la puissance de ces élans dont on a nié l'expression naturelle. D'un côté, on retrouve ces impulsions concentrées et exagérées en des «schèmes» hautement ritualisés et, dans d'autres domaines, leur manifestation se voit totalement interdite.

(*Pause*) Un idéaliste en particulier pourra croire que le monde se dirige vers le désastre et qu'il est incapable de l'en empêcher. Ayant nié ses impulsions, les soupçonnant d'être nuisibles même, et ayant inhibé sa propre capacité d'influencer les autres, il **se pourrait**, par exemple, qu'il «entende la voix de Dieu». Cette voix pourrait l'enjoindre de commettre n'importe quelle action infâme, comme assassiner les ennemis qui barrent la route de son grand idéal. Il lui semblera, ainsi qu'aux autres, être naturellement enclin à tuer et, en fait, avoir été mandaté par Dieu pour agir ainsi.

Selon les circonstances, un tel individu pourrait être membre d'un culte restreint ou chef d'une nation, être un criminel ou un héros national, qui se réclame de l'autorité de Dieu. Encore une fois, le désir et la motivation à agir sont si puissants au cœur de chaque personne que cela ne peut lui être refusé, et lorsque cela se produit, il y a danger que l'expression de ces élans soit faussée. Non seulement l'homme doit-il agir, mais encore doit-il le faire d'une manière constructive, et il doit sentir qu'il poursuit des buts louables.

Ce n'est que lorsque cette propension naturelle d'agir à des fins constructives est niée que l'idéaliste devient un fanatique. Chaque individu est à sa manière un idéaliste.

(*Pause à 22 h 28*) Le pouvoir est une qualité naturelle. C'est la force, la puissance de mouvoir un muscle, c'est la capacité qui permet à l'œil de voir et à l'esprit de penser, c'est la poussée des émotions. Ces facultés représentent le vrai pouvoir, et aucune accumulation de richesses, ni aucune autre reconnaissance ne peut remplacer le sens naturel du pouvoir s'il vient à faire défaut. Le pouvoir repose toujours sur l'individu, et tout pouvoir politique doit tirer sa raison d'être de celui-ci.

(*Longue pause*) La démocratie est une forme très intéressante de gouvernement, très significative, mais elle exige beaucoup de la conscience individuelle, car elle repose d'abord sur la confiance en les aptitudes de l'individu; ce qui est tout à l'honneur de cette croyance, qui a prévalu dans votre pays et qui a agi avec une telle vitalité face à des doctrines contraires que prônaient officiellement la science et la religion.

L'idée [*de démocratie*] exprime l'existence d'un grand idéalisme; une idée qui demande des organisations politiques et sociales capables, jusqu'à un certain degré, de favoriser une expression pratique de cet idéal (*intensément*). Lorsque ces organisations ne rencontrent pas cette attente et que l'écart entre l'idéal et le bien actualisé devient trop grand, il arrive alors que des idéalistes deviennent des fanatiques. (*Longue pause*) Ceux qui suivent avec une grande rigueur les principes de la science ou de la religion peuvent faire volte-face en un rien de temps. Le scientifique commence à tout bousculer; soudainement rebuté par les limites de la connaissance scientifique, il consacre toute son énergie à ce qu'il croit être l'opposé: la connaissance purement intuitive. Ainsi donc inhibe-t-il sa raison aussi fanatiquement qu'il freinait antérieurement ses intuitions. De son côté, l'homme d'affaires qui croyait aux principes darwiniens de lutte pour la survie, qui justifiait l'iniquité et peut-être même le vol pour atteindre son idéal de survie dans un monde de concurrence, devient soudainement un fondamentaliste au sens religieux du terme, essayant de trouver **maintenant**, le sens de son pouvoir en donnant, par exemple, les biens qu'il a amassés, et cela pour tenter d'exprimer, de manière confuse, un idéalisme naturel dans un monde pratique.

Comment pouvez-vous vous fier à vos impulsions lorsque vous lisez, par exemple, qu'un homme a commis un meurtre parce qu'il avait de fortes tendances à le faire ou parce que la voix de Dieu le lui commandait? Si l'un d'entre vous suivait dès maintenant ses impulsions, soit les premières qui se présentent naturellement, elles lui paraîtraient peut-être cruelles et destructrices.

Comment donc vos impulsions influencent-elles votre expérience future et comment contribuent-elles à former la réalité collective concrète de votre monde?

(*Abruptement et avec force*) Fin de la dictée.

(22 h 42. Seth analysa ensuite un rêve très vif que Jane eut récemment, où elle revoyait sa mère décédée. La session prit fin à 22 h 56.)

(Lorsque je dis à Jane qu'elle avait tenu une session excellente, voire même passionnée, elle me dit avoir écrit ce matin une demi-page de texte qui ressemblait beaucoup à ce que Seth venait d'énoncer. «Peut-être rédigera-t-il mon propre livre, dit-elle en se référant à Heroics, *mais c'est bien ainsi. Je me soucie peu de savoir qui de nous deux le fera.»)*

Session 859 – Le mercredi 6 juin 1979, à 21 h 14.

*(Jane a fait un effort réel pour reconnaître, étudier et suivre ses propres impulsions, depuis l'insistance de Seth sur ce sujet au cours des deux dernières sessions d'*Événements collectifs. *Elle a pris conscience, entre autres, du monde des impulsions avec* Heroics, *son nou-*

veau livre en chantier, car, aussi étrange que cela puisse paraître, elle a dû affronter une série d'élans apparemment contradictoires, tels que faire de la peinture et relire ses anciens poèmes.)

(*Ainsi a-t-elle passé les deux derniers jours à relire sa poésie d'avant Seth [1963], se demandant pourquoi elle n'avait pas plutôt le désir de consacrer son temps à* Heroics. *Puis, hier soir, elle fit ce lien intuitif: elle avait travaillé tout ce temps sur ce livre.* Heroics *ne traitera pas du «comment» rejoindre un «super moi» inaccessible, mais des barrières qui se dressent sur le chemin de la réalisation pratique de soi. Ses poèmes antérieurs reflétaient de tels obstacles. «On ne trouvera jamais le soi héroïque à moins de se fier au moi que l'on a, me dit-elle. Seth nous enjoignait d'être vigilants face aux croyances freudiennes et darwiniennes négatives et me voilà entourée par mes propres* [croyances limitatives]*. Et toutes ces croyances m'empêchent de m'en remettre à mes impulsions. Je vois finalement où mène le livre. Je vais m'attaquer à ces croyances, d'une part, pour moi-même et, d'autre part, pour nos lecteurs.»*)

Dictée.

Comme je vous le disais, on vous a montré qu'en général les impulsions sont mauvaises ou qu'elles représentent, au mieux, des messages d'un subconscient misérable, ouvrant la voie à l'expression d'humeurs et de désirs sombres.

Par exemple, certains d'entre vous croient à ce principe de la psychologie freudienne: que le fils veut **naturellement** détourner le père des attentions de la mère et que, derrière l'amour du fils pour son père, bout une intention meurtrière. Quelle idiotie!

Ruburt a relu ses anciens poèmes et a été consterné de retrouver de telles croyances sous une forme plutôt brutale et concentrée. Avant l'avènement de nos sessions, il suivait une ligne de conscience reconnue, et bien qu'il se gardait de ces préceptes, il ne trouvait pas pour autant d'autres solutions. Le moi, si alerte, ne semblait posséder l'intelligence que pour comprendre toute la portée de sa propre et certaine extinction. C'est tout un traumatisme à imposer à un être vivant!

Vous ne pourrez vous approcher de la vraie psychologie à moins de considérer le moi vivant dans un plus vaste contexte, possédant des motivations, des orientations et des objectifs plus étendus que ceux que vous lui accordez actuellement ou que ceux que vous daignez attribuer à la nature elle-même et à ses créatures. Vous avez nié de nombreuses impulsions et canalisé certaines autres dans des directions prédéterminées. Si quelqu'un croit toujours au moi freudien et darwinien, il ne sera pas enclin à suivre l'impulsion d'examiner sa propre conscience, apeuré qu'il sera d'y découvrir quelque débris meurtrier. Je ne parle pas seulement en termes hypothétiques. Par exemple, il s'est présenté ici dernièrement une femme très bien intentionnée. Elle était préoccupée par son embonpoint; elle était déprimée face à ce qu'elle croyait être un manque de discipline de sa part à suivre un régime. Dans sa détresse, elle s'était rendue chez un psychologue qui lui avait dit que son mariage pouvait d'une façon quelconque être relié à son problème. Elle dit n'être jamais retournée voir le spécialiste. Elle avait peur de découvrir en elle-même les impulsions cachées de tuer son mari ou de briser leur union, mais elle était certaine que cet excédent de poids cachait une propension malsaine.

(*Pause*) De fait, cette femme réprimait une impulsion primaire: mieux communiquer avec son époux, afin de lui demander des marques précises d'amour. Pourquoi ne l'aimait-il pas autant qu'elle-même pouvait l'aimer? Bien aise était-elle de blâmer sa taille excessive; après tout, ne faisait-il pas de continuelles remarques désobligeantes au sujet de son opulence charnue sans employer, probablement, une formule aussi sympathique.

Le mari ne pouvait pas de son côté exprimer son amour pour elle comme elle le souhaitait, car il croyait que sa femme brimerait sa liberté, si on lui en donnait l'occasion. De plus, il considérait le besoin naturel d'amour comme une quête émotionnelle importune. Les deux considéraient la femme comme inférieure et, inconsciemment, ils étaient fidèles à un dogme freudien.

(*21 h 35*) Les idées dont nous avons parlé sont donc intimement liées à votre vie. L'homme mentionné ci-dessus nie souvent ses impulsions personnelles. Il lui arrive parfois de n'être pas conscient de celles-ci, surtout lorsqu'elles renferment une expression d'affection ou d'amour envers sa femme.

Dans les domaines où vous bloquez vos élans dès leur apparition, vous empêchez le déploiement des probabilités et vous prévenez de nouveaux actes bénéfiques qui, par eux-mêmes, vous sortiraient de vos difficultés. Vous faites donc obstacle au changement. Mais certaines personnes craignent que le changement ne soit nuisible, puisqu'on leur a inculqué que laissé à elles-mêmes, leur corps, leur esprit ou leurs relations iront en se détériorant. Il arrive donc souvent que les gens réagissent aux événements comme s'ils ne possédaient pas la capacité de les changer. En fait, c'est comme si leur expérience de vie était limitée; limitée dans sa durée, mais aussi dans sa dépendance d'une matière dont ils se croient victimes, misérables rejetons accidentels d'une race flétrie au cœur meurtrier!

Une autre femme [*une amie*] avait détecté un point douloureux à un sein. Se rappelant très bien de toutes les suggestions négatives que l'on nomme «médecine préventive» – ces messages d'intérêt public au sujet du cancer –, elle pressentait le pire. Elle se rendit chez le médecin qui la rassura, n'y voyant là rien de grave. Il suggéra quand même qu'elle passe un rayon X, «pour en avoir le cœur net», et ainsi son corps reçut-il une dose inutile de radiations au nom de la médecine préventive.

(*Notre amie n'avait pas le cancer. Voir la note de la page 66, session 805.*)

Je ne suggère pas que vous abandonniez cette pratique de consulter les médecins dans de telles situations, car le poids des croyances négatives concernant de votre corps est tel que vous pourriez difficilement supporter seul les incertitudes qu'elles engendrent. Néanmoins, de tels comportements ne font que confirmer vos croyances de masse sur la vulnérabilité du moi et de son enveloppe charnelle.

(*Pause*) Il m'apparaît presque inconcevable qu'une conscience aussi raffinée que la vôtre puisse sérieusement se croire le résultat d'une agglomération d'éléments chimiques lancés dans la mêlée par un univers accidentel, qui va bientôt s'évanouir. Pourtant, il y a tellement d'indices contraires à portée de main: l'ordre de la nature; le théâtre créateur de vos rêves qui projette votre conscience en d'autres temps et d'autres lieux; la précision elle-même avec laquelle vous croissez spontanément, à votre insu, du fœtus à l'adulte; l'existence de thèmes héroïques, de quêtes et d'idéaux qui imprègnent la vie même de la pire canaille; ce sont tous des signes de l'existence de ce plus grand contexte dans lequel baigne votre être.

(*Pause à 21 h 51, puis avec force*) **S'il en était de l'univers comme on vous l'a décrit, alors je n'écrirais point ce livre.**

Il n'y aurait pas d'avenues psychologiques pour relier votre monde au mien. Il n'existerait pas de déploiement du soi vous permettant de franchir cette distance psychologique menant au seuil de la réalité qui forme mon environnement mental. Si l'univers était structuré comme on vous l'a dit, selon vos calculs des probabilités, la possibilité de mon existence serait nulle. Ruburt n'aurait pas pu suivre une voie non reconnue pour le guider hors des sentiers battus. Il n'aurait jamais au départ accepté de me prêter sa voix, de sorte que je n'aurais pas pu être entendu dans votre monde.

(*Pause*) La probabilité elle-même de l'existence de ce livre n'aurait pas été actualisée. Personne d'entre vous ne le lirait. **L'ensemble du monde est le résultat des impulsions individuelles.** Elles se rencontrent, se croisent et forment les théâtres de votre action.

(21 h 57. Seth transmit ensuite à ma demande quelques paragraphes sur l'interprétation d'un de mes rêves en rapport avec cette matière. Fin à 22 h 05.)

Session 860 – Le mercredi 13 juin 1979, à 21 h 19.

(*Jane utilisait jusqu'ici le titre* Heroics *pour son nouveau livre. Finalement, elle a arrêté son choix sur une appellation définitive et originale qu'elle cherchait depuis longtemps:* The God of Jane: a Psychic Manifesto. *«Est-ce trop osé, est-ce que je ne vais pas un peu trop loin?», me demanda-t-elle. Je lui dis non; je croyais ce titre excellent et évocateur du message qu'elle voulait transmettre*[1].)

1. Jane trouva le nouveau titre de son livre dimanche dernier aux petites heures du matin. De la porte-fenêtre, elle écoutait les premiers gazouillis des oiseaux l'invitant à sortir pour regarder le déploiement de l'aurore parfumée. Elle fut littéralement emballée.

«Personne ne pouvait observer ce que je voyais ce matin-là, de ce point de vue particulier, écrivait-elle une heure plus tard. C'est comme si j'avais le privilège de voir le début du monde... ou une vision personnelle de celui-ci.

»Ou, pensais-je soudainement, c'était comme si vous voyiez un nouveau coin de votre propre psyché, transformée en arbres, en herbe, en fleurs, en firmament et en brume... J'avais l'impression d'observer cette partie de moi-même, que je recherche toujours,

(Comme nous attendions le début de la session, Jane me dit qu'elle recevait des bribes de renseignements de la part de Seth sur différents sujets. «Là – à ma gauche – il souligne les aspects restrictifs de notre type de personnalité. Ainsi, pourquoi nous disons-nous limité alors que nous ressentons que l'être est plus vaste que ce que nous lui reconnaissons habituellement?» C'est une autre de ces idées qui paraissent évidentes dès leur énoncé. Jane captait également des passages de la dictée de ce soir. «Mais je ne me soucie pas de ce qu'il abordera, dit-elle, du moment qu'il s'attaque à quelque chose et que je sois mise à contribution.»)

(*Murmuré*) Bonsoir.

(«Bonsoir, Seth.»)

Retournons maintenant à notre propos sur les relations entre les impulsions et les actions probables.

Vous vivez dans une mer d'impulsions. Vous devez prendre un nombre incalculable de décisions dans votre vie: choisir une carrière, un partenaire, un lieu de résidence. L'expérience peut vous aider à faire vos choix, mais **vous prenez** des décisions bien avant d'avoir vécu certains événements.

Dans l'ensemble, que vous en soyez conscient ou non – certaines personnes le sont plus que d'autres – votre vie possède une tournure psychologique. Cette tournure se dessine grâce à vos décisions. Ces dernières résultent de votre intérêt à faire ceci ou cela, d'exécuter une tâche de telle ou telle manière, en fonction de considérations d'ordre individuel et en rapport avec des exigences qui semblent avoir été imposées par les autres. Dans cette immense arène des probabilités qui vous sont offertes, vous

---

cette partie qui est aussi limpide, aussi vive qu'un enfant face à son univers. Cette partie existe en dehors de nos préoccupations professionnelles, financières et sociales. Elle est différente de l'opinion que peuvent avoir la famille et les amis et de toute autre inquiétude au sujet du monde. C'est notre lien direct avec l'univers... d'où nous émergeons à tout moment de notre vie.

»Alors, à cet instant, j'ai nommé cette partie de moi le dieu de Jane, et cette désignation est pleine de signification, pour moi tout au moins. En ce sens, nous avons tous et chacun notre "dieu" personnel, et je suis convaincue que l'univers nous connaît, qu'importe qui nous sommes, ou ce que nous sommes, et où nous nous trouvons. Je pense qu'il y a un dieu de Mitzi et un dieu de Billy (*tels sont les noms de nos deux chats*), et que chaque conscience, quelle que soit sa position, possède cette relation intime avec l'univers.» (*Robert Butts*) avez, bien entendu, certains guides. Autrement, vous seriez toujours dans l'indécision. Vos impulsions personnelles servent d'incitateurs. Elles vous indiquent comment tirer le meilleur parti possible des probabilités, afin de développer votre potentiel et de fournir une aide constructive à la société en général.

En apprenant à ne pas compter sur vos élans personnels, vous perdez peu à peu votre capacité de décision. Selon les circonstances et jusqu'à un certain point, vous perdez le sens de votre pouvoir, parce que vous avez peur d'agir.

Ruburt reçoit de nombreuses lettres de personnes embarrassées et indécises. Ainsi, par exemple, un correspondant se plaint en disant: «Je ne sais que faire ou quelle direction prendre. Je pense avoir les aptitudes pour faire une carrière musicale. Par ailleurs, j'ai un penchant pour la psychologie. Je suis tellement embrouillé que j'ai délaissé la musique dernièrement. Parfois, je pense que je pourrais faire de l'enseignement. Dans l'intervalle, je médite et j'espère qu'une réponse me viendra.» (*Pause*) Une telle personne a peur de se fier à l'une ou l'autre de ses impulsions et d'agir en conséquence. Toutes ces activités conservent une égale probabilité d'actualisation. La méditation doit être suivie de l'action... et la vraie méditation **est action**. Ces personnes ont peur de prendre des décisions, parce qu'elles ont peur de leurs propres élans; certaines d'entre elles se serviront même de la méditation pour **affaiblir** leurs impulsions et ainsi empêcher une action constructive.

(*21 h 35*) Les impulsions se présentent naturellement, spontanément et d'une manière opportune en réponse aux capacités et aux besoins de la personne. Ce sont des forces directrices. C'est une chance que l'enfant apprenne habituellement à marcher avant qu'on lui enseigne à se méfier de ses impulsions. Il est heureux que les élans naturels de l'enfant vers l'exploration, la croissance, l'accomplissement personnel, somme toute vers l'action et le pouvoir, soient assez puissants pour lui donner la poussée initiale nécessaire avant que vos systèmes de croyances ne commencent à miner sa confiance! Vous possédez un corps physique adulte. Le modèle de chaque corps physique d'adulte existait dans le fœtus qui, encore une fois, a suivi fort heureusement et instinctivement sa propre direction.

(*Avec une gentille ironie*) Personne ne lui avait dit qu'il était impossible de croître, de devenir, à partir d'une cellule infime – d'un organisme infime – une structure adulte complexe. Comme vos jambes étaient minces, maigres, fusiformes et faibles dans le sein de votre mère! Voyez ces jambes maintenant qui escaladent des montagnes, arpentent les grands boulevards de vos villes, tout cela parce qu'elles ont suivi l'impulsion de leur propre forme. Et il advint que même les atomes et les molécules, à l'intérieur d'eux-mêmes, tendaient vers les probabilités qui leur seraient les plus favorables. Et en des termes que vous ne comprenez pas, même ces atomes et ces molécules ont pris leurs propres décisions de suivre, une fois reconnues, ces poussées initiales vers l'action; poussées inhérentes à toute forme de conscience (*avec une intensité bien sentie*).

La conscience tend et croît vers le développement idéal qui lui est propre, tout en favorisant le développement maximal de toute organisation dont elle fait partie.

Nous voilà revenu à notre sujet de l'idéal et de sa réalisation. Quand et comment vos impulsions influencent-elles donc le monde? Encore une fois, qu'est-ce que l'idéal, qu'est-ce qu'une bonne impulsion? Comment se fait-il que votre expérience vous semble éloignée de cette perfection, au point de vous paraître malencontreuse?

Fin du chapitre. Prenons un peu de repos.

Chapitre 9

L'IDÉAL, L'INDIVIDU, LA RELIGION, LA SCIENCE ET LA LOI

Session 860 (suite)

(*Pause à 21 h 45*) ...voilà pour le titre de notre nouveau chapitre.

Qu'est-ce que la loi? Pourquoi avez-vous des lois? Les lois existent-elles pour protéger la vie, pour protéger la propriété, pour établir l'ordre, pour punir les transgresseurs? Les lois ont-elles été instituées pour protéger l'homme de sa propre ruse et de ses propres tracasseries? En un mot, les lois sont-elles faites pour prémunir l'homme contre sa propre «nature fondamentalement criminelle»?

Les lois sont-elles là pour protéger l'homme du moi tel qu'il est habituellement compris par les tenants de Freud et de Darwin? Il existait des lois bien avant leur époque. Est-ce que les lois étaient alors faites pour protéger l'homme de sa nature «pécheresse»? (*Pause*) Si vous étiez tous des «êtres parfaits», auriez-vous vraiment besoin de lois? Les lois définissent-elles ce qui est inacceptable ou vous ramènent-elles à des questions plus positives indifférenciées et à peine reconnues? Les lois représentent-elles un effort pour endiguer les impulsions? Représentent-elles pour une société les définitions de ce qui doit être acceptable ou non comme comportement?

Quelle est la différence entre un crime et un péché, selon votre compréhension habituelle de ces termes? L'état peut-il vous punir pour un péché? Il le peut en tout cas pour un crime. La loi serait-elle chez l'homme le reflet d'autre chose; une quête innée de l'idéal et de son actualisation peut-être? Quand donc la loi sert-elle l'idéalisme pragmatique? Pourquoi vous moquezvous tellement lorsque les politiciens ne se montrent pas à la hauteur de la situation?

(*Pause*) Comment cette situation vous concerne-t-elle en tant qu'individu? Nous commencerons avec l'individu.

(*Pause à 21 h 59. Murmuré*) Chaque individu est mû naturellement par une bonne intention, quelles qu'en soient les distorsions ou quelque corrompus que soient les moyens déployés pour arriver à ses fins.

Tout comme le corps veut croître de l'enfance à l'âge adulte; ainsi toutes les capacités de l'individu tendent vers leur propre épanouissement. Chaque personne possède ses propres idéaux, et ses impulsions viennent la guider naturellement vers la réalisation précise de ces aspirations, par des voies qui maximisent à la fois l'accomplissement de l'individu et celui de la société dont il fait partie. Les impulsions portent avec elles des indications, des méthodes, des significations et des définitions. Elles montrent des avenues précises d'expressions qui favorisent la réussite de l'individu, son sens naturel du pouvoir et qui lui fournissent automatiquement des indices pour reconnaître s'il marque pour le mieux son environnement.

(*Longue pause*) Si l'on admettait ces élans naturels, il s'en suivrait spontanément des organisations politiques et sociales qui serviraient à la fois d'outils de développement individuel et de tremplin pour la société. Les impulsions mèneraient facilement, et avec souplesse, de l'action individuelle à un apport social. Lorsque l'on vous enseigne à vous méfier et à freiner vos élans, les rouages de vos organisations sont entravés. Ainsi, par exemple, vous demeurez avec de vagues désirs d'améliorer le monde, mais vous êtes privé du pouvoir personnel de vos impulsions qui vous auraient aidé à canaliser cet idéal dans le développement de vos capacités. Vous restez avec ce sentiment indéfini, persistant et même tourmentant de faire le bien, de modifier le cours des événements, mais sans en avoir les moyens. Ceci mène à une frustration languissante, et si vos idéaux demeurent vigoureux, la situation peut vous décourager.

(*Pause et poursuite avec intensité*) Vous exagérez l'écart entre cet idéal général et les actes particuliers «d'avidité et de corruption» humaine qui s'étalent devant vous. Vous pourrez alors aussi vous concentrer sur vos propres manques et, dans votre insatisfaction grandissante, il vous paraîtra que la plupart des humains agissent avec une intention malveillante.

Outragé, scandalisé peut-être, ou pire encore, rempli d'une suffisance pharisaïque, vous attaquerez tous ceux avec lesquels vous êtes en désaccord, ne sachant pas comment répondre autrement à votre propre idéal ou à votre bonne disposition (*avec insistance*).

(*22 h 15*) En effet, votre contribution à remettre le monde à l'endroit semble impossible, car vous êtes convaincu de n'avoir aucun pouvoir; toutes les petites actions bénéfiques individuelles vous apparaissent si démesurées en comparaison de cet idéal global, que vous les omettez avec moquerie. Ainsi, vous ne cherchez pas à utiliser votre énergie d'une façon constructive. Vous n'osez pas le faire dans votre propre vie, dans votre emploi ou encore avec vos associés. (*Plus fort*) Mais, direz-vous, quelle différence cela fera-t-il si l'on devient un meilleur vendeur, un meilleur plombier, un meilleur commis de bureau ou un meilleur voyageur de commerce? Que peut bien faire une personne seule?

Pourtant, c'est précisément là la première place où vous devez commencer à déployer votre talent. C'est là, au travail et dans vos associations, que vous interférez avec les gens. Vos impulsions influencent directement l'univers dans ces relations (*dit avec vigueur*).

(*Pause*) Plusieurs d'entre vous sont convaincus de n'avoir aucune d'importance. Dans cet état, il vous semble que vos actions n'ont aucun effet sur les gens. Vous garderez intentionnellement vos idéaux à un niveau tel de généralité que vous vous exempterez de la nécessité de les actualiser par l'unique voie qui vous est offerte, c'est-à-dire en vous fiant à vous-même et à vos impulsions et en marquant ceux et celles que vous rencontrez journellement de la pleine validité qui est vôtre.

La plupart des criminels agissent par désespoir. Certains d'entre eux ont de grands idéaux, mais des idéaux dont on s'est méfié ou à propos desquels aucun acte tangible n'a été posé. Se sentant impuissants, nombre d'entre eux se retirent dans une suffisance amère ou s'élèvent comme par vengeance contre ce monde qu'ils croient cynique, avide et perverti. Ils se sont attardés au grand écart qui semblait se dessiner entre leur idéal de ce que l'homme devait être et leur perception de ce que l'homme est en réalité.

D'un côté, ils croient que le soi est mauvais, et de l'autre, ils sont certains qu'il ne devrait pas en être ainsi. Alors, ils réagissent d'une manière excessive. Ils voient souvent la société comme l'«ennemi» du bien. Certains criminels – non pas tous – ont les mêmes caractéristiques que celles que vous attribuez aux héros, sauf que les héros ont les ressources voulues pour exprimer cet idéal et des avenues précises pour y parvenir. Par contre, ces criminels voient leurs chemins complètement coupés.

Je ne veux pas tomber dans le romanesque ni justifier leurs actions. Je veux simplement souligner que peu de crimes sont commis par «malice»; qu'ils sont plutôt des réponses à l'échec de la réalisation d'un idéal.

Nous revenons à la nature de l'idéal et du bien. Qui donc définit ce qui est bien ou mal, ce qui est légal ou illégitime?

Fin de la session. Je vous souhaite une très bonne nuit.

(«Merci beaucoup.»)

(22 h 32. Le débit de Jane fut souvent rapide et passionné. Se référant à la façon dont la matière lui arrive, Jane dit: «Je pressens d'abord un sujet général, puis il se produit une mise au point précise avec Seth. Je pense que la session de ce soir en était une très concentrée, durant laquelle beaucoup de matière est passée en peu de temps.» Je lui répondis qu'elle avait bien fait cela.)

Session 862 – Le lundi 25 juin 1979, à 20 h 37.

(Nous avons eu deux bonnes surprises ces jours-ci. D'abord, la sortie de presse du volume Psyche, *et ensuite, celle du tome II de* Unknown Reality. *Presque cinq ans et demi ont été consacrés à la production de ce dernier ouvrage.)*

(Ce soir, Jane répéta une idée qu'elle avait émise avant la session personnelle de lundi dernier, la 861e. «Je pense que Seth terminera bientôt Événements collectifs, *dit-elle. Non pas dans les quelques prochaines sessions, mais ça ne tardera pas. Il a donné ce qu'il avait à nous transmettre sur les croyances négatives individuelles et collectives. Par ailleurs, il veut commencer son prochain livre sur la manière*

de relever positivement nos défis et de créer un monde meilleur... Tu sais, cette matière dont je te parlais concernant la thérapie et l'enrichissement vital, eh bien! je passais mon temps aujourd'hui à ressasser des titres de livres, en sachant bien que je ne devrais pas[1]*.»*)

(*La session débuta plus tôt ce soir. Une bonne partie de celle-ci n'était pas dédiée au livre. Puis à 21 h 09...*)

Brièvement: dictée.

La loi dit, dans votre pays, que vous êtes innocent à moins que l'on prouve votre culpabilité. Aux yeux de la loi, vous êtes donc tous et chacun irréprochable tant que l'on ne vous a pas convaincu de crime. Il doit y avoir aussi des témoins et d'autres considérations. Il arrive souvent que les époux ne puissent témoigner l'un contre l'autre. Les circonstances et les motifs doivent aussi être établis.

Dans le contexte de la religion, vous êtes cependant entaché du péché originel, le «signe de Caïn» apparaissant symboliquement sur votre front. Vous descendez d'une race qui a péché contre Dieu. Condamné, vous devez faire de bonnes œuvres, être baptisé, croire au Christ et accomplir d'autres actions de manière à être sauvé ou racheté.

Selon d'autres religions, vous serez considéré comme de «viles» créatures, compte tenu des «désirs grossiers» de votre nature; des créatures «liées à la roue de la vie» et condamnées à un cycle indéfini de réincarnations, jusqu'à entière «purification». Comme je l'ai déjà dit, selon la psychologie et la science, vous

---

1. Avant la session 861 de la semaine dernière, Jane capta de Seth des messages intrigants sur la thérapie psychanalytique; l'analyste devrait rechercher les bonnes intentions et les impulsions derrière les efforts et les luttes émotionnelles du client. Elle en consigna quelques détails. «C'est une matière très riche, me confia-t-elle, qui pourrait aider à changer les idées conventionnelles sur la thérapie. Cela pourrait faire l'objet d'un livre – le prochain de Seth – sur *La thérapie de l'enrichissement vital.*» Elle était très stimulée par ces nouveaux concepts qui lui étaient présentés.
Puis à la session 861, Seth aborda le sujet des idéaux et des impulsions dont il a traité récemment dans le livre; ceci l'amena à commenter ce que Jane venait tout juste d'écrire. Tout semblait indiquer qu'il s'était fait une idée précise de ce que serait son prochain livre: «*La thérapie de l'enrichissement vital* va tenter de mettre les individus en rapport avec leurs instincts fondamentaux, leur permettant de ressentir les formes impulsives de leur vie et de définir ainsi leur propre version de l'idéal; reconnaissant cet idéal tel qu'il existe dans leurs propres impulsions, sentiments et aptitudes. Ce livre les aidera à trouver des méthodes acceptables et pratiques d'exercer leur pouvoir naturel dans l'actualisation concrète de leurs idéaux.» (*Robert Butts*)

êtes une agglomération d'éléments et de composantes chimiques, engendrée par un univers dépourvu d'intention, lui-même formé accidentellement. Vous êtes doté d'une vie où les poussées «primitives et animales» de votre passé évolutif demeurent toujours cachées en vous, attendant de s'exprimer et échappant à votre contrôle.

Par conséquent, cher lecteur, considérez la loi de ce pays avec un œil plus condescendant que vous ne l'avez fait jusqu'à présent, car elle a au moins établi légalement la croyance en votre innocence et, malgré toutes ses défaillances, elle vous protège, entre autres, des aspects les plus fanatiques de n'importe quelle règle religieuse.

Qu'il y ait crime ou non, les lois religieuses parlent de péché, (*pause*) de telle sorte que l'individu est présumé coupable à moins qu'on le trouve innocent. Et si, de fait, vous n'avez pas commis de crime, alors vous avez tout au moins péché dans votre for intérieur, ce qui mérite évidemment une punition. Tout est matière à péché, du jeu de cartes à la fantaisie sexuelle. Vous êtes des créatures pécheresses. Combien d'entre vous partagez cette croyance?

(*Dit avec fermeté*) Vous êtes né avec une reconnaissance innée de votre propre bonté. Vous êtes venu au monde avec cette connaissance de votre honnêteté fondamentale. Vous êtes venu avec le désir d'exercer vos capacités, de vous mouvoir et d'agir dans le monde. Ces postulats sont le fondement de ce que j'appellerai la loi naturelle.

Vous êtes né aimant, rempli de compassion. Votre curiosité envers vous-même et envers le monde qui vous entoure n'avait pas de limite. Ces vertus font également partie de la loi naturelle. Vous êtes né avec la connaissance intime de votre être unique, ayant son existence propre, recherchant son propre accomplissement et celui des autres. Vous êtes né dans un désir d'actualisation de l'idéal; dans un espoir d'enrichir la qualité de la vie, d'ajouter à la vie des caractéristiques, des énergies, des facultés que seul vous-même pouvez apporter à autrui. Vous êtes là pour atteindre un état d'être qui vous est unique, tout en ajoutant à la qualité de l'univers en progression.

(*21 h 29*) Toutes ces propriétés et attributs vous viennent de la loi naturelle. Vous êtes une espèce coopérative et aimante. Vos incompréhensions, vos crimes et vos atrocités, si réels qu'ils soient, sont rarement voulus par méchanceté, mais viennent plutôt de vos profondes méprises sur la nature du bien et sur les moyens à prendre pour sa réalisation. La plupart des gens reconnaissent cela en quelque partie cachée d'eux-mêmes. Toutes vos sociétés, tous vos gouvernements et vos systèmes d'éducation sont construits autour de la ferme conviction qu'il n'est pas possible de se fier à la nature humaine. L'affirmation «vous ne pouvez pas changer la nature humaine» tient pour acquis que l'homme, par nature, est avide, prédateur et meurtrier. Vous agissez en accord avec vos propres croyances. Vous devenez celui que vous pensez être. Vos croyances individuelles sont celles que porte votre société, mais toujours dans un arrangement mutuel.

Nous aborderons bientôt la façon dont on pourrait constituer une réalité collective plus valorisante, une réalité qui peut prendre forme à mesure que plus d'individus entrent en contact avec la vraie nature du soi. Nous aurions alors moins de gens apeurés et moins de fanatiques; chaque personne pourrait, jusqu'à un certain point, voir l'«idéal» se dessiner de façon concrète. La fin ne justifie jamais les moyens.

Fin de la session.

Bravo! Ruburt (*Jane*).

(*«Il fait bien ça.»*)

C'est exact.

(*«Très bien. Merci.»*)

(*21 h 40. Jane me dit avoir reçu et noté, mercredi dernier, des bribes de la session de ce soir. «Il y a encore autre chose qu'il n'a pas couvert», conclut-elle.*)

Session 863 – Le mercredi 26 juin 1979, à 21 h 10.

(*Dans mes notes d'introduction au volume I de* Unknown Reality, *j'ai expliqué comment Jane répond à ses correspondants en leur expédiant copie des lettres rédigées par Seth et par elle-même, auxquelles elle ajoute quelques lignes personnelles. Seth dicta sa deuxième lettre en avril 1975; je la présente à la fin de mon introduction au volume I de* Unknown Reality.)

(*Jane continue de s'occuper de la presque totalité de la correspondance; elle expédie encore aux gens cette lettre de Seth dont les idées s'appliquent toujours.*)

(*La première lettre de Seth aux lecteurs remonte à janvier 1973, elle est publiée au chapitre 8 de* La réalité personnelle. *Nous suggérons au lecteur de lire les deux lettres ensemble, lorsque c'est possible, car elles sont complémentaires.*)

(*Jane reçoit de 35 à 50 lettres par semaine et porte à chacune une attention particulière et rédige une réponse s'il y a lieu; c'est son travail à la fin de la semaine. Le lundi nous remettons les lettres réponses à la poste et nous sommes près à faire face au courrier de la semaine suivante qui va s'accummuler jusqu'au samedi. Jane répond à environ 2 000 lettres par an, chiffre qui a tendance à croître légèrement d'année en année.*)

(*Tout doucement*)

Bonsoir.

(*«Bonsoir, Seth.»*)

Dictée. Lorsque je parle de loi naturelle, je ne fais pas référence aux lois naturelles des scientifiques, la loi de la gravité, par exemple, qui n'est pas une loi, mais le résultat d'une perception d'un certain niveau de conscience. À cet égard, on trouve dans vos instruments le même «biais de perception».

(*Pause*) Je parle des lois internes de la nature, qui pénètrent votre existence. Ce que vous appelez nature se réfère, bien entendu, à votre expérience particulière de la réalité, mais il existe bien d'autres genres de manifestations également «naturelles», en dehors de ce contexte. Les lois de la nature que je m'apprête à expliquer sous-tendent **toutes les réalités** et constituent le fondement de la multitude des «natures». Je vais cependant m'exprimer selon vos termes de référence.

Chaque être vit comme s'il était le centre du monde. Cette remarque s'applique tout autant à l'araignée qui tisse sa toile dans un placard, qu'à n'importe quel homme ou à n'importe quelle femme de cette planète. Ce principe vaut aussi pour chaque atome vivant. Chaque manifestation de conscience vient à l'existence en toute sécurité au centre de la vie, **éprouvant la vie** à travers elle-même[1] et la connaissant à travers sa propre nature. L'être entre dans l'existence avec cette poussée intérieure vers un enrichissement vital. Il est pourvu d'une assurance, d'un sens de la sécurité dans l'environnement pour lequel il est adapté. Il est doté d'une force de croissance et d'action, et rempli du désir d'influencer son environnement.

(*21 h 21*) Le terme «enrichissement vital» est très difficile à expliquer, mais très important. Il traite évidemment du développement des valeurs, non pas des qualités morales, cependant, mais des valeurs pour lesquelles vous ne possédez pas de terme

---

1. Ces dernières semaines, Jane fut piquée dans sa curiosité par cette idée de «convergence personnelle», comme elle le dit dans ses notes préparatoires au livre *The God of Jane*. Elle veut étudier le sujet pour son livre en relation avec la réincarnation, les origines de notre espèce, et même de notre univers. Elle a déjà écrit quelques poèmes sur sa propre perception de la réalité. Le poème suivant m'a charmé dès la première lecture (*mai 1979*). Il figurera probablement dans *The God of Jane*, mais je le vois bien ici aussi.

«PEU IMPORTE OÙ SE TOURNE MON REGARD

Peu importe où je regarde,
je me vois au centre d'un monde
qui se forme parfaitement autour de moi.
Jamais n'ai-je eu une vision asymétrique
du monde s'étendant seulement à ma gauche,
moi perchée à ses confins sur sa bordure droite;
ni ne m'est-il jamais
tout devant apparu
alors que commencerait le néant
tout juste derrière mon dos.

Je m'assieds sur ma chaise pivotante,
au roulement régulier;
sans préavis je me mets à tourner
en un cercle complet,
mais rien ne vient distraire
ma vision du monde,
et les objets apparaissent de tous les côtés
dans une agréable précision,
comme si de ma tête
un projecteur lançait d'invisibles rayons
se changeant en images,
me trouvant toujours ainsi
baignée dans les dimensions
de profondeur
et de pesanteur.»
(*Robert Butts*)

adéquat. Dit simplement, ces valeurs concernent l'accroissement de la **qualité** de la vie, quelle qu'elle soit, dont un être se sent animé. La vie ne lui sera pas simplement accordée, ce ne sera pas seulement une expérience, mais elle sera enrichie et décuplée de manière créatrice, dans un sens qui n'a rien à voir avec la quantité.

Dans cet ordre d'idée, les animaux ont des valeurs, et si la **qualité** de leur vie se désintègre au-delà d'un certain point, l'espèce dépérit. Nous ne parlons pas ici de la survie du plus adapté, mais de la continuité **d'une vie qui a du sens** (*avec fermeté*). La vie est **signifiante** pour les animaux. Vie et signification se confondent.

(*Pause*) Vous dites bien peu de choses, par exemple, en affirmant que les araignées tissent instinctivement leurs toiles parce qu'elles doivent manger des insectes, et que l'espèce fabriquant les meilleures toiles sera la plus apte à survivre. (*Avec humour*) Il est très difficile pour moi de m'échapper du tissu poisseux de vos croyances. La toile représente cependant, à sa **manière**, un idéal actualisé du point de vue de l'araignée, et si vous me permettez le terme, une œuvre artistique également. (*Plus fort*) **Cela étonne les araignées que les insectes s'accrochent avec tant de bienveillance à leurs toiles!** On pourrait dire que l'araignée est surprise que l'art puisse être si utile.

(*Pause à 21 h 30*) Mais qu'en est-il de la pauvre mouche insouciante? Est-elle tellement amourachée de la toile de l'araignée qu'elle en perd tout sens de la prudence? (*Chuchoté et sèchement*) En effet, il est clair ici que les mouches sont les victimes de ces splendides toiles maléfiques. Nous voilà donc dans une situation fort épineuse!

(*Jane, toujours en transe, se verse ici un peu de vin.*)

Une chose est certaine, vous avez affaire à des sortes de consciences différentes de la vôtre. Ce sont bien sûr des consciences **réfléchies**, se sentant chacune au centre de la vie. De plus, ces autres formes de consciences s'identifient aussi à la source de la nature d'où elles émergent. Selon un mode impossible à expliquer ici, la mouche et l'araignée sont en liaison et **elles ont connaissance** de cette relation. Non pas en tant que chasseur et proie, mais comme individus participant à des processus plus profonds. Elles travaillent conjointement à un enrichissement vital qui les comble toutes les deux.

(*Pause*) Il existe des communications de consciences dont vous n'avez pas connaissance. Comme vous croyez à la survie du plus apte, ainsi qu'aux grandes fantaisies de la théorie de l'évolution, vous organisez votre perception du monde de telle sorte qu'elle vous semble appuyer cette théorie. Vous considérez comme sans valeur la vie d'une souris qu'on sacrifie en laboratoire, par exemple, et vous attribuez à la nature des intentions meurtrières, en perdant complètement de vue cette grande entreprise coopérative qui y est sous-jacente.

(*Pause*) Les hommes peuvent se fourvoyer s'ils croient que la vie n'a pas de signification. La religion a fait de grossières erreurs, mais elle a maintenu au moins un espoir de rachat et de survie et préservé – quelquefois malgré elle – la tradition de l'âme héroïque. La science, y compris la psychologie, autant par ce qu'elle a affirmé que par ce qu'elle a omis de dire, a laissé sous-entendre que la vie elle-même n'avait pas de sens. Ceci entre en contradiction directe avec une connaissance biologique profonde, sans parler de la vérité spirituelle. Elle nie le sens de l'intégrité biologique. Elle refuse à l'homme l'usage pratique des éléments mêmes dont il a besoin en tant que créature biologique: le sentiment qu'il est au centre de la vie, qu'il peut agir avec sécurité dans son environnement, qu'il peut se fier à lui-même et que son être et ses actions ont une raison d'être.

(*21 h 44*) Les impulsions fournissent un guide à l'action. Si vous vous conditionnez à ne pas vous fier à vos impulsions, vous vous dressez contre votre propre intégrité physique. Si vous croyez que votre vie n'a pas de sens, alors vous ferez n'importe quoi pour lui donner une signification, tout en vous comportant comme une souris dans l'un de ces labyrinthes inventés par la science, car votre direction principale aura été pour ainsi dire faussée.

(*Pause, puis avec force*) J'essaie ici de modérer mes propos, mais la psychologie de vos cinquante dernières années a contribué à créer de nombreuses aliénations en essayant de réduire la grande poussée de vie individuelle que l'on retrouve en chaque personne à une masse dépersonnalisée d'impulsions chaotiques et d'éléments chimiques, un mélange inconsistant de la pensée freudienne et darwinienne.

Les plus intimes angoisses de l'âme furent attribuées à des mouvements primaires «inconscients» de source plus ou moins commune. Les poussées créatrices insoumises furent considérées comme un agrégat déséquilibré d'éléments chimiques au tréfonds de l'être, une déformation perverse. Le génie était vu comme une erreur chromosomique ou comme le résultat heureux de la haine d'un homme envers son père. Le sens de la vie a été ramené à la nature accidentelle des gènes. La science considérait les choses en termes de moyenne et de statistiques, et chaque personne devait cadrer dans ces conceptions.

Dans une certaine mesure, ceci pouvait s'appliquer à la religion à la même époque. Les Églises recherchaient en nombre les pécheurs, mais ne s'approchaient que timidement des saints ou de toute personne au comportement extravagant qui ne croyait pas en la duplicité humaine. On vit tout à coup ressortir de cette civilisation habilement modelée des personnes aux caractéristiques paranoïaques, tout autant que schizoïdes[1]. Les traits distinctifs de chaque type ont été dûment notés.

Une personne qui croit que la vie n'a pas de signification et que sa vie en particulier ne mène à rien préférerait être traquée plutôt qu'ignorée. Même le poids du remords est plus léger que l'absence de sensations. Si le paranoïaque peut se sentir poursuivi par le gouvernement ou par des «pouvoirs impies», il pense alors que **sa vie doit être importante**: autrement, pourquoi les autres chercheraient-ils à la détruire? Si des voix lui disent qu'il sera anéanti, ce sont au moins des voix réconfortantes, car elles le convainquent de la valeur de sa vie.

---

1. Seth parle de la paranoïa à la session 812; voir le début du chapitre 6.
Voici quelques définitions générales. Le paranoïaque est systématiquement affligé de folies de grandeur ou de persécution, mais la clarté de sa pensée demeure intacte et sa personnalité peut être relativement stable. Quant au schizophrène, il souffre d'une division entre son processus de pensée et ses émotions. La cause de la schizophrénie est inconnue et la victime aboutit habituellement en institution, vu la gravité des symptômes: troubles moteurs, distorsions perceptives avec hallucinations et démence, comportements étranges accompagnés d'une perte de contact avec la réalité. Malgré tout, le schizophrène peut aussi conserver l'usage de ses principales facultés intellectuelles. (*Robert Butts*)

En même temps, le paranoïaque peut utiliser sa créativité en des fantaisies qui pourraient rebuter un esprit sain. Le déploiement de ces capacités **a un sens**, car ces bizarreries servent à le rassurer sur sa valeur. S'il était en bonne santé mentale, il ne pourrait pas utiliser ses capacités créatrices, car elles sont toujours liées au sens de la vie. À l'état normal, le paranoïaque est convaincu que la vie est dépourvue de signification. Le fait que, dans le passé, les psychologues de l'école freudienne aient été attentifs aux associations [*d'idées*], (*pause*) tout en gardant eux-mêmes un air objectif ou en prétendant que les valeurs [*subjectives*] ne devaient pas être prises en considération, cela ne fit que peu de bien à la personne. Il arrive souvent que le schizophrène soit tellement effrayé de sa propre énergie, de ses propres impulsions et sentiments, que ceux-ci sont morcelés, objectivés et considérés comme venant de l'extérieur plutôt que de l'intérieur.

Les idées du bien et du mal sont exagérées, séparées l'une de l'autre. Néanmoins, je le répète, les capacités créatrices trouvent une issue, mais la personne ne connaît pas d'autres choix. De tels individus craignent l'élan de leur propre personnalité. On leur a appris que l'énergie était mauvaise, que le pouvoir était désastreux et que l'on devait craindre les impulsions venant du soi. Alors, comment pouvait-on se protéger autrement que de façon à projeter hors du soi ses impulsions – les bonnes comme les moins bonnes – et de bloquer effectivement l'action organisée?

(*Pause à 22 h 07*) Le terme schizophrénie, avec la bénédiction de la psychologie, est venu masquer sous une compréhension générale l'intégrité du sens personnel que présente un tel phénomène. Les paranoïaques sont ceux qui, malheureusement, croient le plus fermement aux pires idioties de la science et de la religion. Le paranoïaque et le schizophrène essaient de donner un sens à un monde dont on a vidé pour eux la signification, et les tendances de ces «deux» types apparaissent sous forme diluée dans toute la société.

La créativité est une nécessité inhérente à l'homme, elle est beaucoup plus importante que, disons, ce que la science appelle la satisfaction des besoins de base. Ainsi, **la créativité est le besoin le plus fondamental de tous.** Je ne parle pas ici d'un besoin obsessionnel de trouver un ordre – dans ce cas, une personne pourrait, par exemple, rétrécir son environnement mental et physique – mais je parle d'un puissant élan chez l'espèce humaine vers la créativité et vers le développement de valeurs émotionnelles et spirituelles. **Et si l'homme ne retrouve pas celles-ci** (*plus fort*), alors les soi-disant urgences primaires de nourriture et d'abri ne le soutiendront pas.

Je dis non seulement que l'homme ne vit pas que de pain, mais je dis également que s'il ne trouve pas un sens à sa vie, il ne vivra pas, qu'il ait pain ou non. Il n'aura pas l'énergie pour rechercher sa nourriture ni ne se fiera à ses impulsions pour le faire.

Il existe donc des lois naturelles qui guident toute forme de vie et toute réalité – des lois d'amour et de coopération – et ce sont les besoins fondamentaux dont je parle.

(*À voix basse*) Fin de la session.

(*«Très bien. Bonne nuit.»*)

(22 h 15. «C'est étrange, dit Jane, il n'est que 22 h 15 et il me semble que nous avons reçu beaucoup plus de matière que le temps écoulé pouvait le permettre. Je savais qu'il parlait de schizophrénie...» En effet, son débit avait été rapide.)

Session 866 – Le mercredi 18 juillet 1979, à 21 h 04.

(Nous avons tenu deux sessions personnelles depuis la session 863.)

(La partie mentionnée de la session de ce soir après 21 h 52 n'était pas destinée au livre, mais nous la présentons ici parce que Seth revient sur des questions que je posais plus tôt dans Événements collectifs *[*Voir les sessions 840 et 841*], à savoir: «Qu'en est-il du rôle chez l'homme des virus comme celui de la petite vérole? Quelle est la véritable relation entre un organisme hôte et la maladie?»)*

(Ma question est revenue sur le tapis à l'occasion d'un article que j'ai trouvé il y a quelques jours dans un journal scientifique; les auteurs y expliquent qu'un pourcentage significatif de femmes peuvent développer un cancer cervical au contact d'un virus porté par le sperme. Je trouve cette prémisse ou situation bien étrange que le mâle de notre espèce puisse avoir la capacité de transmettre le cancer à la femme. Nous avions entendu parler de la théorie auparavant, mais contracter le cancer d'une telle façon semble être l'une des suites les plus morbides

qui puissent résulter de l'union d'un homme et d'une femme. Dès lors, nous avons été curieux de savoir comment Seth expliquerait toute cette affaire, et de fait, il donna d'excellentes réponses à ce sujet. Les possibilités de situations ironiques abondent dans nos systèmes de croyances, dis-je à Jane. Et que dirons-nous lorsque nos chercheurs trouveront que, d'une manière encore inconnue, la femme à son tour peut transmettre un virus susceptible de causer le cancer chez son partenaire?)

(*Jane était silencieuse en attendant l'ouverture de la session, je lui en demandai la raison. «Toutes ces questions pour lesquelles on attend une réponse de moi, dit-elle. Je pense que j'étais songeuse parce que je suis tombée dans ce piège dont Seth parlait, c'est-à-dire de penser que j'avais à sauver le monde...»*)

(*Nous nous sommes mis à rire. Le monde n'a pas besoin d'être sauvé, bien entendu. Il est parfaitement capable de survivre, même si le voilà avec une espèce aussi turbulente que la nôtre. Après tout, dis-je, l'homme n'est qu'une créature parmi tant d'autres qui crée sa perception d'une terre où il vit de concert avec un nombre presque incalculable d'autres espèces, et chacune fait la même chose de son propre point de vue. Même avec ses manières apparemment destructrices, l'homme ne peut influencer cette réalité conjointe que d'une façon mineure, même devant des fiascos éventuels tels que l'événement de Three Mile Island ou encore une guerre nucléaire. Je rappelais à Jane un paragraphe transmis par Seth à la session 865.*)

(*«Heureusement, le pouvoir de la pensée et de l'action constructive est souverain dans la nature et dans votre monde. S'il n'en était pas ainsi, vous n'existeriez tout simplement pas. Les entreprises de coopération d'ordre biologique, social, spirituel, économique, politique et artistique qui s'entrecroisent dans votre communauté d'Elmira sont étonnantes. Cette coopération passe en grande partie inaperçue, pourtant elle est là fermement établie sur cette stabilité caractéristique de toute vie. Point.»*)

Dictée.

(*Pause*) Chaque espèce est pourvue de capacités émotionnelles et baigne en un système intérieur d'enrichissement vital. Chaque espèce ne se préoccupe donc pas seulement de la survie et de la multiplication de ses membres, mais aussi de l'intensification et du développement des qualités qui la caractérisent.

Dans cet ordre de pensée, il existe des idéaux biologiques, imprégnés dans les chromosomes, mais ces derniers portent aussi des idéaux beaucoup plus difficiles à définir, disons des photocalques mentaux, qui président au développement d'autres capacités. J'utilise le mot mental, voulant faire ressortir par là que toutes les espèces possèdent leur propre vie psychique, par opposition aux caractéristiques physiques des plantes et des animaux avec lesquelles vous êtes familier. Vos vues officielles vous ferment à l'évidence d'une grande coopération entre les espèces, que rien ne vous empêcherait de percevoir. Il n'est pas question ici d'une coopération forcée, venant d'un «instinct» qui, de quelque façon, organiserait les habitudes sociales des animaux, car leurs mœurs sont certainement sociales et coopératives.

Ruburt était passablement scandalisé dernièrement en lisant que la science orthodoxe n'attribuait pas à l'homme la volonté. Selon cette doctrine, tout sentiment de choix conscient serait le reflet d'une attitude du cerveau à un moment donné. J'affirme de mon côté que l'homme possède une volonté libre dans le cadre de son existence, **et que toutes les autres espèces la possèdent aussi dans leur propre contexte.**

La poule ne lit pas; elle **ne peut pas choisir de lire.** La plante ne peut pas choisir de marcher dans la rue. La poule et la plante peuvent cependant choisir de vivre ou de mourir, une question plutôt importante dans l'existence de toute entité. Elles peuvent choisir d'aimer ou de ne pas aimer leur environnement et de le changer selon leur condition individuelle. Il est de bon goût d'affirmer que certaines lois scientifiques peuvent être confirmées à des niveaux microscopiques où, par exemple, des particules peuvent être accélérées bien au-delà [*de leur état habituel*]. Mais vous vous efforcez d'ignorer l'existence de sensations au niveau microscopique ou qu'il peut y avoir des particules psychologiques et vous repoussez encore plus la pensée que **toute particule** pourrait bien être psychologique et porter son propre élan de développement et d'enrichissement vital. **C'est pourtant la raison pour laquelle** les atomes se joignent pour former la matière. Ils recherchent leur propre accomplissement à travers la forme. Ils **choisissent** en coopération les formes qu'ils prennent.

(*21 h 23*) Si la plus simple particule est dotée d'élans vitaux, d'idéaux innés qui ne demandent qu'à être réalisés, que dire alors de l'être humain? Vous recherchez naturellement le sens des choses, l'amour et les entreprises à base de coopération. Vous êtes enclin à former d'éblouissantes créations mentales et psychologiques telles que vos arts et vos sciences, vos religions et vos civilisations. Quelles que soient vos erreurs, quelque grossières que soient les distorsions introduites, même cela résulte de votre besoin de trouver un sens à votre existence individuelle et une signification à la vie elle-même.

Le savant qui pense que la vie n'a aucun sens s'est tout simplement muni de ce qu'il croit être un support indéfectible devant les vicissitudes de la vie. S'il dit: «La vie n'a pas de sens», et si cela se confirme, il ne peut être désappointé, car il s'est niché dans le cocon de sa propre création, et ce mécanisme **a du sens,** car il l'aide à se prémunir contre ses craintes les plus profondes (*avec une grande fermeté*).

Lorsqu'une civilisation ne supporte plus la créativité, elle commence à chanceler. Lorsqu'elle n'a pas confiance en ses éléments les plus doués et qu'elle ne les encourage pas, elle est alors à tout le moins dans une mauvaise passe. En insistant sur la «normalité», vos diverses écoles psychologiques ont rendu les gens craintifs face à leurs propres capacités et traits individuels, car à tout état de cause, la norme de la psychologie ne cadrait avec aucun être humain en particulier. Elle n'atteignait pas les cimes ni les profondeurs de l'expérience humaine. Les gens sont effrayés de leur individualité.

Aujourd'hui, Ruburt a lu un article sur les enfants prodiges: leurs antécédents et leur développement. Ces enfants n'entrent pas dans les normes de la psychologie, ni ne correspondent au portrait d'un enfant tel que dépeint aux parents. Pour de nombreuses raisons, il est un fait que les enfants surdoués cachent leur vivacité latente, leur agilité mentale, leur curiosité et leur capacité d'apprentissage; qualités qui, pourtant, sont inhérentes à votre espèce. Ces enfants ne sont pas du tout des versions excentriques de l'humanité; au contraire, ils vous fournissent un indice des vrais possibilités de la race humaine.

(*Pause*) À votre naissance, votre cerveau n'est pas vide; c'est plutôt une machine bien rodée prête à vrombir d'activité. Il possède une facilité d'apprentissage, et les **rudiments** de connaissance, comme vous les comprenez, existent déjà dans le cerveau (*fermement*). Dans ce sens, le cerveau pense avant la naissance. Il ne fait pas que réagir. Chaque individu possède ses propres et uniques aptitudes; des habiletés dans les relations avec autrui, par exemple, que votre langage ne connaît même pas. Les parents, cependant, n'approuvent souvent qu'avec réticence l'expression de dons inhabituels. Ils ont peur que leur enfant ne s'entende pas bien avec les autres. Ils sont bouleversés parce que l'enfant ne suit pas la norme, mais aucun n'est jamais vraiment ajusté à la «norme».

Il arrive que certains adultes, conscients de leurs propres aptitudes dans un domaine ou l'autre, étouffent délibérément ces talents de peur de sortir de la «masse» ou craignent d'être la cible des attaques de leurs pairs. La religion comme la science leur a enseigné que toute forme de supériorité était suspecte. Pourtant, chaque personne vivante possède un élément distinctif et, qui plus est, un désir de faire fructifier ses talents intérieurs.

Je ne parle pas ici de supériorité intellectuelle ou artistiques ou encore de la renommée; qualités auxquelles on fait habituellement allusion, mais j'englobe aussi la capacité d'un grand déploiement émotionnel que l'on retrouve dans la vie de certaines personnes. Je parle aussi d'autres formes de compétences naturelles, telles la communication par le rêve, l'utilisation consciente des rêves et la créativité dans la vie de tous les jours. Il est des dimensions d'ordre émotionnel et psychologique qui demeurent latentes tout simplement parce que vous concentrez trop votre attention sur l'idée de la «norme». Toute expérience non officielle est considérée comme bizarre et excentrique. Elle demeure hors de vos préoccupations habituelles et elle est ignorée par la science (*doucement*).

C'est la raison pour laquelle bien des enfants surdoués seront considérés comme retardés par leurs professeurs. Il en est de même pour les enfants trop dérangeants, parce qu'hyperactifs, et à qui on administre des sédatifs. Leur insubordination est tout à fait naturelle. Pour leur part, les enfants autistes ont saisi, dans plusieurs cas, que le monde n'est pas sûr et qu'il est préférable de ne pas communiquer du tout avec lui, du moment qu'ils ne manquent de rien et que leurs besoins sont comblés. Une fois qu'il est nourri et habillé et qu'on s'est occupé de lui, l'enfant peut se couper de l'extérieur, car son comportement même comble ses besoins.

(*Pause à 21 h 46*) Cependant, l'enfant ressent que ce n'est pas sûr de transiger avec le monde extérieur. Personne ne privera un enfant de nourriture; par contre elle peut servir d'appât. L'enfant devra demander la récompense ou indiquer un choix. Les enfants autistes ont peur de faire des choix. Leur crainte vient en partie des parents; c'est ainsi que l'enfant exprime ses propres craintes non reconnues.

Il devient le symbole de ce qui arrive à celui qui se croit indigne, qui craint ses impulsions et qui estime que choisir présente plus d'inconvénients que d'avantages, et qu'il est plus prudent de cacher ses capacités que de les déployer. La vie est expression.

Fin de la dictée.

(*21 h 52*) Je vais apporter un début de réponse à une question (*à ma question concernant la relation entre l'organisme hôte et la maladie*).

Vous créez votre propre réalité. Voilà la réponse qui devrait être complète en soi (*dit avec humour*), mais il semble bien que ce ne soit pas suffisant.

D'abord, si du sperme porteur de cancer pénétrait l'utérus d'une femme et si cette femme n'avait pas l'intention de contracter la maladie, son propre système rendrait le virus inefficace. Ensuite, si l'on se réfère à l'article, cela ne se produit pas ainsi, et je suis en quelque sorte à court d'arguments, tout simplement à cause de certains postulats de base que vous devriez, à mon avis, admettre.

(*Pause*) Je vais tâcher de vous expliquer ce que j'entends par là; mais ce que j'affirme ici paraîtra, en partie tout au moins, certainement en contradiction avec la connaissance scientifique.

Même si les savants trouvent des «cellules cancéreuses», et même s'il semble apparent que le virus cause le cancer, ce dernier sous-entend une relation, disons, entre l'hôte et le parasite. Dans une certaine mesure, cela s'applique à n'importe quelle maladie, incluant la petite vérole, même si les maladies peuvent sembler provenir de causes complètement différentes. Une cellule hôte n'est pas simplement attaquée. Elle incite à l'«attaque»;

terme que j'emploie ici mais dont je n'aime pas la connotation. J'essaie d'utiliser les mots avec lesquels vous êtes familier.

Ce n'est pas parce que tout bonnement une cellule «relâche ses défenses» devant la maladie. Voici comment je puis vous expliquer la chose. Une cellule reflète un état psychologique. Une cellule existe par elle-même, comme entité propre, mais aussi en collaboration avec toutes les autres cellules du corps. Il existe un nombre incommensurable d'états psychologiques qui se mélangent et qui interagissent continuellement pour former le climat psychologique global propice à la conservation de l'intégrité biologique: l'organisme se maintient, assure son fonctionnement et tout le reste.

Votre corps est le miroir physique de votre état psychologique (*doucement mais fermement*). Il est mû par l'énergie de l'univers. Il jaillit dans l'existence à chaque instant. Votre esprit et votre corps viennent de la même source, de l'énergie universelle. Vous êtes rempli de vitalité. Vous avez besoin de trouver un sens à votre vie. Lorsque la vie n'a plus de signification pour vous, pour quelque raison que ce soit, cet état se manifeste alors dans votre corps. (*Pause*) Il est difficile de séparer tout ceci des nombreuses interprétations données à la maladie, et je ne voudrais pas qu'on se méprenne sur mes paroles (*toujours avec fermeté*). Le cancer, par exemple, est devenu, ces dernières années, le symbole de la vulnérabilité du corps, la preuve de l'assujettissement de l'homme à son corps. C'est une maladie que les personnes contractent lorsqu'elles veulent mourir, lorsqu'elles ont honte d'admettre qu'elles veulent mourir, puisque le désir de la mort semble venir à l'encontre d'un comportement normal. Si l'espèce lutte pour sa survie, alors comment un individu pourrait-il désirer mourir?

J'ai déjà mentionné que certaines personnes ont eu le cancer et s'en sont tirées sans le savoir. Dans votre système de croyance, cependant, il est presque impératif de consulter un médecin dans de telles circonstances (*comme l'écrit Jane à la note de la page 66, session 805*), car de nombreuses craintes ne sont pas fondées; et une fois le doute levé la personne retrouve, symboliquement et physiquement, une nouvelle vie.

Dans le cas de ton article, les cellules de la femme auraient dû auparavant se préparer à recevoir l'invité, en admettant que l'invité soit cancéreux au départ et que ce soit du sperme. Il n'est pas question d'attaque. Il doit y avoir une préparation et une acceptation de certains changements.

(*Pause à 22 h 13*) Une crise vitale se prépare. Le «parasite» ou le virus joue son rôle en mettant en place cette condition désirée psychologiquement. C'est une étape chargée au niveau émotif, la crise est imminente. Je suis bien conscient de toutes les questions que cela soulève et de l'écart entre mes explications et les expériences quotidiennes de bien des gens. Mais un fait demeure, lorsque vient la mort, elle est voulue; elle a été choisie.

C'est un état de fait qu'à sa façon la mort est le point culminant de la vie, menant à une renaissance et à une nouvelle expérience. Les cellules ainsi que le cœur savent cela. Les personnes admettent difficilement, à certains moments, qu'elles veulent réellement mourir. Si elles pouvaient accepter ce fait, certaines d'entre elles changeraient même d'option. Plusieurs le font: l'état psychologique se modifie alors pour le mieux, et voilà que les cellules du corps rejettent l'état cancéreux.

Les femmes dont le mari a été rendu stérile ont souvent résolu pour elles-mêmes les problèmes sexuels qui les tourmentaient. La crainte est donc atténuée dans ce domaine.

(*Longue pause*) Le cancer cervical peut être en relation – je dis bien peut être – avec un mauvais fonctionnement du processus de croissance, justement à cause des distorsions complexes introduites par les croyances mêmes de la femme. Dans un sens, la douleur elle-même du cancer – de certains cancers – sert souvent, de par son intensité, à refléter la croyance de la personne que la vie est pénible et remplie de tourments. La douleur est aussi un rappel de sentiments et d'émotions.

(*Pause*)

Ce sera tout pour ce soir. Bonne nuit à vous deux.

(*«Merci beaucoup. Bonne nuit.»*)

(*Fin à 22 h 23.*)

Session 867 – Le lundi 23 juillet 1979, à 21 h 28.

(Jane s'attendait à ce que Seth poursuive le sujet entrepris à la dernière session. «Il n'y aura pas de dictée de livre, dit-elle. Je pense

qu'il y a énormément de matière en préparation mais tu sais, elle n'est pas encore là.»)

(*Nous avons été dérangé par des voisins à 20 h 45, ce qui causa un certain retrait de la matière en préparation. «J'attends que cela revienne», affirma-t-elle. Puis Seth se manifesta et poursuivit le sujet amorcé en fin de session, la semaine dernière. Nous avons décidé de conserver cette portion également dans le livre.*)

Maintenant, je vous salue...

(*«Bonsoir, Seth.»*)

Il m'arrive d'être perplexe, et c'est justement cette hésitation que Jane a ressentie, car j'ai beaucoup d'aspects à vous communiquer dans un certain ordre d'idées. Je dois pourtant me conformer à vos modes habituels de penser et ces modes ne vous aident pas à combiner divers éléments spéculatifs.

Comme toujours, je ferai de mon mieux en utilisant (*souriant*), pour commencer tout au moins, des concepts avec lesquels vous êtes familier. Je suis conscient que l'expérience courante peut paraître en contradiction avec certaines de ces idées, alors soyez indulgent envers moi. Je vais, pour le besoin de la cause, associer l'idée de maladie à celle de la créativité, car les deux sont intimement liées.

(*Pause*) Rappelez-vous les analogies, abordées précédemment, dans lesquelles je comparais l'expérience physique au paysage que peint l'artiste; tableau qui peut être sombre, lugubre, rempli de présages de malheur, et qui n'en constitue pas moins une œuvre d'art. À ce point de vue, chaque personne trace son propre portrait vivant; un portrait qui ne fait pas que se tenir sur une table, mais une image qui possède une pleine capacité d'action. Vous, qui vivez actuellement, êtes, en quelque sorte, dans la même classe de vie. Vous avez le loisir de regarder autour de vous et de voir comment vos contemporains s'en tirent avec leur propre portrait, et vous constatez qu'il existe une variété infinie de réalisations: des autoportraits tragiques, héroïques, comiques. Tous ces portraits sont vivants et interagissants; ce faisant, ils forment les événements sociaux et politiques planétaires.

Ces portraits ont, de toute évidence, une réalité biologique. Pour ainsi dire, chaque personne se sert de la même palette de couleur, et de ces teintes émerge votre configuration. Une grande latitude doit être laissée à la créativité pour réaliser de tels tableaux. Chacun agit avec tous les autres pour former la réalité psychologique et physique de votre espèce, de sorte que vous êtes, d'une certaine façon, concerné par la formation de la multitude des portraits qui vous entourent. Je veux simplement que vous gardiez cette analogie en tête.

(*Pause*) Toutefois, ces portraits, sont le résultat d'une créativité tellement naturelle et miraculeuse qu'ils sont immédiatement manifestes. C'est un art automatique. L'espèce emploie continuellement sa créativité, à certains niveaux, à la construction de diverses versions d'elle-même. Cependant, les motifs généraux demeurent. L'intégrité biologique est toujours maintenue. Ces agents que vous considérez comme porteurs de maladies sont des éléments très créateurs et actifs à différents niveaux simultanément.

(*21 h 46*) Certains virus que vous avez classés en diverses catégories, et qui prennent, sous certaines conditions, ce que vous croyez être un aspect mortel, sont essentiels à la vie. Le corps le plus sain contient bon nombre de ces soi-disant virus mortels, **que vous considérez comme inactifs;** inactifs au sens qu'ils ne causent pas de maladie. Ils aident, cependant, à garder l'équilibre général du corps. **Dans un sens,** l'espèce maintient chez ses membres une certaine stabilité, bien qu'elle effectue en toute créativité des modifications cellulaires et des changements chromosomiques variés, de sorte que chaque corps se trouve unique. On peut dire qu'il y a toute sorte d'échelons dans les maladies. Certaines maladies peuvent effectivement renforcer le corps préalablement affaibli, en faisant appel à tout son système de défense. Sous certaines conditions, des états dits maladifs pourraient assurer la survie même de l'espèce.

(*Longue pause*) Dans un sens, certaines maladies président à la survie de l'espèce non pas en éliminant les sujets malingres, mais en introduisant chez un grand nombre d'individus les éléments nécessaires à la stabilisation de tensions qui doivent être maîtrisées, comme pour les «inoculer naturellement» contre un plus grand danger.

Dans l'infiniment petit – à des niveaux microscopiques – il se produit des expériences biologiques continuelles que la nature, en un effort créateur, favorise afin de donner à l'espèce la plus grande marge de manœuvre possible pour une action efficace. D'un point de vue biologique, votre corps est changé par vos pensées.

(*Longue pause à 22 h 01*) Votre culture elle-même a un effet d'ordre biologique sur votre espèce. Je ne parle pas ici des choses évidentes et défavorables, telles la pollution et autres activités néfastes. Dans la terminologie évolutionniste, on dirait que votre culture et vos civilisations modifient les messages chromosomiques. Vos pensées influencent vos cellules et elles peuvent changer ce que l'on considère comme des facteurs héréditaires. Votre imagination est intimement liée à vos maladies, tout comme elle prend toute son importance dans les autres domaines de votre vie. Vous forgez votre être en imaginant telle et telle possibilité, et vos pensées modifient alors votre corps en conséquence. Dans un sens, la maladie est un outil utilisé au nom de la vie, car pour vous elle a une connotation à la fois sociale, économique, psychologique et religieuse. Cela devient un autre champ d'activité et d'expression.

Je vous ai dit qu'au niveau microscopique, il n'existait pas de structure égotiste **rigide** comme la vôtre. On y retrouve quand même une **identité**. Une cellule ne craint pas sa propre mort. Son identité a fait trop souvent la navette entre les réalités physique et non physique pour qu'il en soit autrement.

Elle «se réjouit» de la qualité de sa propre vie. Elle coopère avec les autres cellules. Elle s'affilie au corps dont elle fait partie, mais dans un sens, elle **se prête** à cette formation. (*Pause*) Les rêves de l'espèce sont très importants à sa survie, non seulement comme nécessité biologique, mais parce qu'en rêve, l'espèce, immergée en des niveaux plus profonds de créativité, prépare l'apparition en leur temps et lieux des actions, inventions et idées qui seront nécessaires dans le futur. Dans l'ancienne terminologie évolutionniste, je dirais que le progrès évolutif de l'homme est également dépendant de ses rêves.

(*22 h 20*) Plusieurs caractéristiques considérées comme typiques de votre race – en fait la presque totalité – apparaissent à un degré ou l'autre chez toutes les autres espèces. De par leur nature, les rêves humains furent responsables en grande partie de ce qu'il vous plaît d'appeler l'évolution de votre espèce. (*Avec fermeté*) Vous avez appris à rêver différemment des autres créatures. Je me suis dis que tu l'aimerais celle-là!

(*«Ça me plaît, en effet.»*)

Il est certain que vous avez rêvé de parler avant l'apparition concrète des langues. C'est grâce à la nature de vos rêves et à leur créativité que vous êtes arrivé à ce degré de culture; sans cela, vous auriez développé un langage mécanique – eût-il jamais existé – adapté à la réalité objective la plus simple et servant à désigner objets et lieux, comme: «J'ai marché là. Il marche là. Le soleil est chaud.» Vous auriez énoncé de simples faits physiques. Vous n'auriez pas pu concevoir un objet qui n'existait pas déjà. Vous n'auriez pas pu imaginer de nouvelles situations. Vous n'auriez pas eu de portrait global des saisons, car c'est le rêve qui a éduqué votre mémoire et élargi la portée de votre attention. Il a consolidé les leçons de la vie quotidienne et contribué au plus haut point au progrès de l'humanité.

Ce n'est pas par son intelligence seule que l'homme a appris, au jour le jour et de génération en génération, qu'une saison succédait à une autre. Il vivait trop dans le moment présent pour cela. Au cours d'une saison donnée, il rêvait cependant aux prochaines qui viendraient, et en rêve, il se voyait semant le grain, comme il avait vu faire le vent.

Ses rêves lui rappelaient qu'il y avait eu une saison froide et qu'elle reviendrait. La plupart de vos inventions vinrent en rêve, et, je me répète, c'est la nature de vos rêves qui vous différencie des autres espèces.

(*22 h 35*) La créativité de l'espèce est également le résultat d'une spécialisation particulière de vos rêves. Le rêve est un état d'existence unique en lui-même, dans lequel vous combinez les éléments de la réalité physique et ceux de la réalité non physique. C'est un peu comme un palier entre deux réalités où vous avez appris à suspendre assez longtemps votre attention physique, pour vous permettre d'observer l'autre réalité et en tirer précisément les ressources dont vous aviez besoin.

En général, les animaux sont moins proches que vous de leur réalité physique lorsqu'ils rêvent. Ils rêvent bien entendu à la réalité physique, mais beaucoup plus brièvement que vous. Le reste du temps, ils sont immergés en d'autres formes de conscience de rêve que **j'espère pouvoir vous expliquer** un peu plus tard (*avec plus de force*).

(*Pause*) Fin de la session, mais je poursuivrai ce sujet. Je vous souhaite une bonne nuit. Nous nous préparons à un véritable gâchis métaphysique!

(*«Très bien. Bonne nuit, Seth, et merci.»*)

(*22 h 42. Jane s'exprima ainsi au sortir de transe: «C'est comme s'il m'était donné, à la toute fin d'un livre, une diversité de thèmes; comme si un ouvrage en introduisait un autre. Prends comme exemple l'idée de thérapie et d'enrichissement vital, annoncée par Seth pour un prochain livre, et ce que toi-même tu mentionnais à propos de la conscience corporelle. Tout se tient.»*)

(*Voir les brèves allusions à la thérapie de l'enrichissement vital dans les commentaires d'ouverture de la session 862, ainsi que dans la note de cette même session, à la page 269. Je rappelais à Jane aujourd'hui que Seth avait signalé – il y a peut-être deux ans de cela – n'avoir encore rien dit de toute cette question de la conscience corporelle et de son rôle sur la santé et en bien d'autres domaines. Seth avait beaucoup de matière à transmettre sur ce sujet et il pouvait le faire n'importe quand. Depuis lors, j'ai toujours été curieux de ce qu'il en adviendrait.*)

(*Puis, je dis à Jane avoir apprécié la matière de ce soir sur les rêves et le langage. Jane répliqua alors: «J'aurais souhaité que tu ne mentionnes pas cela, car je sens comme un canal s'ouvrir, avec tout un lot de matériel, sur l'homme primitif, au temps où il expérimentait des série de rêves collectifs dans lesquels il apprenait à parler. Une forme de glossolalie de rêves, tu sais, le fait d'émettre des sons inintelligibles, qui, pourtant, avaient une signification, et l'homme se mit à parler.»*)

(*Après un moment de silence: «Et il me vient autre chose aussi, l'homme de ces temps anciens pouvait faire des signes et pointer du doigt les choses pour les décrire, mais il apprit réellement à parler lorsqu'il tenta d'expliquer ses rêves. La parole était le seul moyen à sa disposition pour échanger des données abstraites. Il pouvait, dans la vie réelle, montrer un arbre et grogner, mais il n'y avait rien dans un rêve qu'il pouvait désigner de la sorte. Il lui fallait une méthode d'expression pour décrire les choses invisibles. Il se peut aussi que les inventions débutèrent lorsqu'il tenta de dire aux autres ce qu'il avait vu dans ses rêves.»*)

QUATRIÈME PARTIE

L'IDÉALISTE PRATIQUE

Chapitre 10

LE BON, L'EXCELLENT ET LE MEILLEUR; ENRICHISSEMENT VITAL OU COMPÉTITION?

Session 868 – Le mercredi 25 juillet 1979, à 21 h 15.

(En nous préparant pour la session, j'exprimais mon souhait que Seth commente un rêve personnel particulièrement vif de la nuit dernière. Jane avait-elle saisi ma demande? Toujours est-il qu'elle fit ce commentaire: «Seth ajoutera une quatrième partie à ce livre. Il lui donnera pour titre L'idéaliste pratique. *Quant à moi, je parlerais plutôt d'idéalisme pratique, car l'autre titre me semble une redite. N'est-ce pas déjà le titre d'un livre?»)*

(Je ne pouvais lui répondre.)

Bonsoir.

(«Bonsoir, Seth.»)

Dictée. (*Avec humour*) Quatrième partie: «L'idéaliste pratique».

(*Pause*) Nouveau chapitre (*le dixième*): «Le bon, le très bon et le meilleur; enrichissement vital ou compétition?»

La plupart des lecteurs du présent ouvrage peuvent être considérés, dans un sens ou dans l'autre, comme des idéalistes. Nous avons cependant présenté dans ces pages des portraits de réalités sociales et politiques qui sont loin d'être idéales. Nous avons essayé de mettre en lumière de nombreuses croyances qui minent votre intégrité en tant qu'individu et qui alimentent les problèmes bien concrets de votre monde.

Très peu de gens, encore une fois, agissent réellement par méchanceté. Les situations malheureuses qui se produisent dans les champs de la médecine, de la science ou de la religion ne sont pas le résultat d'un désir arrêté de saboter l'«idéal», mais viennent plutôt d'une croyance que tous les moyens sont justifiés pour atteindre cet idéal.

Dans votre société, lorsque la science semble vous trahir, elle le fait par des méthodes qui ne sont pas à la hauteur de ses intentions, tellement peu dignes et **éloignées** de l'intention initiale que les méthodes elles-mêmes cachent une attitude insidieuse presque antiscientifique. Bien entendu, cela s'applique aussi à la médecine qui, pour le motif louable de sauver la vie, encourage des pratiques **fort peu** louables (*voir la note de la page 227, session 850*), où l'on détruit la vie pour sauver, soi-disant, un plus grand nombre de vies. En apparence, on peut parfois considérer ces méthodes comme regrettables mais nécessaires. Cependant, les conséquences néfastes plus profondes l'emportent largement sur tous les bénéfices immédiats, car avec de tels procédés l'homme perd de vue le caractère sacré de la vie et commence à la traiter avec mépris.

Vous serez souvent porté à pardonner des actes fort répréhensibles, à la pensée qu'ils ont été commis pour un plus grand bien. Vous avez tendance à chercher le mal en soi, à penser en termes de «pouvoirs du bien et du mal»; je suis passablement convaincu que nombre de mes lecteurs croient en une force du mal. Le mal n'existe pas dans ces termes, et c'est la raison pour laquelle tant de personnes soi-disant idéalistes peuvent collaborer à des entreprises condamnables, tout en considérant que de telles actions sont justifiées, puisqu'elles fournissent les moyens d'atteindre une bonne fin.

(*Longue pause à 21 h 32*) C'est pourquoi les fanatiques se sentent justifiés dans leurs actes. Lorsque vous pensez ainsi en noir et blanc, vous rabaissez considérablement votre idéal. Chaque action qui n'est pas dans la ligne de cet idéal commence à s'effriter à son centre même. Comme je l'ai dit et répété, si vous croyez en votre petitesse ou que vous vous sentiez impuissant à agir, et si vous êtes idéaliste, vous commencerez à penser que l'idéal est tellement éloigné qu'il est indispensable, pour l'atteindre, de prendre des moyens que vous n'auriez pas pris autrement. Lorsque cela se produit, l'idéal est toujours miné. Si vous désirez être un idéaliste **pratique**, chaque pas qui vous mène vers un but doit être à la hauteur de ce dernier.

Dans votre pays, le système de la libre entreprise provient – change ce mot pour «plonge» – plonge donc ses racines dans des origines pour le moins étranges. Elle est basée sur la croyance démocratique que chaque individu a le droit de mener une vie digne et équitable. Par ailleurs, elle est aussi liée aux idées darwiniennes de la survie du plus fort, et donc à la croyance que chaque individu doit rechercher son bien propre aux dépens de celui des autres. Elle est également empêtrée dans cette fausse conception que tous les membres d'une espèce sont en concurrence les uns avec les autres et que, par ailleurs, les espèces elles-mêmes sont en concurrence entre elles.

La «loi» de l'offre et de la demande est une méprise basée sur la croyance peu flatteuse en la nature fondamentalement cupide de l'homme. Par le passé, dans votre pays, vous avez considéré que votre race, par sa supériorité, avait droit de vie ou de mort sur toutes les autres espèces et sur la Terre elle-même. L'idéal de votre pays, et il est excellent, a été et demeure que chaque individu a le droit de vivre en toute dignité une vie équitable et respectable. Cependant, les moyens pris ont contribué à rabaisser cet idéal et les principes darwiniens, selon l'interprétation populaire, ont été, malheureusement, transposés dans le domaine économique et soumis à l'image que l'homme se faisait de lui-même, en animal politique.

(*Pause, puis déterminé*) La religion et la science ont refusé aux autres espèces toute forme réelle de conscience. Lorsque l'homme parlait du caractère sacré de la vie – dans ses élans les plus altruistes – il se référait à la vie humaine seulement. Vous n'êtes pas en concurrence avec les autres espèces, pas plus d'ailleurs que vous ne l'êtes avec vos semblables. Et le monde, comme il vous apparaît, n'est aucunement le résultat d'épreuves de force entre les espèces. Si c'était le cas, le monde n'existerait pas.

Vous existez, comme individu, grâce à la coopération inégalée de votre espèce et de toutes les autres et, à des niveaux plus profonds, en vertu d'affiliations cellulaires entre toutes les espèces. L'enrichissement vital, c'est cette inclination psychologique et physique, d'une unité de conscience, vers son plus grand accomplissement, de façon telle que sa réalisation individuelle contribue, par un accroissement qualitatif, à l'épanouissement de chaque autre unité de conscience. (*Voir aussi la session 863, à 21 h 21.*)

Cette tendance naturelle est sous-jacente et agit à l'intérieur de la structure de la matière. Elle opère également en surface, mais je m'intéresse plus particulièrement ici à ce caractère coopératif de l'enrichissement vital qui favorise toutes les unités de conscience à l'intérieur de votre monde physique.

(*21 h 54*) Comme vous croyez en la concurrence, celle-ci devint non seulement une réalité mais un idéal. On enseigne la rivalité aux enfants. L'enfant est **naturellement** en «concurrence» avec lui-même, cherchant à dépasser ses propres limites. Par ailleurs, on a fait la promotion de la concurrence comme un idéal à atteindre à tous les niveaux d'activités. C'est comme si vous deviez vous comparer aux autres; puisqu'on vous a montré à ne pas vous fier à vos propres capacités, vous avez d'autant plus besoin de l'opinion des autres. Je ne parle pas ici d'une saine et joyeuse émulation, mais je m'attaque à la rivalité acharnée, rigoureuse, désespérée et parfois destructrice, où la valeur d'une personne est déterminée par le nombre de gens qu'elle a supplantés.

(*Pause*) Cette conception est véhiculée dans le monde économique, politique, médical et scientifique, et même religieux. Je voudrais donc insister sur le fait que la vie est effectivement une entreprise coopérative et que toutes les étapes que l'on franchit pour atteindre l'idéal doivent en elles-mêmes faire la promotion de la vie.

Fin de la dictée.

(*Seth me donna quelques éclaircissements sur mon rêve de la nuit dernière. Il me montra comment j'avais créé un second moi rêvant pour me dire à moi-même ma propre impatience créatrice. J'étais impatient d'entreprendre de nouveaux projets de peinture et d'écriture.*)

Fin de la session et je vous souhaite une très bonne nuit.

(*Mais je le retins. «Puis-je te poser une autre question?»*)

Vas-y.

(*«Pourquoi Jane est-elle si perturbée par notre climat estival?»*)

Comme je l'ai déjà dit, Ruburt considère l'été comme propice aux vacances et aux distractions joyeuses. Il ne travaille pas bien dans ce cadre. Il a peur que cela ne conduise à un relâchement. Il attend avec impatience le retour des périodes fraîches qui sont pour lui plus efficaces.

Les gens répondent aux saisons d'une manière personnelle, et en utilisant certains éléments pour les stimuler ou pour les retenir; les saisons serviront en quelque sorte de porte-voix. Une saison n'est jamais là uniquement pour elle-même. Elle existe en relation avec toutes les personnes qui partagent son aire d'influence et Ruburt, pour sa part, profite pleinement de l'été, les moments les plus frais lui servant de contraste.

Fin de la session.

(*«Très bien, merci.»*)

Faites de beaux rêves...

(*«Merci, bonne nuit.»*) (*Fin à 22 h 14.*)

Session 869 – Le lundi 30 juillet 1979, à 21 h 05.

(*Les extraits de ce soir – hors de la dictée du livre – poursuivent la matière de la session 867 sur les virus et les maladies.*)

(*Avant de continuer, j'aimerais souligner un fait insolite concernant le processus de publication de nos œuvres. À la session 855, je notais que nous venions de recevoir des exemplaires, à titre gracieux, de la version allemande de* Seth Speaks. *J'ajoutais que nous attendions également une version en hollandais, dont la publication était prévue pour la fin de l'année (1979). Quelle ne fut pas notre surprise de recevoir, la semaine dernière, une lettre d'un lecteur des Pays-Bas, nous informant avoir acheté une copie de* Seth Speaks *en version hollandaise! Normalement nous aurions dû en être informé. Y a-t-il eu une erreur? Notre correspondant faisait-il allusion à la version allemande? Jane s'est mise en contact avec son agent chez Prentice-Hall pour savoir ce qu'il advenait avec la maison hollandaise Ankh-Hermes. Jane et moi sommes heureux que les enseignements de Seth soient maintenant traduits en d'autres langues.*)

(*Nous avons également reçu les épreuves d'*Emir, *roman pour lecteurs de tout âge, de la maison d'édition Delacorte Press.*)

(*Voici les extraits dont je parlais ci-dessus.*)

(*21 h 28*) J'aimerais ajouter une note à la matière déjà présentée sur la maladie. Tous les organismes biologiques savent que la vie dépend de la transformation continuelle de la conscience et de la forme. Je veux dire par là que, selon votre façon de penser, la mort physique donne la vie. Cette connaissance biologique est intimement partagée à l'échelle microscopique. Même vos cellules (*Seth épelant le mot*) reconnaissent que leur mort est nécessaire à la survie de votre configuration physique.

Cette vision ne paraît étrange qu'en vertu de vos systèmes de croyances. D'une manière ou d'une autre, la plupart des gens souhaitent la mort avant qu'elle ne survienne, un désir qu'ils ne veulent généralement pas admettre. La souffrance est aussi, dans une grande mesure, le résultat de vos croyances, de sorte que même les maladies les plus douloureuses pourraient ne pas l'être. Avec certitude, j'affirme que les virus **dits mortels** «ne se considèrent pas» comme des tueurs, pas plus d'ailleurs que le chat lorsqu'il dévore une souris. La souris périra, et une cellule disparaîtra vraisemblablement à la suite de l'action du virus, mais la signification de tels événements dépend de votre croyance. Sur le plan plus vaste de l'activité spirituelle et biologique, les virus protègent la vie à leur niveau et selon leur pouvoir d'action.

D'une manière ou d'une autre, ils sont toujours **invités** – je dis bien **toujours invités** – et ils agissent en réponse à ce plus grand rythme de l'existence où la vie physique dépend de la continuelle transformation de la conscience et de la forme. Nous avons au début de ce livre (*voir les sessions de 801 à 803*) souligné les raisons, autres que biologiques, menant à de telles situations.

(*21 h 40*) La phase de la mort fait donc partie du cycle de la vie. J'ai parlé d'expériences évolutives, selon votre conception du terme (*Voir la session 867, après 21 h 46*). Vous avez lu quelque chose dernièrement sur une maladie[1] qui donne à la peau la

1. La maladie dont Seth parle est l'onchocercose provoquée par la filaire du sang, un parasite transmis par la piqûre de la mouche noire. La maladie cause également l'obscurcissement de la vue; son nom populaire est la «cécité de la rivière». Cette affection se retrouve le plus souvent dans l'ouest africain. On la rencontre aussi au Mexique et au Brésil.
Cette maladie n'entraîne pas la mort et le pourcentage des personnes qui perdent la vue varie selon le lieu. Nous aimerions que Seth nous renseigne davantage sur les aspects évolutifs de cette cécité, car nous ne comprenons pas comment une telle dégénérescence pourrait mener à quelque chose de mieux. Peut-être cette expérience biologique particulière est-elle vouée à un échec en termes évolutionnistes. (*Robert Butts*)

consistance du cuir après d'intenses démangeaisons; ce déploiement est fascinant. Le corps humain essaie ici de se former une peau similicuir qui deviendrait, si l'expérience se continuait, assez souple pour permettre la transpiration et une locomotion normale, mais assez résistante pour offrir une protection efficace, dans la jungle, contre les morsures dangereuses de certains insectes et serpents. Bon nombre de ces expériences apparaissent à certains stades comme des maladies, puisque ces états ne sont pas des conditions physiques normales. **Jusqu'à un certain point** (*double soulignement*), le cancer est une forme d'expérience évolutive. Mais tous ces aspects vous échappent parce que vous considérez la soi-disant évolution comme terminée.

(*Pause*) **Certains** éléments de votre propre espèce ont été considérés, par les animaux, comme une espèce animale malade, aussi je veux élargir vos concepts là-dessus. Dans l'ordre naturel des choses et à tous les niveaux – même au niveau social et économique – la maladie est fondamentalement créatrice. Les déformations congénitales de toute nature représentent des versions probables de l'espèce elle-même, et elles sont conservées dans le bagage héréditaire comme en une banque inépuisable de versions possibles.

(*Pause*) On peut faire toute sorte de rapprochements. Les enfants atteints de mongolisme, par exemple, sont des rappels de l'héritage purement **émotionnel** de l'homme, séparé de ses réalisations intellectuelles. C'est la raison pour laquelle on les retrouve en plus grand nombre dans les civilisations industrielles...

(*Pause, puis amusé.*) Dans notre prochain livre, nous tenterons de montrer aux gens l'image de leur vraie nature en tant qu'espèce, et comment ils existent indépendamment de leurs propres systèmes de croyances. Nous espérons montrer que l'homme vient d'un environnement intérieur. Nous insisterons sur l'importance des rêves dans le «développement évolutif» et comme source principale des réalisations les plus créatrices de l'homme.

Fin de la session, et passez une **merveilleuse** nuit.

(*«Merci, Seth. Bonne nuit.»*)

(21 h 56. «Juste ciel, je ne sais comment il a tiré tout cela de moi», dit Jane, en riant, plus détendue que jamais. Jane décrivit que lorsque Seth parla de l'onchocercose, elle sentait réellement que la peau des gens

se transformait en une sorte de cuir, pour une meilleure protection. «Je ne sais si je tirais ces sensations de Seth, dit-elle, si je les captais selon mes propres perceptions ou si je ne faisais que les créer tout au long de l'exposé.» Elle ne ressentait pourtant rien sur sa peau.)

(Le prochain ouvrage[1]*, qui traitera de thérapie et d'enrichissement vital, portera vraisemblablement le titre suivant, à ce que l'on croit saisir des allusions de Seth:* Dreams, Evolution and Value Fulfillment [Les rêves, l'évolution et l'enrichissement vital]).

Session 870 – Le mercredi 1er août 1979, à 21 h 21.

(Jane manifestait une certaine impatience devant l'important retard dont souffrait l'ouverture de la session; elle se demandait ce qui pouvait bien bloquer la communication... «Bon, je pense que je suis prête...» Elle se retrouva en transe avant d'avoir pu déposer ses lunettes sur le guéridon, entre nous. Ses yeux étaient très sombres lorsqu'elle s'adressa à moi en tant que Seth.)

Maintenant, la dictée.

Il existe dans le bassin de connaissances génétiques des schèmes de développement «idéaux» offrant à l'espèce de multiples possibilités de croissance. Ces modèles se présentent comme des idéaux mentaux. Ils se manifestent à travers les impulsions et la créativité des membres de l'espèce.

Ainsi, vos athlètes naturels démontrent par leurs prouesses physiques certaines capacités corporelles idéales. C'est en quelque sorte l'agilité, la force ou le pouvoir personnifié. Ce sont des attributs individuels, des idéaux physiques (*pause*), étalés à la vue de tous pour qu'on les apprécie et qui démontrent, à un degré ou à un autre, les aptitudes inhérentes à l'espèce elle-même.

(Plus fort, à la suite de ma demande de répéter la fin de la phrase.)

Je pense que l'homme franchit le *mile*[2] plus rapidement (*d'environ douze secondes*) qu'il le faisait, disons, il y a trente ans. Est-ce que la vitesse corporelle effective se serait soudainement accrue? À peine. Ce sont plutôt les croyances mentales relatives au ren-

---

1. Voir la note de la page 269, session 862 et les commentaires de la fin de la session 867.

2. Mesure de longueur américaine équivalant à 1,62 km.

dement du corps qui ont changé; il en résulte une amélioration de la vitesse physique. Le corps peut de fait courir beaucoup plus rapidement que le record actuel (de 3' 49"). Je veux simplement souligner ici l'effet des croyances sur la performance physique. Tout le monde ne veut pas devenir un spécialiste de la course à pied. Les gens peuvent faire porter leur créativité et leur idéal dans des champs de réalisation forts différents, mais le dépassement individuel ajoute toujours à la connaissance de l'espèce. Bon, très bon et meilleur... est-ce mauvais d'être un piètre coureur? Bien sûr que non, à moins que courir soit votre vocation particulière. Et si c'est le cas, vous vous améliorerez avec la pratique.

Vos idéaux, quels qu'ils soient, émergent de votre expérience intérieure, et ceci s'applique également à l'espèce dans son ensemble. Vos vues sur la société et votre conception de la coopération vous viennent de la connaissance à la fois biologique et spirituelle qui vous ont été donnée à la naissance. L'homme a reconnu l'importance du groupe après avoir observé l'esprit de coopération des animaux. Vos diverses cultures sont l'extériorisation créatrice splendide des regroupements sociaux cellulaires et des processus coopératifs de la nature qui vous a donné la vie physique. Ceci ne signifie pas que l'intellect est amoindri pour autant, car celui-ci utilise ses capacités pour vous aider à faire éclore les civilisations physiques, reflets de civilisations mentales, spirituelles et biologiques. En tout temps, vous apprenez de la nature dont vous êtes et demeurez une partie intégrante.

Vos efforts de compréhension d'excellence dans quelque domaine que ce soit – d'idéal, en somme – sont, chez votre espèce spirituellement et biologiquement innés. Si certaines des situations que nous avons mentionnées dans ce livre sont loin d'être idéales dans votre société, vous pouvez immédiatement, en tant qu'individu, entreprendre de les changer. Vous le faites en acceptant tout simplement la droiture de votre propre personne. Vous y parvenez en écartant les idées d'indignité et d'inefficacité que vous pourriez entretenir, quelle qu'en soit l'origine. Vous y arrivez en étant attentif à vos impulsions, en vous fiant à vos tendances. Vous commencez là où vous êtes, aujourd'hui.

(*21 h 42*) Vous ne vous attachez pas aux situations fâcheuses de votre environnement, mais vous faites les démarches nécessaires dans votre vie pour exprimer votre idéal, peu importe les innombrables voies qui vous sont offertes.

En général, si vous êtes très préoccupé par votre état physique, par exemple, il est préférable que vous alliez voir un médecin, afin d'éviter que vos propres croyances à ce propos ne vous traumatisent outre mesure. Je vous suggère tout de même de faire des expériences. Essayez de surmonter par vous-même certains malaises anodins mais irritants. Tâchez de découvrir pourquoi vous ressentez ces symptômes. Lorsque vous avez une simple migraine ou un léger problème de digestion ou que vous éprouvez une difficulté chronique, mais pas très sérieuse, comme un problème de sinus, ou encore lorsque vous avez la fièvre des foins, rappelez-vous que votre corps possède en fait tous les pouvoirs de se guérir.

Je vous recommande de faire les exercices proposés dans mon ouvrage *La réalité personnelle* pour découvrir les conditions mentales, ou d'origine psychologique, qui causent votre détresse. Au lieu de prendre une aspirine pour un mal de tête, asseyez-vous, respirez calmement et rappelez-vous que vous faites partie intégrante de l'univers. Permettez-vous de ressentir votre appartenance à la nature. Un tel exercice peut souvent vous libérer rapidement d'un mal de tête. Mais chaque expérience de ce genre vous aidera surtout à affirmer votre confiance dans les processus de votre propre corps.

Faites un examen des lectures que vous faites, des programmes de télévision que vous regardez, et prenez la décision d'ignorer toute allusion faite aux faiblesses du corps. Efforcez-vous de vous détacher de la littérature et des programmes qui parlent d'une manière absolue des «instincts meurtriers» de l'espèce. Faites un effort pour libérer votre intellect de telles croyances encombrantes. Misez sur vos propres aptitudes. Plus vous ferez confiance à votre intégrité fondamentale en tant que personne, mieux vous serez équipé pour évaluer vos capacités avec lucidité, sans les exagérer ni les déprécier.

(*Pause*) Vous ne vous sentirez pas obligé de «justifier votre existence» en exagérant un don particulier; en vous fixant par exemple, comme objectif absolu, un exploit à accomplir ou la maîtrise d'un art, alors qu'en fait, bien que talentueux, vous n'êtes pas suffisamment doué dans un domaine donné pour attirer la reconnaissance éclatante que vous croyez mériter.

Par ailleurs, il existe de nombreuses personnes extrêmement favorisées qui déprécient continuellement leurs capacités et qui craignent de faire le moindre pas pour les exprimer. Si vous acceptez la droiture de votre vie dans l'univers, alors vos idéaux seront en correspondance avec votre nature. Ils trouveront assez facilement leur expression, favorisant ainsi votre propre développement et celui de la société.

(*Pause*) Vos impulsions sont votre canal privilégié de communication avec votre moi intérieur. Ce sont, à l'état de veille, des incitations spontanées à l'action qui viennent de cette connaissance profonde de vous-même que vous avez en rêve. (*Avec insistance*) Vous êtes né parce que vous en avez eu l'impulsion. L'univers a surgi à la suite d'une impulsion qu'il avait d'exister. Il n'y avait pas de charmeur cosmique extérieur émettant des notes ou jouant une mélodie magique, pressant l'univers à naître. Cette envie d'être est venue de l'intérieur et cette poussée se répète, jusqu'à un certain point, avec chaque impulsion, chaque élan à l'action que l'homme ou la molécule peut avoir. Si vous doutez de la nature de vos impulsions, alors vous n'aurez pas plus confiance en la vie, en l'univers, ni en la nature de votre être lui-même.

(*22 h 01*) Tout animal, comme n'importe quel enfant d'ailleurs, a mieux à faire que de se méfier de sa propre vie. La nature existe en raison de la foi. L'écureuil ramasse des noisettes avec la croyance qu'il aura des provisions; il sait bien que la prochaine saison viendra et que le printemps succédera à l'hiver. Vos impulsions sont étroitement liées à cette qualité qu'on appelle la foi, car elles vous poussent à l'action avec la certitude qu'il est opportun d'agir à ce moment précis. Vos croyances entrent cependant en interaction avec vos impulsions; il arrive souvent qu'elles viennent miner cette superbe et bénéfique spontanéité naturelle que portent ces impulsions.

(*Pause*) Lorsque je parle d'impulsions, bon nombre d'entre vous pensent à des élans contradictoires, dangereux ou même «mauvais»: c'est que vous êtes à ce point convaincu de l'insignifiance fondamentale de votre être. Il vous est loisible de vous interroger sur vos impulsions, de les évaluer, de choisir parmi elles, mais vous devez être conscient, reconnaître leur existence, car elles vous mèneront à votre véritable nature. Cette reconnaissance peut entraîner une longue démarche pour certaines personnes, compte tenu de votre système de croyances, car bon nombre de vos urgences actuelles résultent d'une accumulation d'impulsions parfaitement normales et non reconnues du passé. Mais vos impulsions reflètent l'élan fondamental de votre vie. Même si elles apparaissent contradictoires à un moment donné, dans l'ensemble, elles formeront des schèmes d'action constructifs vous montrant plus clairement votre propre voie de réalisation et de développement.

(*Longue pause à 22 h 10*) Les qualités naturelles apparaissent très visiblement en bas âge, car en cette période, on laisse à l'enfant une plus grande liberté. Certains enfants aiment jongler avec les mots, d'autres avec les images et d'autres encore préfèrent travailler avec des objets. Certains démontrent une grande ouverture dans les rapports avec leur entourage, alors que d'autres sont naturellement enclins à la solitude et à la méditation. Reportez-vous aux comportements primesautiers de votre enfance, face à ces activités qui vous plaisaient le plus.

Si vous faites de la peinture, cela ne signifie pas que vous deviez absolument être un artiste. Mais vous connaissez l'urgence de ces impulsions. Si elles sont intenses et consistantes, alors suivez-les. Si peindre ne fait que prendre l'allure d'un passe-temps, cela enrichira d'autant votre vie et votre compréhension des choses. Si vos impulsions vous guident vers les relations humaines, ne laissez pas les doutes sur votre propre valeur prendre le dessus. Il est très important que vous exprimiez activement votre idéalisme, dans toute la mesure du possible, car cette attitude renforcera le sens de votre valeur et de votre pouvoir.

De telles actions vous servent de sauvegarde; elles vous empêchent d'agrandir l'écart que vous-même ou la société pourriez percevoir entre la réalité et la condition idéale. Certaines personnes veulent améliorer le monde, mais cet idéal semble si terrifiant qu'elles pensent ne pas progresser si elles n'accomplissent pas des actions d'éclat, si elles ne sont pas en possession de pouvoir politique ou religieux, ou si elles ne sont pas à l'origine de quelque soulèvement ou d'une rébellion. L'idéal semble si éloigné, si insaisissable que n'importe quels moyens, quelque répréhensibles soient-ils, sembleront parfaitement justifiés (voir, par exemple, la session 850). Pour améliorer le monde, **vous devez** commencer par changer votre propre vie. Il n'existe pas d'autre voie.

Commencez par accepter votre propre «dignité» en tant que partie de l'univers et donner la pareille à chacun des autres êtres. Vous devez respecter la vie sous toutes ses formes. Il vous faut d'abord changer vos pensées à l'égard de vos contemporains, de votre pays, de votre famille et de vos compagnons et compagnes de travail. Si votre idéal d'aimer votre prochain comme vous-même vous semble éloigné, au moins vous abstiendrez-vous en tout temps d'attenter à sa vie, sans oublier que **votre prochain c'est, en fait, toute personne qui vit sur cette planète** (*plus fort*). De toute façon, vous ne pouvez aimer votre prochain si vous ne vous aimez pas vous-même; si vous croyez qu'il est mauvais de vous aimer personnellement, alors il est clair que **vous serez incapable** d'aimer qui que ce soit.

Comme point de départ, vous devez accepter votre existence dans le cadre de la nature et, pour cela, vous devez reconnaître l'immense processus coopératif qui relie les espèces les unes aux autres. Si vous utilisez vraiment vos prérogatives comme individu dans votre pays, vous pourrez exercer beaucoup plus de pouvoir dans votre vie normale que vous ne le faites actuellement. Chaque fois que vous affirmez la valeur de votre propre existence, vous aidez les autres. Votre état mental fait partie de l'atmosphère psychique de la planète.

Fin de la dictée.

(22 h 27. Après quelques paragraphes à l'intention de Jane, Seth ajouta ce qui suit à 22 h 31.)

Un autre point ici. En fait, vos civilisations extérieures sont le miroir de vastes civilisations cellulaires. C'est ainsi que vous tentez d'exprimer ce type d'organisation et de créativité.

Bon nombre de vos découvertes technologiques – pour ne pas dire toutes – sont en quelque sorte des interprétations des mécanismes internes de la nature. Ainsi, le sonar, le radar et autres instruments similaires furent inventés à la suite d'essais de reproduction physique ou objective des phénomènes naturels intérieurs. J'ai souvent attiré votre attention sur différents types de civilisations, mais il en est dont la description s'avère presque impossible, telles les civilisations des odeurs, celles qui sont fondées sur les écarts de température, sur l'alphabet des couleurs ou encore sur les variations de pression. Ce sont des réalités très exactes et très structurées, défiant toute représentation orale. Vous auriez besoin d'indices supplémentaires, non verbaux, pour saisir un tant soit peu de tels sujets.

Tout ce que vous voulez dans votre vie est possible dans les limites de votre nature, si seulement vous compreniez qu'il en est ainsi.

Avez-vous des questions?

(*«Non». Il me venait des choses, mais j'étais fatigué. Seth nous laissa le bonsoir à 22 h 40.*)

(*«Tu as bien fait cela», dis-je à Jane. Le discours était doux et bien senti. Pourtant, avant la session, elle n'était pas tellement enthousiaste.*)

(*«Oui, ce soir je l'ai fait parce qu'il le fallait, dit Jane. Il m'arrive maintenant de tenir des sessions en des moments que j'aurais refusés par le passé... Il me venait du matériel de Seth avant la session et je ne me souviens de rien. Mais c'était bien, hein?»*)

Session 872 – Le mercredi 8 août 1979, à 21 h 15.

(*La session 871 de lundi dernier ne concernait pas* Événements collectifs.)

(*Dans l'attente du commencement de la session de ce soir, j'ai lu à Jane une lettre que je venais d'écrire à un éminent biologiste. Je lui demandais son aide au sujet de la théorie de l'évolution. En voici un passage.*)

(*«Il me semble que si la science voulait être prise au sérieux, elle devrait au moins offrir des données raisonnablement convaincantes. Si la science veut parler de l'arbre de vie, des reptiles qui se changent en oiseaux, nous pouvons certainement exiger de voir la totalité de l'arbre et non pas seulement les feuilles au bout des branches. Je veux dire, ces nombreuses formes physiques intermédiaires manquantes nécessaires à la théorie de l'évolution.»*)

(Ce soir, après la dictée, Seth nous livra sa propre version de ce que notre espèce se plaît à appeler l'évolution.)

(*Tout bas*) Bonsoir.

(*«Bonsoir, Seth.»*)

Dictée. Certains lecteurs pourront penser que le sujet de ce livre (*pause*) est fort éloigné de toute préoccupation de développement de capacités psychiques particulières.

De nombreuses personnes réclament des méthodes pour effectuer, par exemple, une projection astrale ou pour progresser dans le domaine psychique ou atteindre la connaissance spirituelle. À sa manière, ce livre est bel et bien axé sur le développement de telles facultés, car ce n'est pas le manque de méthodes qui empêche ces activités. Le «progrès psychique» est plutôt entravé par les croyances négatives elles-mêmes sur lesquelles nous avons essayé d'attirer votre attention.

Certains d'entre vous persistent à rechercher un moi intérieur distant, semble-t-il, sur lequel ils pourraient se fier et dont ils attendent de l'aide, tout en se méfiant du moi familier avec lequel ils sont en étroite relation. Vous érigez des barrières inutiles entre les diverses portions du soi.

Des correspondants écrivent: «Je dois être trop égoïste...» Il existe de nombreuses écoles de développement spirituel vous enjoignant de vous «départir de vos impulsions et désirs encombrants», d'ignorer le moi que vous êtes pour partir en quête d'une version plus noble et idéalisée du moi. Tout d'abord, le moi que vous êtes est en perpétuel changement; il n'est jamais statique. Il existe effectivement un moi intérieur, selon votre compréhension des choses, mais ce moi intérieur, qui est la source de votre être actuel, parle par vos propres impulsions. Elles fournissent les poussées spirituelles et biologiques nécessaires à votre développement idéal. Vous devez vous appuyer sur ce moi que vous êtes maintenant.

Pour vous connaître vous-même au sens le plus profond, vous devez être attentif à vos sentiments, à vos émotions, à vos désirs, à vos intentions et à vos impulsions. La connaissance spirituelle et la sagesse psychique sont les conséquences naturelles d'un sens d'unité du soi.

Je le répète, les impulsions sont foncièrement bonnes, à la fois sur le plan spirituel et sur le plan biologique. Elles émergent du niveau 2, du moi intérieur, et elles trouvent toutes leur signification dans cet immense réseau intérieur de communication qui unit toutes les espèces de votre planète. (*Pause*) Les impulsions fournissent également cette poussée naturelle vers les comportements qui vous sont les plus favorables. Certains élans vous incitent, par exemple, à l'activité physique, alors que d'autres, de prime abord contradictoires, vous convieront au calme de la contemplation, vous permettant ainsi de garder dans l'ensemble un certain équilibre.

Certaines personnes ressentent presque exclusivement leurs impulsions de colère, ayant inhibé leurs élans naturels vers l'amour qui auraient pu tempérer ce qui semblait être des désirs agressifs. Lorsque vous commencez l'apprentissage de l'affermissement personnel, il vous faut admettre que, jusqu'à un certain point, dans le passé, vous n'aviez pas confiance en vous, ni en vos impulsions. Vous trouviez que les impulsions étaient dangereuses, subversives ou même franchement mauvaises. Tout au début de votre initiation à l'autoconfiance vous prenez donc conscience de vos impulsions. Vous en constatez l'importance. Vous voyez où elles vous mènent en leur laissant un certain degré de liberté. Vous ne prendrez pas de moyens qui blesseraient les autres, ni ne suivrez ces élans qui paraissent en contradiction flagrante avec vos croyances actuelles, mais vous reconnaîtrez cependant leur existence. Vous tâcherez d'en découvrir la source. Vous trouverez presque toujours, derrière, une ou plusieurs impulsions inhibée qui vous poussaient dans quelque direction idéale, à la recherche d'un amour ou d'un lien tellement magnifié qu'il vous semblait impossible à atteindre. Il n'y avait alors pas d'autre solution que d'écraser l'impulsion embarrassante.

Si vous examinez de tels stimuli incommodants, vous verrez qu'ils suivent toujours un long processus où vous avez craint de faire de petits pas positifs dans la direction d'un idéal. Vos impulsions vous guident naturellement dans une voie créatrice, elles favorisent l'ouverture de votre conscience et vous mènent à l'exploration psychique, à la connaissance et à la manipulation consciente de vos rêves.

(*Avec fermeté, à 21 h 40*) *Aucune méthode ne fonctionnera si vous avez peur de vos propres impulsions ou si vous vous méfiez de votre être. Vous comprenez, pour la plupart, que Tout Ce qui Est réside en vous, que Dieu est à l'intérieur de la création, dans la matière physique, et qu'Il ne fait pas que commander, tel un dictateur cosmique à l'extérieur de la réalité. Vous devez comprendre que le moi spirituel* **adhère** au moi physique de la même manière. Le moi intérieur n'est d'ailleurs pas distant, il n'est pas séparé de vos désirs et de vos préoccupations les plus intimes, mais au contraire, il communique par vos gestes les plus sobres et à travers vos idéaux les plus réservés.

Cette impression de division du soi vous force à penser qu'il existe un moi intérieur, sage et intuitif, et un moi physique inférieur, égaré, manœuvré et spirituellement ignorant, et auquel justement vous vous identifiez. Bien plus, nombreux sont ceux qui croient que la nature même du moi physique est mauvaise, que ses impulsions laissées indomptées viendront en opposition directe avec le bien du monde physique et celui de la société et qu'elles défieront les vérités spirituelles les plus profondes de la réalité intérieure. Le moi intérieur devient alors tellement idéalisé et si éloigné que, par contraste, le moi physique n'en semble que plus ignorant et plus imparfait. Devant de telles croyances, le développement psychique, les voyages astraux, la connaissance spirituelle ou même une vie saine, semblent des utopies. Vous devez donc commencer par honorer votre être, par considérer vos impulsions comme les canaux naturels entre le moi physique et le moi non physique. Les enfants se fient à leurs impulsions et apprennent à marcher; en vous fiant à **vos impulsions**, vous pouvez apprendre à vous retrouver.

(*Pause*) Fin de la dictée.

(*21 h 49. Voici les remarques de Seth sur l'évolution dont je parlais ci-dessus.*)

La conscience précède la forme et l'univers physique lui-même (*longue pause*), avec **toutes** ses manifestations.

L'impulsion en devenir, quelle que soit votre compréhension de cette expression, n'a pas de commencement ni de fin. Les espèces que vous reconnaissez sont la manifestation d'espèces intérieures, de groupements créatifs produits par la conscience en des modèles tangibles à travers lesquels elle peut s'exprimer.

Dans cet ordre d'idées, l'univers a pris naissance et les espèces sont apparues dans un cadre d'activité totalement différent de ce qu'on imagine; cadre qui ne peut être démontré scientifiquement, particulièrement à l'intérieur des frontières où la science s'est confinée pour se protéger.

Les modèles qui ont servi pour la Terre et ses créatures étaient aussi **réels** avant qu'après leur apparition physique, et beaucoup plus réels, disons, que le plan d'une peinture éventuelle que vous pourriez avoir en tête. **Foncièrement**, l'univers avec ses planètes et ses créatures a toujours existé. Les patrons de chaque espèce ont toujours été présents sans disposition antérieure ni postérieure.

(*Pause*) Ces analogies sont toujours boiteuses, il faut en convenir, mais elles sont souvent l'unique moyen dont je dispose pour aborder des sujets trop en dehors des voies normales de la connaissance. Vous pouvez considérer la chose comme si la terre et toutes ses espèces existaient en une forme complète, tel un **canevas cosmique** de pleine dimension, qui, graduellement, apparaîtrait en bloc à la vie. **Les oiseaux ne viennent pas des reptiles. Ce furent toujours des oiseaux.** Ils exprimaient un certain type de conscience en quête d'une forme particulière (*le tout dit énergiquement*). Physiquement, les espèces apparurent – **toutes** les espèces – comme si soudain tous les éléments d'un rêve fort compliqué revêtaient des apparences physiques. **C'est comme** s'il existait des images mentales qui, «en un éclair d'inspiration cosmique», ont été soudain dotées de toutes les qualités physiques.

Dans une certaine mesure, l'interprétation de la *Bible* est véridique. La vie fut donnée et elle était libre de se développer selon ses caractéristiques propres. La planète était préparée et nantie de la vie. La conscience construisit les formes. C'est donc dire que la vie existait dans la conscience de toute éternité. Il n'y a pas eu de moment où les éléments chimiques et les atomes prirent tout à coup vie, car de tout temps, ils avaient la conscience: la condition requise de la vie.

Selon vos termes, toutes les espèces que **vous connaissez** apparurent plus ou moins en même temps, les motifs mentaux ayant atteint leur apogée (*en gesticulant*). Leur vitalité était assez grande pour soutenir la différenciation et la coopération dans le cadre de la matière.

(*Pause à 22 h 07*) Je comprends qu'il vous ait semblé voir des espèces disparaître, mais là encore vous devez vous rappeler le contexte des probabilités, et considérer que ces espèces se sont tout simplement «développées» selon les schèmes de mondes probables. Vous n'êtes pas en présence d'une seule ligne de développement de la matière, mais vous êtes devant une créativité inimaginable où **toutes les versions** de votre monde existent, chacune étant fort convaincue de sa réalité physique. Il y a des ramifications tout à fait indescriptibles, dont vous pourriez entrevoir la complexité, avec un peu d'entraînement, lors de certains états de transe ou avec l'aide du rêve dirigé. C'est ainsi qu'il vous sera possible de vous familiariser avec ces réseaux de communication qui relient votre terre authentique aux autres terres probables. Vous choisissez le moment et vous vous concentrez dans la réalité physique à maintes reprises, et l'esprit garde une compréhension intime de certains déploiements apparemment mystérieux auxquels sont associées les espèces.

Même les c-e-l-l-u-l-e-s (*épelé*) sont suffisamment dégagées du temps et de l'espace pour se maintenir en une structure d'être intime dans le présent, tout en étant immergées dans cette plus vaste connaissance de ce que vous croyez être le passé de la Terre. En un sens plus global, la Terre et toutes ses espèces sont créées à chaque instant. Vous vous demandez ce qui a bien pu donner la vie au premier œuf ou à la première semence, et vous croyez que la réponse à cette question résoudra toutes les autres, car la vie, dites-vous, fut simplement **transmise** de ce point.

Mais à présent, il faut se demander qu'est-ce qui **donne la vie** à l'œuf et à la semence, qu'est-ce qui entretient la vie et qui fournit cette énergie? La théorie du «big bang» (*pour expliquer la création de l'univers*), que vous avez imaginée, vous présente au départ une immense explosion d'une énergie qui, d'une certaine façon, aurait pris vie, mais dont la vigueur initiale se perdrait graduellement, de sorte que la vie deviendrait de plus en plus faible; ce qui ne correspond pas à la réalité. Un enfant est aussi frais et plein d'énergie aujourd'hui qu'il pouvait l'être il y a 5 000 ans, et chaque printemps est tout aussi étincelant de vie.

Qu'est-ce qui peut bien, en ce moment, donner vie aux éléments chimiques? Voilà la question qu'il faut se poser. Non seulement toute énergie est-elle «conscientisée», mais elle est également à l'origine de toute organisation de conscience et de toute forme physique. Cette dernière représente la structure de la conscience. (*Longue pause*) Un jour, le monde du rêve s'éveilla pour vous à la pleine réalité physique. La planète fut hantée par le désir. Il y eut des excursions fantômatiques, des constructions mentales, des civilisations de rêve qui s'actualisèrent ensuite.

Fin de la session. Il y en aurait encore beaucoup à dire.

(*«Oui.»*)

Toute mon affection à vous deux. Rappelle à Ruburt le pouvoir de la pensée.

(*«Très bien, bonne nuit.»*)

(*22 h 23. «Je me demande vraiment où j'étais ce soir, affirma Jane. Je pouvais fort bien être hors de mon corps, j'étais si éloignée.*)

(*»La seule chose que je ressentais était cet effort qu'il déployait pour trouver des analogies qui clarifieraient toute cette section sur l'évolution. Actuellement, selon ce que je captais, nous ne possédons pas encore les concepts voulus pour décrire ces choses qui semblent si étranges à notre réalité habituelle, quels que soient nos efforts pour y parvenir.*)

(*»Ce qui me venait, c'est qu'une partie de la conscience rêvait de la terre et la visitait continuellement, puis une partie de la conscience s'éveilla à la terre et devint celle-ci pour un temps, avec tous les éléments dont elle avait besoin.»*)

(*«T'imagines-tu le changement de mentalité que cela supposerait pour que ces concepts soient seulement "pris en considération" par l'élite, sans parler d'acceptation? confiai-je à Jane. Cela confondrait le monde scientifique qui croit en l'évolution, s'il voulait juste y jeter un coup d'œil.»*)

(*Sur cette remarque, Jane se rappela une pensée qui lui était venue à l'esprit cet après-midi, à savoir que la science devrait, au moins, examiner toute donnée, quelle qu'en soit l'origine. Puis elle capta de la part de Seth une pensée lui indiquant qu'elle était dans l'erreur, que ce type de renseignements serait de prime abord jugé comme de la «non-information», et de ce chef ignoré totalement.*)

(*Peu importe, car il semble bien que la matière de ce soir sur l'évolution prépare bien le prochain livre de Seth:* Dreams, Evolution, and Value Fulfillment. *Voir les notes de fermeture de la session 869.*)

Session 873 – Le mercredi 15 août 1979, à 21 h 31.

(*Depuis mercredi passé, Jane a tenu deux séances personnelles.*)

(*«Je te confierai, dit-elle en se préparant pour la session de ce soir, que je n'ai aucune idée en tête... Je ne puis qu'attendre. Viens, Seth!» Quoi qu'il en soit, nous savions bien que Seth terminerait bientôt* Événements collectifs. *Il avait habilement commencé à récapituler son sujet, lors de ces dernières sessions.*)

(*Chuchoté*) Bonsoir. Dictée, dans votre nouveau et chaleureux vivoir.

D'une certaine manière, vous devez être un idéaliste pratique si vous pensez demeurer longtemps un véritable idéaliste. Il vous faut faire de petits pas concrets, même si votre préférence vous porte souvent à vous engager à pas de géant. Mais il est crucial que vous vous **dirigiez** dans le sens de votre idéal à travers l'action. Autrement, vous courez vers un désenchantement ou une sensation d'impuissance ou encore vous croirez que seules des méthodes radicales et **fort peu** idéalistes pourront vous permettre d'atteindre l'état ou la situation que vous convoitez.

(*Pause*) La vie, à tous les niveaux, est mue par cette recherche d'un idéal, qu'il soit biologique ou mental. C'est cette poussée naturelle qui donne à la vie toute sa saveur, son orientation exaltante et dramatique. En développant vos propres aptitudes, quelles qu'elles soient, en explorant et en élargissant l'expérience de votre être, cela donne un but, un sens à la vie et vous incite à la créativité; ce geste ajoute également à la connaissance et favorise le développement de la société et des autres espèces.

Méditer ou imaginer l'accomplissement d'un quelconque but n'est pas suffisant, il faut également ne pas avoir peur d'agir en fonction des impulsions que vos méditations et votre imagination engendrent. Lorsque vous ne progressez pas vers un idéal, votre vie manque d'enthousiasme. Vous tombez dans la dépression. Il se peut que vous deveniez un idéaliste **inverti**, trouvant un certain plaisir à voir se produire des désastres naturels, comme des tremblements de terre. Vous vous attarderez alors sur ce genre de phénomènes, à moins que vous ne songiez à la fin du monde; mais dans un cas comme dans l'autre vous serez mû par un sentiment de frustration personnelle ou par quelque désir de vengeance, imaginant la destruction d'un monde qui ne répond plus à l'idéalisation de vos attentes.

Cependant, aucune des situations fâcheuses dont nous avons parlé dans ce livre n'a de pouvoir sur vous, si vous comprenez que les événements n'ont pas d'existence propre. Toutes les circonstances de la vie existent d'abord en pensée. Aux niveaux les plus profonds de la communication, il n'y a plus rien de secret, que vous en soyez informé ou non par vos gadgets techniques.

Vos pensées, vos croyances et vos désirs forment les événements que vous voyez à la télévision. Si vous voulez modifier le monde, ce sont d'abord vos pensées, vos attentes et vos croyances que vous devez changer. Si chaque lecteur de ce livre modifiait un tant soit peu ses attitudes et, quand même on ne réviserait aucune loi, demain le monde fonctionnerait mieux; et les nouvelles lois suivraient.

(*Longue pause à 21 h 48*) Toute loi ne fait que suivre le changement de croyances, et non l'inverse.

Il n'est pas de culture, de système scientifique, artistique ou philosophique qui ne soient venus de l'esprit. Lorsque vous donnez, pour l'apparence, votre appui à des idées avec lesquelles vous n'êtes pas d'accord, vous trahissez votre propre idéal, vous faisant tort personnellement, ainsi qu'à votre société, dans la mesure où vous déniez à vous-même et à la société le bénéfice de votre propre compréhension. Chaque individu est un idéaliste. Je veux simplement vous aider à mettre en pratique votre idéalisme dans les actes concrets de votre vie quotidienne.

Chaque personne contribue à peindre le vivant portrait de la civilisation, telle que vous la percevez à un moment ou à un autre. Soyez donc votre propre artiste. Vos pensées, vos sentiments et vos attentes sont comme des coups de pinceau vivants par lesquels vous peignez votre coin du paysage de la vie. Si vous faites de votre mieux dans le cours de votre propre existence, vous aidez alors à améliorer la qualité de toute vie. Vos pensées sont aussi réelles que les flocons de neige, les gouttes de pluie ou les nuages. Elles s'entremêlent avec les pensées des autres pour composer le paysage humain vivant, fournissant ainsi les vastes éléments mentaux dont seront formés les événements physiques.

En apprenant à accorder une certaine latitude à vos impulsions, vous découvrirez le lien qu'elles ont avec votre propre version idéale de ce que doit être la vie. Vous commencerez à découvrir que ces élans spontanés sont fondamentalement bons et vivifiants, tout comme le sont pour la terre les éléments physiques qui fournissent l'énergie de toute vie biologique.

Au-delà de ces considérations, les impulsions vous mettent en relation, je le répète, avec la poussée originale d'où émerge toute vie.

(*21 h 59*) Vous découvrirez la nature limpide et coopérative de vos impulsions et vous ne croirez plus qu'elles portent en elles des influences dérangeantes et contradictoires. Vos impulsions font partie du vaste déploiement de l'être. (*Pause*) Dans ses couches plus profondes, le foyer d'impulsion de la personnalité connaît toutes les actions à la surface de la terre. Vous êtes engagé dans une entreprise coopérative dans laquelle la moindre de vos inclinations a toute une signification et est en relation intime avec toute autre action. Vous possédez le pouvoir de changer votre vie et d'améliorer le monde, mais ce faisant, vous devez, encore une fois, réévaluer vos idéaux et choisir les méthodes qui en sont dignes. La science et la religion ont toutes deux contribué largement au développement de l'homme. Cependant, elles doivent elles aussi réévaluer leur idéal et les méthodes qu'elles emploient.

(*Pause*) De façon plus générale, il n'est vraiment sur terre que des hommes et des femmes de science ou de religion, et les champs de la science et de la religion seraient sans objet, n'eut été de ces individus qui ont cru en leurs positions. À mesure que ces femmes et ces hommes élargiront leur vision de la réalité, les domaines de la religion et de la science pourront se développer. Vous devez être insouciant dans la poursuite de l'idéal, assez insouciant pour croire que chaque pas que vous faites sur votre chemin est digne de cet idéal.

Vous comprendrez, si vous êtes un idéaliste pratique, que vous ne pouvez pas tuer au nom de la paix, car ce faisant, vos méthodes mineront *ipso facto* votre idéal. La vie et l'esprit ont un seul et même caractère sacré. Vous ne pouvez condamner le corps sans atteindre l'âme. Vous ne pouvez condamner l'âme sans vouer le corps à la déchéance.

J'aimerais que chacun de mes lecteurs soit un idéaliste pratique, et si vous l'êtes, vous serez, de ce fait, tolérant face aux croyances des autres. Vous ne serez pas dur dans la poursuite de votre propre idéal. Vous regarderez le monde avec une saine compassion, un brin d'humour, et vous rechercherez la bonne intention fondamentale de l'homme. Vous la trouverez. Elle a toujours été présente. Vous découvrirez votre foncière pureté d'intention et vous verrez qu'elle a toujours été sous-jacente dans toutes vos actions, même celles qui sont les moins appropriées à l'atteinte de votre idéal personnel (*avec une gentille ironie*).

La fin ne justifie pas les moyens. Si vous apprenez cette leçon, alors votre bonne volonté vous disposera à agir avec efficacité et créativité, autant dans vos entreprises personnelles que dans vos relations avec les autres. La transformation de vos croyances modifiera l'atmosphère mentale de votre nation et celle du monde.

(*Longue pause à 22 h 13*) Vous devez affronter le moi que vous êtes en ce moment, reconnaître vos impulsions, explorer leur signification. Apprenez à vous appuyer sur vous-même. Vous y trouverez beaucoup plus de pouvoir, de capacité de réussite et de vertu que vous vous imaginez.

Fin du chapitre. Repose tes doigts et donne une cigarette à notre ami.

(*Ce que je fis à 22 h 16.*)

(*Pause. À 22 h 17, les yeux fermés, Jane prêta sa voix pour la conclusion de Seth.*)

CONCLUSION

Session 873 (suite)

Vous êtes des êtres individualisés. Cependant, chacun de vous forme une partie de la réalité du monde. Vous n'êtes habituellement conscient que de vos pensées personnelles, mais ces dernières se mélangent à celles de tous les autres individus. Vous comprenez ce qu'est la télévision. Toutefois, sur d'autres plans, vous avez une image des actualités du monde; [*image*] «captée» par les signaux en provenance des c-e-l-l-u-l-e-s (*épelé*) qui composent toute matière vivante. Lorsque vous êtes poussé à agir, c'est le fait d'une impulsion qui est vôtre, mais elle est également solidaire de l'action de l'univers. Dans ces termes, il existe des liaisons intérieures, comparables à celles du système nerveux, qui permettent une communication constante à travers toutes les parties de l'univers. Si vous acceptez le fait que l'homme est une créature essentiellement bienveillante, vous laisserez alors libre cours aux mouvements de votre propre nature psychique, cette nature étant en accord avec vos impulsions et non en opposition à elles.

Chacun de vous a une part, si minime soit-elle, dans tous les événements qui se déroulent à la surface du globe, que ce soit par vos pensées, vos croyances ou vos attentes.

Ainsi, il n'est aucun acte public dans lequel vous n'ayez une part de responsabilité. Vous êtes intimement lié à tous les événements historiques de votre époque.

(*Longue pause*) Dans une certaine mesure, vous avez participé à l'envoi d'un homme sur la Lune, que vous ayez travaillé ou non à la réalisation physique de cet événement. Vos pensées ont placé un homme sur la Lune aussi sûrement que le firent les fusées. Vous pouvez vous engager maintenant dans une nouvelle exploration, une aventure où les civilisations et les organisations changeront leur cours et refléteront les bonnes intentions et les idéaux de l'humanité. Vous pouvez réaliser cela en vous assurant que chaque étape dans laquelle vous vous engagez personnellement est «idéalement adaptée» aux fins que vous espérez atteindre. Vous veillerez à ce que vos méthodes soient idéales.

Si vous agissez ainsi, votre vie sera immédiatement remplie d'excitation, de saveur et de créativité, et ces caractéristiques se répercuteront au niveau social, politique, économique et scientifique. Ce défi en vaut vraiment la peine, et j'espère que chaque lecteur acceptera de le relever, qu'il acceptera d'être un idéaliste pratique. (*Pause*) Quand vous aurez fait cela, vous aurez accompli la chose la plus importante.

Je souhaite à chacun de vous le plus grand succès possible dans cette entreprise.

Fin de la session et fin du livre (*plus fort*).

(*«Merci.»*)

J'ai séparé la conclusion, afin d'y mettre plus d'emphase. (*Avec humour*) Je vous souhaite à vous deux, idéalistes pratiques, une bonne soirée.

(*22 h 36. Avec ce mot aimable, Seth mit fin à la dictée d'*Événements collectifs. *Nous nous attendions, Jane et moi, à une fin imminente de l'ouvrage; cependant, lorsque le livre prit fin, nous avons senti un effet de surprise, un certain relâchement nostalgique, car cela constituait une partie de notre routine hebdomadaire, et le tout maintenant s'évanouissait.*)

(*Jane ne put s'empêcher de dire: «Je me sens toujours drôle lorsque Seth termine un livre, je ne le crois jamais. Et en même temps je veux le parcourir en vitesse et voir comment tout cela s'est déroulé.»*)

(*Chacun de nous continuera d'être très actif, Jane écrira une introduction au présent volume au début de l'automne. Entre temps, elle s'occupera de son dernier livre,* The God of Jane: A Psychic Manifesto. *Quant à son troisième roman de la série «Sur-âme»,* Oversoul Seven and the Museum of Time, *il demeure en attente.*)

(*Pendant que je ferai mon travail personnel sur* Événements collectifs, *nous poursuivrons avec Seth nos sessions du livre* Dreams, Evolution and Value Fulfillment.)

(Parmi toutes ces activités personnelles, nous sommes fort conscients de tous les aspects culturels, scientifiques, artistiques et économiques du monde dans lequel nous avons choisi d'œuvrer. Chaque individu se concentre d'ailleurs sur sa propre et unique réalité. Nous apprécions toutes les bonnes choses que la population de ce monde produit continuellement pour nous et pour des millions d'autres, Par ailleurs, nous déplorons des situations telles que celle de Three Mile Island.)

(En guise de conclusion, je me plais à penser qu'avec la nouvelle saison, lorsque je travaillerai à la composition du présent livre, les oies feront une nouvelle migration vers le sud. J'anticipe déjà leur passage, ce mouvement séculaire dont je suis épris depuis notre déménagement, il y a quatre ans, dans cette maison de la «colline». Avec ces oies, j'aimerais rendre hommage à la nature et y associer les travaux de Jane, et les miens, plutôt que de me ranger du côté de la technologie. Au sein de la nature, je pressens une paix immense et sublime qui surpasse de beaucoup le monde de la technologie; un sens ultime de sérénité et de créativité dont nous avons grand-peine, nous créatures physiques, à saisir toute la portée. Pour moi, sans chercher à décrire la magnificence de Tout Ce Qui Est, la nature constitue l'environnement physique fondamental dans lequel toute espèce «vivante» coopère en toute créativité. Et ma façon personnelle et symbolique d'essayer de saisir quelque peu le mystère ultime de la nature se confond avec le vol admirable des oies, deux fois par an.)

*(Je ne puis imaginer meilleure manière de terminer le message d'*Événements collectifs.*)*

Achevé d'imprimer
en février 1993 sur les presses
des Ateliers Graphiques Marc Veilleux Inc.
Cap-Saint-Ignace, Qué.